普通高等教育农业农村部“十三五”规划教材
全国高等农林院校“十三五”规划教材

JIANKANG JIAOYU

健康教育

赵梓潼 吴晓民 主编

中国农业出版社
北 京

内 容 简 介

本书深入浅出地介绍了健康心理学的基本概念和基本理论、影响个体心理健康的各种因素、个体心理素养与心理健康的关系以及大学生活适应方面的基本方法与技能。在此基础上，从大学生生活适应与心理健康、自我意识与心理健康、情绪与心理健康、人格培养与心理健康、学习与心理健康、人际交往与心理健康、恋爱心理与心理健康、职业生涯规划与心理健康、网络运用与心理健康、常见疾病防治及急症自救与互救等 10 个方面，密切结合农业院校大学生的心理特点，注重学生的积极参与，做了系统而有重点的阐述，并配以从大学生实际生活中精选出来的典型心理咨询个案，以便更好地指导课堂教学和学生自学。

本书按照教育部最新文件要求，从关注大学生正常发展的成长教育出发，根据治疗针对个体、预防针对群体、预防胜于治疗的思想，重视心理健康个体与社会关联性教育，关注优化大学生健康成长的大文化环境氛围。

本书既可作为大学生心理健康教育的教材，也可作为各高校心理学教师、辅导员、家长及广大青年学习心理健康知识的参考性读物。

编 者 名 单

主　编　赵梓潼（吉林农业大学）
　　　　　吴晓民（吉林农业大学）
副主编　刘之钰（吉林农业大学）
　　　　　孙巍巍（吉林农业科技学院）
参　编　田　甜（山西农业大学）
　　　　　王元元（云南农业大学）
　　　　　朱　涛（北京农学院）

前　言

生命是一个整体的概念，包括自然生命和精神生命。生命成长不只是自然生命自然成长的过程，更重要的是促进精神的成长，而心理健康则是精神成长的核心内涵。心理健康是大学生人格完善、社会适应能力培养以及全面和谐发展的需要。塑造健康心理，优化个性品质，提高大学生全面的素质，促进心理素质和其他素质的协调发展，是当代社会发展提出的客观要求。

健康教育已成为现代学校的标志，受到了广大教育工作者的重视，各地各级的许多学校聘请了专职的心理健康教育教师，开设了心理健康教育课程，建立了心理咨询室和学生心理档案等。

大学时期是人的一生中的黄金时期，不仅需要用更多的知识填充头脑，而且需要进一步完善心理素质。大量的调查结果表明，大学生心理问题普遍存在，而且日趋增多，如自杀、网络成瘾、情感挫折、意志力薄弱等。许多学生悲观、忧虑，有“活得没意思”“太累”的感受。

基于上述理念，我们编写了这本书。

编者在参照了大量专业书籍、通俗读物的基础上，根据大学生心理健康教育的需要，精心编写了本书，共 10 章内容。每章内容包含理论部分和实践部分，理论部分为进行心理健康教育实践打下一个良好的基础，使之言而有据，同时也为关注理论研究的读者提供方便。实践部分是本书的主体部分，从认知到情绪、学习、职业指导等方面做了系统的介绍，它为大学生心理健康教育提供了宏观或微观的指导。

本书的作者都是在高校与心理咨询、心理学教学、教学管理等相关领域的一线教师，对大学生心理健康教育工作非常熟悉和了解，他们在健康教育教学、科研和课程思政中有着丰富经验。他们中的大多数人都是心理学、教育学专业毕业的具有硕士以上学历的专任教师。

本书具有如下两个主要特点：

第一，内容的针对性强。本书概述了心理健康教育的理论，并以大学生的心理特点为主线，介绍了大学生心理发展的情绪、人际、职业选择、学习等内容，内容的表达力求形象具体，具有较强的可读性。

第二，突出实践性。为了克服心理学教科书的理论性强、抽象等弊端，本书选择大学生经常遇到的、带有典型性和普遍意义的一些难题为案例，使得缺乏心理学专业知识的大学生都可以将书中有关大学生心理教育的理论与方法直接用来分析与解决自己面临的心理问题。

健康教育的研究与实践不应停留在对现实问题的研究与帮助的层面上，应当直达人的生命成长，在生命成长过程中帮助大学生寻找自我成长的生命动力和源泉。健康教育要实现挖掘生命自身力量、实现生命意义追寻的理想。

《健康教育》编写组

2019年12月31日

（重印修改于2023年7月）

目录

第一章 大学生生活适应与心理健康

案例

小丽，女，19岁，汉族，现在是某大学一年级英语专业学生，独生子女，来自辽宁，父母都是普通工人，家庭经济条件一般。她在中学时学习成绩突出，还是班干部，可以说是同学敬佩的对象、老师心目中的宠儿。进入大学后，由于看到自己高考的分数在班级排名前列，起初自我感觉良好，但不到两个月就感到心情郁闷、孤独无助，学习状态不佳，竞选班干部失利，与周围同学的交往不融洽，虽然努力学习，但发现很难保持自己原来在中学的优势地位。因为大学里讲究的是综合能力，而不仅仅看成绩。她发现班级里的很多同学虽然学习成绩不如她，但是有特长、会玩、会生活，一样很讨人喜欢。小丽感觉自己处处不如别人，心里充满了失落感，对自己的未来很迷茫。

专家点评

小丽的问题属于大学新生适应不良的问题。她在中学的环境中，学习成绩优异，深受老师和同学的喜爱，是受人瞩目的焦点，但进入大学后，发现了自己很多不如别人的地方，学习成绩不再突出，其他方面又没有特长，已经丧失了强者的地位，从而产生了心理落差，进而导致她情绪波动，心理失衡。

小丽遇到的适应不良问题是暂时的，只要她能客观地评价自己，发现自己的优势，并积极提升自己，就能逐渐适应大学生活。小丽要重新认识新的学习生活环境，认识到大学学习的特点，分析自己的长处和短处；要发挥自己的优点，弥补自己的缺点；要学习掌握人际沟通的技巧，建立顺畅的人际关系；要立足现实，给自己制定合理的目标，在实践中不断调整目标，使自己始终在一种自信、乐观的心态中顺利度过大学的生活。

第一节 大学生生活的特点及心理适应

大学是个体心理发展历程中的转折期，是个体即将走向社会、独立承担社会重任的准备期，也是世界观、人生观形成与确立的关键期。当大学生经过高考的奋力拼搏，满怀希望和憧憬地步入向往已久的大学殿堂并真正开始大学生活的时候，新的生活环境、新的教学风格、新的学习方式、新的人际关系，都发生了改变。因此，如何尽快进入角色，更快、更好地适应大学生活，是大学新生面临的首要任务。

一、大学生生活的特点

1. 生活环境改变 这种变化主要表现在生活方式、生活习惯、生活范围等方面。从生活方式看，中学生大多吃住都在家里，饮食起居由父母安排，一般都拥有自己独立的生活空间。上大学后，过的是集体生活，住宿舍、吃食堂，凡事要靠自己处理，极大地考验了大学生的独立自主能力。从生活习惯看，语言交流的差异、气候与饮食方面的变化、作息制度的不同、消费观念的差异等都需要大学生有一个适应过程。从生活范围看，中学生的生活领域狭小，每天基本是两点一线（从家门到校门）一中心（学习）的生活，自由支配时间稀少，校园生活简单。而大学的生活领域大大拓宽，在体验丰富多彩的校园文化活动的同时，又可以相对自由地自己安排时间、获取信息和进行消费。

2. 学习生活改变 学习生活的改变包括五方面。

（1）学习环境的改变。中学时期，有相对固定的教室和座位、相对固定的老师。而大学学校规模大，校园大，听课地点流动性大，学生自由空间比较大。

（2）教学方式的改变。中学老师讲课，多以班级为单位，以教材为基础，教师授课时间长，课后布置的作业明确。大学则不同，有些公共课，多数要几个班乃至几个系的同学合班上大课，教师讲授的内容知识面广，信息量大，节奏快，有些内容在教材上根本查不到，授课教师较多，与学生课后沟通少，往往很少留作业。

（3）学习形式的改变。中学的教学形式以教师课堂讲授和较少的实验为主，中学生的自习时间较少，主要以经常性的测验和大量批改作业作为学习质量检查的指标。在大学学习中，除课堂讲授外，还有一系列教学辅助活动相配合，学生的自学和实习都被放在重要地位，着重培养的是大学生自主学习和独立创新的能力，学习质量的检查采用较少的定期考核的方式，学生被赋予较大的学习自主权。

（4）学习内容的改变。中学的学习内容属于基础性和科学普及性的知识。而大学的学习内容具有鲜明的专业性，大学生除了要学习经典的、基础的理论知识，还要学习科技最新发展成果，并且要学会辨别真理、批判地吸收知识。

（5）学习方法的改变。学习内容与形式的变化必然引起学习方法的变化。中学生主要从课堂教学中获取知识，以听教师讲课为主，形成了以“善听、善背、善考”为核心的学习方法，学生对老师依赖大。大学强调自主、研究性学习，课堂教师讲授的时间相对少，学生自己安排学习的时间较多，要求学生的自主学习能力强。

3. 人际关系改变 人际关系的变化主要体现在三方面：①从人际交往的需求看，中学生交往范围小，交往的依赖性较强，再加上学习的压力，对友谊的渴望不强烈。进入大学，人际环境超脱血缘、地缘、人缘关系的旧模式，人际交往呈现多元化，对大学生社会化的要求急速提高，大学生对人际交往的渴望强烈，需要熟练掌握并运用人际交往技巧，在新的环境中尽快建立良好和谐的人际关系。②从人际关系含义看，中学人际关系的含义比较狭窄，是友谊或亲密关系的一种展开。而大学的人际交往环境变得复杂，作为大学生学会与不同的交往对象建立和保持和谐的关系尤为重要。③从人际交往的方式与对象看，中学生人际交往往往以家庭为主体，老师、同学、父母和亲戚是主要的交往对象，学习和成长处处受到父母和老师的关心，更多表现为被动式的交往。在大学里，同一个班级、同一个宿舍的同学来自不同的地域，有着不同的学习经历、生活习惯和性格爱好，师生关系不如中学亲密，任课教师上完课就走，有时甚至几天见不到辅导员，因此大学生需要成为交往的独立主体。

4. 管理制度改变　管理方式变化，中学是“教师＋家长”式的直线管理，学生的自由空间不大。而大学大多采用“粗放式”的管理，强调学生的自我管理、自我教育和自我服务。管理系统变化，中学直接由班主任全面实施管理。而大学多采用各个职能部门都直接参与的网络式管理，各职能部门在具体的管理过程中，也存在着与中学管理的差异。如在学生的教学管理方面，中学实行学年制，学生必须读满规定的学年，修满规定的科目和时数，且能合格达到考试既定标准，才可以顺利毕业；大学实行学分制，学生只要达到规定毕业所要达到的最低学分量和各门课程的学分值就可以顺利毕业，学年制到学分制是由刚性到弹性管理制度的转变。

5. 比较群体改变　大学生相对于同龄群体是优秀的，很多人在中学出类拔萃，优越感和自尊感较强。而在人才济济的大学里，许多同学发现想要保持以前的学习优势很难，这种从优秀变为普通的落差使一些大学生产生失落感和自卑感。同时，中学把学习成绩作为评价学生好坏的唯一标准，而进入大学后，随着大学校园里学生活动的增多，大学生的学习优势逐渐被弱化，学生非智力因素的发展水平显出更加明显的优势。

总之，进入大学，每一名大学新生所面临的都是一个全新的世界，大学生活的一系列改变对他们顺利适应新的环境提出了更高的要求，只有充分认识并接受环境的变化，在短期内尽快调整自己的身心，对自我重新定位，才能愉快而成功地度过大学生活，为今后的健康成长和知识的拓展奠定良好的基础。

二、什么是心理适应

（一）心理适应的概念

心理学通常从三个层次来使用适应的概念：①生物学意义上的适应，即生理适应，在生物学中，适应是指个体为求得自身生存而在生理功能和心理结构方面的发展与完善，如感官对声、光、味等刺激物的适应；②心理上的适应，即心理适应性或心理适应能力，也就是狭义的心理适应概念，指遭受挫折后借助心理防御机制来使个体减轻压力、恢复平衡的自我调节过程；③对社会生活环境的适应，即社会适应，包括为了生存而使自己的行为符合社会要求的适应和努力改变环境以使自己能够获得更好发展的适应。

心理适应是主体对环境变化所做出的一种反应，人们生活的环境处于不断的变化中，适应能力是个体生存与发展的必备能力。心理适应是一个重建平衡的动态变化过程，适应的主要任务就是使主客体之间的不平衡状态重新恢复平衡，因此适应的直接目标是建立平衡，其根本目标是主体自身的发展。建立平衡是通过心理自我调节来实现的。心理自我调节的两种主要方式是同化与顺应。同化是指将客体纳入主体已有认知结构或行为模式的过程，顺应则是指调整原有认知结构或行为模式以适应环境变化的过程。因此，心理适应实际上是一个自我调节的过程。

综上所述，心理适应的概念可表述为：当外部环境发生变化时，主体通过自我调节系统做出能动反应，使自己的心理活动和行为方式更加符合环境变化和自身发展的要求，使主体与环境达到新的平衡的过程。

（二）心理适应的类型

心理适应通常分为积极适应和消极适应两种类型。积极适应是指个体在客观环境中积极主动地调整自己与环境的不适应行为，增强个体在环境中的主动性、积极性，使自身得到发展，是一种比较高级、主动的适应方式。消极适应是指个体改变自己的行为或态度来适应外部环境的要求，是一种基本的比较被动的人与环境的消极互动的过程，强调的是为了个体的生存而改变自己与环境不匹配的行为或态度。无论是积极适应还是消极适应，其目的都是使个体与环境达到一种暂时的平衡，消极适应更强调为了生存而改变自己，积极适应则强调为了发展和提高而改变环境，二者不可分割。

（三）心理适应的内部机制

从出现不适应现象到重新适应，中间一般要经历三个环节，即认知调节、态度转变和行为选择。具体运行过程以及各环节的作用大致如下：

1. 认知调节 认知调节是适应过程的起始阶段，这一环节包括外部评估和内部评估两部分。

（1）外部评估。外部评估是认知调节的第一阶段，指主体对变化了的外部环境及其对自身发展所具有的影响作用进行全面了解并做出新的判断的过程，主要任务是确定外部环境中发生了哪些新变化，提出了哪些新要求，这些变化和要求对自身发展所具有的影响，在此基础上应能对发展中遇到的困难做出准确的判断，对新的角色期待形成正确的理解与把握。

（2）内部评估。内部评估是指主体在对外部变化做出正确判断的基础上，对自身内部状态进一步的了解与判断。实际上这是一种在自我监控系统的参与下，自我评价和自我意向重新调整的过程。

由外部评估到内部评估，这是认知调节发展的必然过程。在这一过程中，主体的理解力、判断力和自我评价的水平对认知调节的效果具有直接的影响。

2. 态度转变 认知过程的变化必然会引起情绪体验的变化，同时也会导致行为意向发生相应的变化。当认知、情感和行为意向都发生了变化时，就会引起态度的改变。态度的转变实际上是对动力系统和反应倾向的调节，这是适应新环境的变化，保持和恢复心理平衡的一种背景条件。

3. 行为选择 行为选择实际上是一个比较与决策的过程，其核心是对原有行为方式的调整与改变。行为方式的重新选择是以认知的调节与态度的改变为基础的，受思维方式与态度倾向的直接制约。思维方式与态度倾向如果是积极的，那么主体的行为方式也会是积极的；思维方式与态度倾向如果是消极的，那么行为方式也会是消极的。

在这一过程中，同化与顺应这两种调节方式始终在发挥着作用。面对内外环境的复杂性和行为效果的多重可能性，主体的判断与选择不可能一次性完成。所以适应过程必然会表现为一个反复循环的动态过程。

根据对心理适应内部机制的表述，可以看出与心理适应能力有关的基本心理素质主要有以下几项：

（1）对新情况或复杂情况能够迅速做出正确反应的能力，主要表现为分析问题和做出正确判断的能力，特别是运用辩证思维的方法去分析问题和做出判断的能力。

（2）对自己进行全面、客观评价的能力，以及在此基础上所形成的积极的自我观念。这两项都是与第一个环节有关的心理素质。

（3）积极的生活态度和明确的生活目标，包括远大的理想和坚定的信念，同时还要有积极的自我体验，做到自尊、自爱，对自己始终充满自信。这是与第二个环节有关的心理素质。

（4）良好的性格特征，特别是意志品质方面的特征。比如坚韧、顽强、果断和较强的自制力，较强的竞争意识和好胜心，对人对事宽容的态度与豁达的胸怀等。这些是同第三个环节有关的心理素质。

（5）自我监控的意识和自我调节的能力，特别是自省、自察和自我审视的意识，以及自我调节与自我控制的能力。这是同全部适应过程都有关联的心理素质，也是决定一个人心理适应水平的关键。

上述基本素质应当成为心理适应能力培养的主要目标。

第二节　大学生生活适应不良及原因

一、适应不良的表现

1. 适应新的生活环境困难　对于刚踏进大学校门的学生来讲，大多是第一次离开父母，他们已经习惯于家长“全方位照顾”，缺乏独立的生活能力，他们要学会独立生活，要独立面对生活中的困难，要学会日常生活的打理，要学会自己照顾自己，这样的改变会使一部分大学新生感到手足无措，如：有些同学成为“月光族”，有些同学不知道该如何安排时间，深夜不睡，早晨不起，上课睡觉等；由于校园、地域、气候、饮食等外部自然环境、地理环境的变化，或因这些环境因素带来的身体上的不舒服，使有些大学新生短期内很难适应，从而产生情绪上的郁闷和压抑；熟悉的亲人和朋友不在身边，面对周围陌生的教师和同学，大学新生常常想家、思念亲人、怀念老同学，容易产生分离的焦虑和归属感的缺失；大学相对宽松和自主的生活环境，会让一些已经习惯了中学集体约束的大学新生感到无所适从；校园里丰富多彩的社团活动和社会实践活动的频繁开展，使一些大学生迷失自我，造成心理不平衡和情绪困扰。这一系列大学生活环境的改变都可能使大学新生感到不适应，并由此产生各种压力，出现焦虑、抑郁、敌对、低落的情绪。

2. 适应新的学习方式困难　一些学生学习目标不明确，学习兴趣不足，具体表现为对学习的厌倦和无序，并常引发盲目、从众、自我价值感降低；一些学生对大学主动、自学式的学习方法不适应，面对可以自由支配的时间，他们手足无措，无所适从，面对大学老师的授课方式，原来的学习方法已经不再奏效，更是摸不到头绪，不能很快进入学习状态，久而久之，开始产生焦虑情绪，甚至开始怀疑自己的能力；一些学生发现自己对大学生活的美好想象与现实存在着一定的差距，就会产生心理挫败感，失去对学生的兴趣和热情；一些学生对学校和专业不满意或不了解，容易产生对未来前途的困惑迷茫，注意力涣散，情绪不稳定，在学习中难以打起精神；一些学生进入大学后发现大学人才荟萃，学习优势丧失，感到学习压力剧增，尤其是性格内向、敏感、上进心强的学生，会导致自信心的丧失和自卑感的产生。

3. 适应新的人际关系困难　人际关系是人们在社会活动过程中所形成的建立在个人情感基础上的人与人之间心理上的关系。良好的人际关系是个体心理正常发展，人格保持健康和生活具有幸福感的重要条件之一。中学生只需“两耳不闻窗外事，一心只读圣贤书”，形成的是单纯的交往模式，进入大学，如同进入了一个小社会，人际关系则变得复杂多变。旧的人际交往方式被打破，寻求并建立行之有效的新的人际交往方式，是大学生急需解决的重要课题。事实上，大学生的年龄特点使大学生非常渴望交往，然而与周围同学的交往中，有些学生会因缺乏经验、技巧而不善于交往，因害怕别人轻视自己而不愿意交往，因性格内向孤僻而不会交往，因自负而不屑交往，因恐惧而不敢交往。由此导致与他人沟通困难，感到沮丧、抑郁、焦虑和不安，被孤独所困扰。有些学生难以适应新的师生关系，他们已经习惯于中学期间对老师的依赖和顺从，当面对宽松的师生交往却不知所措，事事等着老师安排，有了问题不知道该如何与老师交流。有的学生则从受教师管束中完全“解放”出来，把教师的指导视为多余，一切自己做主，不与任何人商量，以至于虚度时光，发展不顺利。还有许多学生由于性科学知识不足，性心理的成熟滞后于性生理的成熟，不能正确处理恋爱关系，从而产生心理适应问题。如因单相思、暗恋、异性交往困难等引发的困扰，因恋爱受挫或受到意外伤害而引起的严重情绪及行为反应等。

4. 适应新的角色困难 从中学进入大学，面临着角色的转换，需要对自我重新定位，如果个体在角色的转换过程中，不能随着角色的变化以及时间、环境的不同而进行自身行为的相应调整，以符合角色的要求，就可能会出现角色的冲突，从而引起适应不良。对于大学新生而言主要面临着三种角色的转换：

（1）从“中学生”到“大学生”的角色转换。作为“中学生”的角色，社会或家庭更多关注的是学习，而对包括独立生活能力、人际交往能力、应对挫折的能力等并没有太高的要求。他们已经习惯了学习上被老师看管，生活中有父母呵护。成为“大学生”之后，社会或家庭会因这个称谓的变化而产生不同的期望，而他们认为自己已经脱离了父母或教师的看管，应该遵从自己的意愿去生活和学习，但面对大学生活环境的改变，对自我意识和生活独立性的挑战络绎不绝，于是，心理上对独立的渴望与现实生活能力的不足，使大学新生强烈感受到从“中学生”到“大学生”的角色转换而带来的变化与压力。

（2）从“中心”到“边缘”的角色转换。能进入大学的学生在原来的中学大都是中学的佼佼者，在学校里受到教师的青睐、同学的羡慕，大有“鹤立鸡群”的优越感。上大学后，比自己成绩优异的同学比比皆是，只有少数人能保持原来的地位，这种角色转换所带来的自我价值的落差，常常使一些大学生从刚来时的自信乃至自负陡然变得自卑甚至放弃自我。

（3）从“学生干部”到“普通同学”的角色转换。很多新生在中学时期有过“干部”的身份，被评为各级优秀学生干部的也大有人在，这种干部的角色常常使他们自己感到自信与优越。进入大学后，有着相同经历的许多同学很可能聚在同一班级中，而大学的学生干部要求更具有管理、组织和协调能力，于是在新的竞争中，一些同学便感受到了从“学生干部”到“普通同学”的角色转换所带来的动荡不安、焦虑和失落感。

5. 理想与现实统一困难 经过十余年寒窗苦读的大学新生，在进入大学之前，对大学生活了解甚少，往往凭借想象，把自己和大学生活描绘得过于理想化，并抱有过高的期望。而一旦进入大学，就会发现现实情况通常不能令其满意：许多正在建设发展中的大学在软、硬件方面还都存在一定不足；大多数学生面临着自我地位的改变、评价标准的多元化、人际关系的复杂化等问题。这样，理想自我与现实自我在头脑中形成了强烈的反差，往往会导致一部分学生情绪低落、消极、抑郁，不求上进，企图逃避现实，甚至有自杀企图。

6. 职业规划困难　大部分中学生埋头苦读的唯一和最终的目标就是考大学，当终于如愿迈入大学校门时，许多学生却失去了学习和生活的目标，不知道自己究竟应当干什么，对将来没有明确的规划；有些学生对所学的专业不感兴趣或者根本不了解，只是为了将来的就业而在父母的安排下选择了所在的学校和专业，进入大学后，自主规划大学生活的意识不强，常常感到徘徊、迷茫。他们一方面急于给自己的未来定位，另一方面对于将来的职业又没有明确的方向，加之现实生活中巨大的就业压力，使他们心理的迷惘、空虚和失落感增强。

二、适应不良的原因

告别了熟悉的中学生活，大学生即将面对的是生活环境、学习生活、人际关系、管理制度等方面的改变，面对种种新变化，处于生理和心理上迅速变化时期的大学生一时难以适应，从而导致诸多适应不良的现象，对大学生的心理健康造成影响。因此，寻求大学生适应不良的常见原因，对尽快消除大学生心理问题，增强自我适应能力具有重要的意义。大学生适应不良的原因主要有以下几个方面：

（一）生理发展成熟与心理发展相对滞后导致适应不良

大学生处在青年中期，个体的生理发展已接近完成，已具备了成年人的体格及种种生理功能，但其心理尚未成熟，他们常把自己看成大人，但由于没有广泛而真正接触社会，社会化程度还比较低，面对生活中的现实表现出相对幼稚，处理事情缺少理智，容易冲动和偏激，缺乏生活经验，难以承受挫折和失败而产生挫折感等。

（二）自我意识不良导致适应不良

自我意识是个体对自己的各种身心状态及自己与周围环境之间关系的认识、体验和愿望。个体正是通过自我意识来认识和调控自己，在环境中获得动态平衡，获得独特发展的。大学生的自我意识出现了明显的分化，原来在儿童、少年时期统一不可分割的自我意识一分为二：一个是理想中的“我”（我希望成为怎样的人），也就是“主体我”；一个是现实中的“我”（我现在是怎样一个人），也就是“客体我”。这种分化，使大学生主动、迅速地意识到自己那些从来没有被注意到的“我”的细节。与此同时，大学生的社会地位、社会责任与中学时期不同了，他们还必须学会独立解决人生一系列重要的事件：升学、就业、恋爱等。因此，为了成为一个独立而成熟的社会成员，大学生必须不断地调整和改善自我意识和行为方式，使之符合客观世界的要求。自我意识的分化一方面促进了大学生思维和行为的主体性的形成，标志着自我意识开始走向成熟，同时也带来自我意识的矛盾。如：孤独感与强烈交往需要的矛盾、独立性与依赖性的矛盾、强烈求知欲与识别力低的矛盾、情绪与理智之间的矛盾，以及愿望、幻想与当前现实的矛盾等。自我意识良好的大学生能够了解、认可并处理好这些矛盾，从而促进其自身的健康发展；自我意识不良的个体面对这些矛盾常常处理不好，从而感到彷徨、焦虑、迷茫或无能为力，甚至会引发某些严重的心理问题。

（三）认知偏差导致适应不良

认知是人类个体对客观世界的认识过程。一个人是否有正确、健康的认知方式，直接关系其心理状况。美国心理学家贝克指出，适应不良的行为与情绪，都源于不良认知。所谓不良认知，通常指歪曲的、不合理的、消极的信念或思想。主要包括：随意推论，即在证据缺乏或不充分时便草率地得出结论。选择性概括，仅依据个别细节而不考虑其他情况便对整个事件做出结论，这是一种盲人摸象式的、以偏概全的认知方式。过分概括化，指将某意外事件产生的不合理信念不恰当地应用在不相干的事件或情况中。扩大与贬低，指过度强调或轻视某种事件或情况的重要性。极端思维，指思考或解释时采用全或无的方式，或用“不是…就是…”的方式极端地分类。大学生的不良认知除了与常人相同的一些共同特点外，往往还表现为主观性强、极端化倾向较重、情绪化色彩浓重、简单化倾向明显、摇摆性较大等。大学生一旦存在认知偏差，必然会导致他们在学习、生活、人际交往中出现消极的情绪和行为，引起心理适应不良。

（四）人际关系不良导致适应不良

从中学进入大学后，大学生要面对更为复杂的人际关系，交往的范围、方式和对象都发生了改变，交往的性质也渐渐与成人接近，突然要与各种各样的人打交道，对大学新生来说是个不小的挑战。有的学生由于语言表达能力较差、性格内向或顾虑他人看法、自卑等原因将自己封闭起来，他们经常处于一种要求交往而又害怕交往的矛盾之中，长久以往很容易导致孤独、抑郁或自卑。有的学生由于不合群或凡事都以自我为中心，使其他人觉得难以相处而渐渐疏远他们，久而久之就产生一种受冷落或性格孤僻、粗暴等心理倾向。有的学生在面对生活中的摩擦时，或是沉默忍受，或是大发脾气，不但不能解决矛盾，还会产生压抑和焦虑的情绪。

（五）人格不完善导致适应不良

人格是个体在行为上的内部倾向，它表现为个体适应环境时在能力、情绪、需要、动机、兴趣、态度、价值观、气质和性格等方面的整合，具有稳定性和独特性的特点。大学生在人格方面的不完善常常会造成许多适应不良的问题。

1. 依赖 依赖一般分为物质依赖和精神依赖。大学生最常见的是物质上的依赖，多体现在家庭成员间。精神上的依赖比较少，多是依赖荣誉、地位、奖赏、羡慕等，也有的是依赖爱情、某种价值观等。依赖的形成一方面是由于父母的过分宠爱，忽视了对孩子的独立性培养而造成的，另一方面是由于自身的懒惰造成的。过分依赖的大学生，主要表现为没有主见，缺乏自信，总觉得自己能力不足，甘愿置身于从属地位。一旦需要独立时，内心缺乏安全感，时常感到恐惧、焦虑、担心，影响身心健康。

2. 嫉妒 这是指在意识到自己对某人、某物品的占有或占有意识受到现实的或潜在的威胁时产生的一种心理体验。以自我为中心，占有欲特别强，或过分自我感觉良好的人容易产生嫉妒的心理。每个人都会对一些人、一些事情产生嫉妒心理，一般来说短暂的嫉妒心理是正常的，如果引入到正常的竞争当中，还会转化为动力，但如果长期处于嫉妒之中无法自拔就会带来适应不良。爱嫉妒的大学生对他人的长处、成绩心怀不满，报以嫉恨，看到能力出色的人，心里不服气，总希望别人比自己稍逊一筹或相差无几，甚至在自己成功或别人失败时感到莫大的欣慰。嫉妒易使大学生产生痛苦、忧伤的情绪，严重的话会导致攻击性言论和行为，从而引发各种人际冲突。

3. 羞怯 有些大学生不敢在公共场合发表意见，害怕与陌生人打交道，路上见到老师难为情，见到异性同学就会手足无措，说话感到紧张等都是羞怯的表现。一般情况下，过于内向、自卑感较强、过分敏感以及曾经的挫折经历都容易形成羞怯心理。每个人都有羞怯的时候，但若经常为羞怯的心理所笼罩，就会阻碍人际交往，影响一个人正常才能的发挥，还会导致压抑、孤独、焦虑等不良心态。

4. 悲观 悲观是一种由于自我感觉失调而产生的不安情绪，表现为心理上的自我指责、安全感缺失和对预期的负性思维方式。一些人遇到不如意、失败的情况时便垂头丧气、怨天尤人，面临重任、挑战便自认无能，甘愿失败，对前途失去信心……这些都是悲观的表现。引起悲观既有人生态度、意志方面的原因，也有认知错误、人格不成熟的因素，还有些人则是因为理想破灭、道路坎坷而灰心丧气。有些大学生面对学校或专业的不满意、理想与现实的落差、人际关系的不和谐等问题，常从消极的角度去看待，过多关注弱点和困难的方面，或认为失败无法改变，这实际上是用悲观来对待挫折，结果是在已有的失败感中又增添新的失败感。这种悲观心理如果长期发展，会使大学生感到抑郁、浑浑噩噩、毫无生气，甚至厌世轻生。

5. 完美主义 完美主义是一种力求尽善尽美地完成任务并伴随批判性自我评估倾向的人格特质。具有完美主义的大学生把个人和事件的标准都定得过高，甚至高到不切合实际，而且带有明显的强迫倾向。他们过于注意思考和筹划，但缺乏行动力，在渴望接近目标的同时更害怕看到事情的真相，因为真相总是不完美的。他们通常关注细节，要求规矩、缺乏弹性，标准很高，不允许犯错，追求秩序与整洁，无法信任他人。长期的完美主义会使大学生由于无法满意自己的表现而忧郁沮丧，由于担心自己失败而焦虑，由于不能达到完美无法释怀而愤怒，因害怕达不到标准而逃避，导致情绪、认知、人际、行为等方面的不良反应。

（六）理想与现实差异过大导致适应不良

中学生为了升入理想的高校，虽身心疲惫但目标十分明确。但进入大学以后，随着学习、生活方式的改变，发现现实中很多东西并不是他们想象的那个样子。三点一线的生活轨迹、规范的约束、学习上的压力，对所学专业和职业方向的不满意，角色定位的困难，原来的理想虽然实现了，但新的动力和目标尚未找到。这些都势必造成理想和现实的强烈落差，产生否定自己、拒绝接纳自我的心理倾向，并伴随较多的自卑感、盲目性、自信心缺乏、意志薄弱、孤僻、抑郁等现象。

（七）价值观冲突导致适应不良

大学是大学生形成系统的人生观和价值观的关键时期，但社会急剧转型，社会规范、价值标准和行为方式深刻变化，使得不少学生在学业、情感、人际关系等方面心理压力增大，对大学生的健康成长产生了深刻影响。当代大学生是在改革开放中生活、成长起来的一代，面对改革开放这种社会变革，大学生的价值观发生了变迁。首先，当代大学生的价值观呈现出多元化的特征。其次，在传统的重义轻利的集体主义价值观的基础上呈现出功利主义和实用主义的倾向。再次，表现出两重性。一方面他们强调个性，另一方面却容易赶时髦、随大流；一方面有爱国热情，另一方面却优先考虑到自己的利益和发展；一方面反对拜金主义，另一方面却对某些消极腐败现象感到无所适从。传统的价值观与现代价值观不断地发生着冲突，理想教育与现实生活的反差给大学生带来许多困惑与不解，而许多大学生对价值的选择和判断还缺乏统一和稳定，因此他们在处理价值冲突问题上存在着希望与困惑并存、进取与彷徨相伴、认同与失落交错的复杂心态，存在着紧张甚至困惑的情绪状态，相应地要产生较多的适应问题。

第三节 大学生心理适应能力的培养

适应能力是大学生成才的内在要求。大学生在适应大学的学习和生活环境的过程中，必须学会独立，学会主动学习，学会与人相处，学会选择，学会自我调适，从而合理地调动自身潜能，促进内部心理平衡，真正完成作为大学生的社会角色的转换，并为今后适应能力的发展搭建现实的平台。

一、心理适应的标准

（一）西方的标准

1969年西方学者戚加宁提出了大学生七个心理发展范畴，在西方大学教育有关学生发展的领域被广泛使用和认同。其主要内容如下：

1. 发展能力 在大学期间，大学生可以增进和发展多方面的能力，包括智力、体力、社交能力等，能力是树立自信心的基础。

2. 管理情绪 大学生们每天面对许多挑战，有些来自学习方面，还有些来自人际关系、家庭、生活等方面，从而产生种种积极的和消极的情绪，大学生要充分了解自己、认识自己的情绪，并以恰当的方式来处理情绪，这对整个人生都有着深远的意义。

3. 通过自主迈向相互帮助 作为大学生，学习独立生活和自己独立承担责任是十分重要的。在学习独立的同时也要学习如何相互帮助，如何相互包容，因为每个行为都会影响自己和他人，在有些情况下个人需要做出牺牲、让步以达成共识。

4. 发展成熟的人际关系 建立成熟的人际关系十分重要：一是要容忍和欣赏别人与自己的不同，二是要有能力与别人发展亲密关系。维持这样一种亲切融洽的关系需要自我认识、自发性、自信心、支持及沟通等。

5. 确立自己的角色地位 确立自己的角色地位对于大学生来说十分重要，它既影响自尊心、自信心的建立，同时也影响他人对自己的满意度及接纳程度，还会影响对自己的评价。

6. 发展目的 人生目标的制定往往与大学生自己的价值观及信念有关。发展目的包括做出计划，定出方向，明确目标。根据目标在以下三个方面定出优次：一是职业上的计划及期望，二是个人兴趣，三是对人际关系及家庭承担的责任。

7. 发展整合 大学生的价值信念是引导他们行为的方向，也是他们为人处世的原则。整合的意思指包括行为与价值的一致、顾及别人的利益、尊重别人的意见，同时能够肯定自己的价值观及信念。

（二）我国的标准

我国学者根据联合国教科文组织提出的关于现代教育的四大培养目标，即学会求知、学会做事、学会共处、学会做人，提出了大学生适应与发展的任务和要求。

1. 学会做人 大学生首先要学会做人，适应与发展的目的在于使人日臻完善；使人格成熟，不断增强自主性、判断力和个人的责任感；使人拥有正确的人生观、价值观，拥有明确的伦理道德观念和是非观念，能够遵守社会公德，使自己的各项行为符合新时期大学生的行为规范。

2. 学会做事　大学生要有敬业精神和社会责任感，要有独立的生活管理能力，独立选择、独立决断、独立处理问题的能力和应对各种情况和各种环境的工作能力，能够不断积累相关的做事经验，工作富有成效。

3. 学会与人共处　在现代社会中，与人和谐相处，既是一种人际交往技能，也是人生成功的一种人际资源。大学生应当对他人有尊重真诚的态度，能够接纳他人的长处与不足，能够与他人进行良好的沟通，在沟通中建立亲密的合作关系，在相互交流与分享中促进自我和他人的成长与发展。

4. 学会学习　学习是一个终身的任务。大学生应该热爱学习，不断用新的知识充实自己，不但学会本专业知识，而且学习与之相适应的各种人文和自然科学知识，拥有跨学科的交融能力，拥有综合分析问题、解决问题和在复杂信息环境下检索和判断的能力，拥有不断创新的能力。学会学习，不仅仅是为了获得知识本身，重要的是获得一种认识世界的手段和能力。

（三）健全心理适应的标准

清华大学心理学系教授樊富珉曾经在论文中提到，健全的心理适应包括以下六个方面的内容：

（1）认识个人的社会角色，了解自己、接受自己，有自知之明。

（2）认识并面对现实环境，有乐于变迁的心态。

（3）重视社会交往，建立良好的人际关系。

（4）主动参与社会，使自己在社会活动中获得学习与表现的机会。

（5）发展民主平等的性格，尊重他人，欣赏他人，取他人之长补自己之短。

（6）增进个人的知识与能力，跟上时代的发展。

二、新环境对适应的新要求

1. 转变生活方式，提高自我生活能力　从对他人的依赖到独立生活，是个人适应环境的要求，也是人生发展的必然趋势。独立生活能力关系到个体一生的发展和成功，包括生活上的自理能力，独立处理人际关系及生活中各种矛盾的能力。独立解决问题和矛盾的能力不是天生的，主要依靠在生活的实践中去培养、去锻炼。大学生应该从生活上的小事做起，克服依赖思想和懒惰心理，合理作息，遵守规章制度，学会理财，从而养成良好的行为习惯，逐渐学会照顾自己。要学会独立处理人际关系和朋友间发生的矛盾，如感到束手无策，也可向老师和家长寻求帮助，但不能形成依赖，还要积极参加学校的各种社团或社会实践活动，在解决实际问题中，学会应对困难，尽快提高独立生活的能力。作为大学生，只有从头做起，虚心学习，不怕失败，勇于实践，不断积累生活经验，才能充分唤起和激发自我教育、自我管理和自我服务的主动性、自觉性，在复杂多变的客观环境中健康地生活和积极地发展。

2. 转变学习方式，拓展自我学习空间　及时转变学习方式，是大学生适应新环境必须做出的选择。进入大学后，应该要完成从机械接受性、记忆贮存性的学习方式向自主性、结构性、创造性学习方式的转变。大学里学习的不仅是课堂、教科书里的内容，还扩展到其他方面，如泡图书馆、做实验、参加丰富多彩的课外活动及各类竞赛，参与各种集体和社团活动，聆听各类讲座，搞社会调查等，还要和同学、师长广泛交往，互相切磋，相互交流。所以，大学生要学会学习，要从个人实际出发，确立切实可行的学习目标，学会管理和支配好时间，要认真做笔记、善于思考、注意效果，及时调整，要脑体结合、文理交替，要充分利用学校里的各种人才资源和物质资源，从各种渠道吸收知识和方法。在学习中，要不畏困难，勇往直前，逐渐消除不良的情绪和认知偏差。

3. 转变自我形象，提高自我意识水平 新环境的变化，必然要求大学生对自我的重新定位。作为大学生，需要正确地认识自我，学会悦纳自我，不断提升自我。认识自我，就要多角度、全面地、用发展的眼光看待自己。悦纳自我，就要无条件地接受自己的全部优点和缺点，喜欢自己，肯定自己的价值，有愉快感和满足感。提升自我，就要勇于挑战自己，塑造自己，不断反思自我、监控自我。在建立了正确的自我意识的基础上，心理健康的大学生要能够面对现实，接受现实。并能动地去适应现实，进一步地改造现实，而不是逃避现实；对周围事实和环境能做出客观的认识和评价，并能与现实环境保持良好的接触；既有高于现实的理想，又不会深陷于不切实际的幻想与奢望。同时对自己的力量有充分的信心；对生活、学习和人际中的各种困难和挑战都能妥善处理，从而适应现实环境。

4. 转变人际关系，探索社会交往技巧 人对环境的适应，主要是对人际关系的适应。有了良好的人际关系，才能有支持力量，有了归属感和安全感，心情才能愉快。大学生的人际关系，应该建立在尊重、理解和信任他人的基础上，要尊重别人的人格，不伤害他人的自尊心，只有以尊重、理解和信任为基石，人际关系才能长久而有活力；应该培养良好的沟通能力，要善于倾听，学会赞扬和欣赏别人，良好的人际沟通是化解人们之间误解和冲突的宝剑，是增进人与人之间感情的润滑剂；应该注意在交往中的心理相容，每个人的长处、短处各不相同，与人相处时宽容、忍让，学习别人的优点，包容别人的缺点，不过分计较自己的得失，多为别人着想，就会得到很多的朋友。因此，每个大学生都应主动跨越人际关系的障碍，主动寻找交往的机会，遵循主动沟通、和谐相处，坦诚相见、求同存异，把握距离、掌握分寸，讲究信用、尊重他人，正确对待竞争等原则，积极主动交往，使自己在不断的学习和实践中更好地适应环境，形成良好的人际关系。

5. 转变人生定位，确定新的奋斗目标 目标是人们活动所追求的预期结果，对人体的行为具有定向、激励和维持的作用。当人们没有目标时，会感到迷茫和空虚；目标过低，就会缺乏动力；目标过高，又会因为达不到理想而失望。很多大学生适应不良的问题都与目标确定不当有关，要使自己能够成功地发展，必须要规划好目标。首先，要在实践中寻找目标。人生目标不是靠绞尽脑汁就能想出来的，它需要大量的实践甚至是错误的尝试。正如一句谚语“我听到的会忘掉，我看到的能记住，我做过的才真正明白。”在实践中活动，大学生培养了自己的沟通、合作、解决问题、自我调节等能力，这些能力是实现目标的基础。其次，要确立合适的目标。大学生应当从自己的个性特点、能力和现实环境等各方面的实际情况出发，为自己制定一个远期目标和一个为实现远期目标所设立的近期目标。在目标的实现过程中，为了防止目标脱离实际而不能实现，或受自己不可支配因素的影响，大学生有必要随时根据已经变化了的情况，对目标进行及时调整，在目标选择和追求的过程中，获得成功的体验，不断增强自信心。

6. 转变心理状态，提高应对挫折能力 挫折是指个体从事有目的的活动时，由于遇到阻碍和干扰，其需要得不到满足时表现出的一种消极情绪状态。对于每个人来说，挫折的产生是必然的，也是普遍的。对于处于人生发展的关键时期的大学生而言，一方面他们精力充沛，思想活跃，自我意识强，发展欲望强烈，需求广泛而执着，个人的理想抱负水平普遍较高；另一方面，他们人格发展尚不够成熟，社会阅历浅，挫折经验不足，加上大学是一个竞争激烈的环境，因此，大学生遇到挫折是必然的，也是普遍的，甚至遭遇挫折的频度相对还会更高一些。挫折常使人处于紧张、焦虑、矛盾冲突等心理状态，还可能影响个体实现目标的积极性，降低个体的创造性思维活动的水平，甚至会自暴自弃，对生活失望。有的大学生认为，挫折似乎只有消极意义，其实不然，若处理得好，挫折同样可以激发人的积极性，培养个体的意志力，提高个体的认识水平，帮助个体更好地适应社会。因此，大学生有必要提高自己应对挫折的能力。首先，要对挫折有精神准备和正确的认识。挫折是不可避免的，受挫时不要把注意力放在体验自己的痛苦上，而要主动把注意力转移，努力使挫折感的消极影响大大缩小，要积极摆脱痛苦和消极情绪的干扰，待情绪稳定后，集中精力去认识挫折本身。其次，面对挫折要冷静分析，创造条件加以改善。要搞清挫折的程度，对挫折全面分析，找出失败的主客观原因，并积极地创造条件加以改善。只要面对挫折勇敢接受，抛开忧愁，不放弃努力，必然会在挫折中成熟和发展。

三、适应能力的培养途径与方法

每个人都希望自己的才能得到发展，每个人都希望生命的航船能勇敢地冲破自己内心世界和外部环境的种种风浪险阻，坚定地驶向胜利的彼岸。大学生要成为自己生命之舟的智勇舵手，采取有效的途径和方法，摆脱适应不良问题，学会积极地适应现实，科学地把握自己的人生之路。

（一）融入大学生活环境，严以律己

生活习惯不是与生俱来的，是经过反复练习而逐步形成的自动化行为方式。生活习惯一旦养成，就不需要特别的意志努力，不需要外界监控，只需凭个体自身的自然倾向和愿望去行动。因此，生活习惯会成为支配人生的一种力量。大学生精力充沛，又处于长身体、长知识的重要阶段，培养自身良好的生活习惯不仅能使他们顺利度过大学阶段，促进他们的身心健康，而且也对他们的未来发展有重要影响。

1. 按时作息，规律生活　大学生可以自由支配的时间较多，生活内容多姿多彩，如果不能妥善安排而使自己的生活杂乱无章，就会精疲力竭，进而导致学业成绩的下降。因此，要养成有规律的生活习惯，形成良好的作息制度。要做到每天早睡早起，按时吃饭，按照学校的作息时间表来制定自己的一个时间规划表，安排好娱乐、社交和社会实践活动的时间，学会做生活的主人。

2. 坚持锻炼，经常运动　“文武之道，一张一弛”。适当的体育锻炼和文娱活动对大学生的身心健康有很大的帮助。在体育锻炼中，血液循环加快，身体机理处于亢奋状态，这样能避免因长时间读书所引起的大脑疲劳，提高中枢神经系统的反应能力，使人反应灵敏、减轻压力，增强体质，提高免疫力。此外，大学生还要在课外多参加一些文娱活动。这样不仅可以缓解学习压力，放松心情，还能提高生活情趣，增进同学之间的相互了解，加深友谊。喜欢锻炼的大学生，无论是在学习上还是生活中，都表现的充满活力，能承受住各种压力，也懂得释放压力。

3. 勤俭节约，合理消费　消费既是一种经济行为，又反映了个体的人生价值追求。当代大学生是一个特殊的消费群体，他们人格独立，经济上却不独立，其花费占去许多家庭收

入的相当大比例，甚至一些家庭倾其所有也不足以支付一个大学生的花费。大学生在大学期间也逐步形成了自己独特的消费观念和消费行为。有一些大学生由于消费心理不成熟，理财观念淡薄，面对可以自己安排的生活费用，往往盲目消费、追求时尚、铺张浪费、互相攀比。大学生应该树立正确的消费观、价值观，学会勤俭节约，健康、文明、诚实和理性的消费。在实际生活中，无论家庭经济条件如何，都应合理规划个人可支配收入，学会简单的记账和制定预算。

（二）跨入大学学习体系，以学为本

面对全新的学习生活，大学生必须建立起与大学学习相适应的学习体系，以尽快适应新的环境。

1. 激发学习动机 失去了高考的压力，大学生的学习动力也随之消失，加上大学课程安排较为轻松，活动丰富多彩，学习的吸引力在降低。大学生要注意培养和激发自己的学习动机。首先要制定明确的学习目标，不断强化自己的学习自觉性。应该明确在大学里要学习什么，经过四年的大学学习要成为什么样的人，为了实现四年的总目标，每一学期的目标又是什么。还要制定有助于学习目标实现的详细学习计划。在计划中要标明本学期、本月、本星期甚至每一天的学习安排，并及时核对自己完成了哪些计划，哪些还没有完成，准备何时以何种方式完成等。其次，要广泛利用各种资源，在活动中激发自己强烈的求知欲。此外，正确对待学习上的成功与失败，学会合理归因。学习上成功可以增加大学生自信，激发学习热情，增强学习的动机。学习上失败则让大学生感到沮丧、紧张，甚至自卑。然而，成功和失败的体验对学习动机的影响并不是绝对的，关键是要学会合理归因。一部分大学生将成败因素视为自己的责任（如努力），在心态上是积极的，被称为求成型学生。另一部分是将失败归因于自己能力不足或其他外在因素，在心态上是较为消极的，被称为避败型学生。逃避失败型大学生的归因方式如果成为应付学业的一种习惯，就可能使自己面对挑战时产生一种绝望感，即使轻易就能成功的机会摆在面前，也鼓不起尝试的勇气。因此，大学生在面对失败的时候，要学会用乐观的归因方式，寻找导致失败的那些自己可以控制的因素，改进学习方法，增强学习动机。

2. 调整学习方法 学习方法对学习结果的影响是不言而喻的。大学的学习方法与中学的学习方法有很大差别，以教师为主导的教学模式变成了以学生为主导的自学模式，需要大学生培养自己的自学能力、研究和解决问题的能力。因此，要适应大学的学习生活，就必须摸索出一套适合的学习方法。大学生要学会课堂学习的各种技巧，如带着课前预习的问题去听课，层次分明、重点突出地做好课堂笔记等。要学会使用各种学习途径，如去图书馆和资料室查阅大量的文献资料，使用电脑和网络查询信息，听学术报告和专题讲座，参与讨论、辩论、主题发言活动等。要学会在学习活动中做好执行性的自我监控，在学习活动后做好反馈、补救和总结性的自我监控并能不断练习和实践，做好保持与迁移。

3. 增强实践能力 学习和实践相辅相成。学习是理论指导，是思想武器，是为了指导实践；实践是把学习融入生活，在生活中升华学习。大学生适应问题的解决取决于其基本的实践能力，这些实践能力主要包括独立生活能力、环境适应能力、交往合作能力、语言表达能力、计算机应用能力和外语应用能力等。作为大学生要在学好知识的同时，通过参与社会实践，尽量缩短自身与社会需求的差距，在实践中提升学习，发展完善自我。

（三）采取积极行动，培养自信

大学生面对新的环境，会产生陌生感，难免会出现一些不适应。但是对陌生环境采取积极主动还是消极被动的行动却是可以自己把握的。一切的幸福、充实与美好都与积极的行动有关。戴尔·卡耐基曾经说过："如果想要快乐，就为自己立一个目标，使它支配自己的思想，放出自己的活力，并鼓舞自己的希望。快乐就在你心里，它源于：去做具体而明确的事，把自己全部心思和活力都放在其中，即要积极地去行动。"当大学生对新的环境不满意或不熟悉时，要学会积极主动地调整自己与环境的不适应行为，增强自己在环境中的积极性和主动性，多为集体、为他人服务，增进彼此之间的了解，逐渐融入新的环境，摆脱由环境不适应所带来的孤独、苦闷、空虚和失落。具体来说，大学生的积极行动，就意味着要能积极主动投入学校及社会的各项健康有益的活动中去，在活动中提高自我选择、自我决策、自我管理的能力，提高处理和解决各种复杂问题的能力，从而自信、乐观地面对未来生活。

（四）学习自我心理调适，顺逆有恒

为了促进自我心理的平衡，缓解心理压力，更好地适应和发展，大学生有意识地掌握一些常用的自我心理调适方法是非常必要的。

1. 情绪宣泄法　大学新生来到新的环境、遇到一些困难和问题，不可避免会产生悲伤、愤怒和孤独等负性情绪，为防止长期被负性情绪所困扰，必须采取适当的方法让负性情绪及时、合理地宣泄出去，从而获得心理平衡、恢复正常心境。合理地宣泄方法有很多，如运动、购物、击打沙袋偶人、痛哭喊叫、睡觉、听音乐、旅游等。

2. 注意转移法　当被某些不良情绪困扰，处于情绪低谷时，暂时撇开或回避所面临的情境，并将注意力转移到其他方面，最好做自己喜欢做的事，如听音乐、绘画、书写等。

3. 交流沟通法　当大学生在适应期间在生活、学习、人际交往等方面产生困惑时，应当积极主动地与自己的父母、老师、同乡或高年级的同学进行沟通和交流，向他们倾诉苦恼，倾听他们的建议，在情感上获得他们的社会支持。这对新生缓解不良情绪，顺利适应是非常有帮助的。

4. 认知调节法　认知调节法就是通过改变人的认知过程和由这一过程中产生的观念来纠正本人不良的情绪或行为。具体来说，就是要自我调节认知，想方设法自己反驳自己，用正确的观念来反驳不正确的观念，进行逻辑推理，最终产生积极的调节效果。例如，对考试挫折的认知评价就可以这样调整："只要努力就一定能考上研究生吗？不一定。考不上研究生前途就一片漆黑了吗？不，很多没有考上研究生的人，也找到了理想的工作，也取得成功了呀。失败了，难道就不能再成功吗？也不是，经过多次考试才考取研究生的人也不少啊……"想通了这些，目标会更明确，行动也会更积极。

5. 合理比较法　进入大学后不久，许多大学生都能强烈感受到评价方式的改变，即由中学以学习成绩为主的单一评价方式转变为多元评价方式。因此很多新生感到茫然而不知所措，难以正确认识与评价自我，需要重新建立自我评价的方式。在建立与新环境相适应的评价方式时，可以通过合理比较的方法来进行。合理比较法就是采用纵向比较、点对点的比较、点对面的比较这三个维度来评价自己。纵向比较，就是要比较现在的我和以前的我是不是有变化，要充分肯定自己的成绩和实力，增强自己的信心；点对点的比较，就是在与他人进行比较时，为了有可比性，要确定在某一个方面；点面结合的比较，就是在与他人比较的时候还要全面分析自己的优缺点。大学生在比较中，要正确认识自己的实力，注意学习别人

的优点，不断提高自己，完善自己。

6. 积极暗示法 是指在特定条件下，通过内部言语、表情及体语、信念、预期等对自己的心理活动和行为施加积极影响，按所暗示的方式去行动。美国心理学家威廉斯说："无论什么见解、计划、目的，只要以强烈的信念和期待进行多次反复的思考，那它必然会置于潜意识中，成为积极行动的源泉。"大学生在运用积极自我心理暗示时，要对自己说"我能行""我最棒""我一定能成功"，要相信只要对自己充满信心，任何人和事都不能改变自己。恰当的积极自我暗示的时间一般在临睡觉之前或早餐醒来后，只要平躺在床上，身体放松，进行几分钟的自我心理谈话，如描述自己的能力，想象成功的情景，用简短的语言给自己积极有力的暗示。积极暗示法表面看起来很简单，但是却可以充分调动大学生潜在的身心资源，使大学生增强自信和成就感。

7. 顺其自然法 "顺其自然，为所当为"本来是日本心理学家森田正马提出的一种心理治疗方法，这种疗法对于避免或减轻大学生在适应过程中产生的焦虑、烦躁和抑郁的情绪同样有效。这种心理调适方法的核心是要在整个适应过程中主动直面各阶段出现的成败得失，始终保持一种自然、宁静、平常的心态。特别要对适应过程中产生的各种困难问题采取顺应自然、既来之则安之的态度，不抵制、不反抗、不回避、不压制，而是采取积极、乐观的态度应对它，努力克服、解决它，从而形成协调的生活态度，把自己对学习、生活的管理与学校的整体进程保持一致。

8. 自我放松法 放松就是通过意识控制使肌肉放松，同时间接地松弛紧张情绪，从而达到心理轻松的状态。它可以有效调节人们的身心状态，消除疲劳，平抚不良的情绪，如紧张、焦虑、烦躁、不安等。其实，生活当中人们所知道的我国的气功、印度的瑜伽术、日本的坐禅等，其实都是以放松为主要目的的自我控制训练。比较简单易行并容易掌握的放松法就是深呼吸放松法。当大学生在某些特殊的场合感到紧张时，可以让自己双肩自然下垂，闭上双眼，然后慢慢、深深地用腹部吸气，吸到足够多时，憋气2秒，再用鼻子把吸进去的气缓缓地呼出。并配合呼吸的节奏给予自己如下指示语："呼—吸—呼—吸"，体会"深深地吸进来，慢慢地呼出来"的感觉。这种方法看似简单，却往往能起到一定的作用。

9. 心理咨询法 心理咨询是由专业人员用心理学以及相关知识，遵循心理学原则，通过各种技术和方法，帮助来访者解决心理问题。当大学生在心理适应方面出现困惑，在经过自我调适后仍然无效时，应该及时主动求助本校心理咨询中心的辅导老师。这些老师会遵守尊重、平等、保密的原则，帮助来访同学认清自己的问题所在，提高应对挫折的能力，增强心理适应能力。

心理测评量表

大学生心理适应性测量问卷

本问卷共20题，每题均给出5个备选答案，请从中选择一项最适合你的答案。

(1) 假如把每次考试的试卷拿到一个安静、无人监考的房间去做，我的成绩会更好一些。

A. 很对　B. 对　C. 无所谓　D. 不对　E. 很不对

(2) 夜间走路，我能比别人看得更清楚。

A. 是　B. 好像是　C. 不知道　D. 好像不是　E. 不是

(3) 每次离开家到一个新的地方，我总爱闹点毛病，如失眠拉肚子、皮肤过敏等。

A. 完全对　B. 有些对　C. 不知道　D. 不太对　E. 不对

(4) 我在正式运动会上取得的成绩常比体育课或平时练习的成绩好些。

A. 是　B. 似乎是　C. 吃不准　D. 似乎不是　E. 正相反

(5) 我每次明明已把课文背得滚瓜烂熟了，可是在课堂上背的时候，却总要出点差错。

A. 经常如此　B. 有时如此　C. 吃不准　D. 很少这样　E. 没有这种情况

(6) 开会轮到我发言时，我似乎比别人更镇定，发言也显得很自然。

A. 对　B. 有些对　C. 不知道　D. 不太对　E. 正相反

(7) 我冷天比别人更怕冷，而热天又比别人更怕热。

A. 是　B. 好像是　C. 不知道　D. 好像不是　E. 不是

(8) 在嘈杂混乱的环境里，我仍能集中精力学习、工作并不大幅度降低。

A. 对　B. 略对　C. 吃不准　D. 有些不对　E. 正相反

(9) 每次检查身体，医生都说我“心跳过速”，其实我平时脉搏很正常。

A. 是　B. 有时是　C. 时有时无　D. 很少有　E. 根本没有

(10) 如果需要的话，我可以熬一个通宵，精力充沛地学习。

A. 完全同意　B. 有些同意　C. 无所谓　D. 略不同意　E. 不同意

(11) 当父母或兄弟姐妹的朋友来我家做客的时候，我尽量回避他们。

A. 是　B. 有时是　C. 时有时无　D. 很少有　E. 完全不是

(12) 出门在外，虽然吃饭、睡觉、环境等变化很大，可是我很快就能习惯。

A. 是　B. 有时是　C. 是与否之间　D. 很少是　E. 完全不是

(13) 参加各种比赛时，赛场上越热烈，观众越加油，我的成绩反而越上不去。

A. 是　B. 有时是　C. 是与否之间　D. 很少是　E. 不是

(14) 上课回答问题或开会发言时，我能镇定自若地把事先想好的一切都完整地说出来。

A. 对　B. 略对　C. 对与不对之间　D. 略不对　E. 不对

(15) 我觉得一个人做事比大家一起干效率高些，所以我愿意一个人做事。

A. 是　B. 好像是　C. 是与否之间　D. 好像不是　E. 不是

(16) 为求得和睦相处，我有时放弃自己的意见，附和大家。

A. 是　B. 有时是　C. 是与否之间　D. 很少　E. 根本不是

(17) 当着众人和生人的面，我感到窘迫。

A. 是　B. 有时是　C. 是与否之间　D. 很少是　E. 不是

(18) 无论情况多么紧迫，我都能注意到该注意的细节，不爱丢三落四。

A. 对　B. 略对　C. 对与不对之间　D. 略不对　E. 不对

(19) 和别人争吵起来时，我常常哑口无言，事后才想起该怎样反驳对方，可是已经晚了。

A. 是　B. 有时是　C. 是与否之间　D. 很少是　E. 不是

(20) 我每次参加正式考试或考核的成绩，常常比平时的成绩高。

A. 是　B. 有时是　C. 是与否之间　D. 很少是　E. 不是

评分规则：

凡单号数1、3、5……从A到E这5种回答依次计1、2、3、4、5分；凡双号数2、4、6……从A到E这5种回答依次记5、4、3、2、1分。

结果解释：

81～100分：适应性很强

61～80分：适应性较强。

41～60分：适应性一般。

21～40分：适应性较差。

0～20分：适应性很差。

复习思考题

1. 作为新生，请谈谈对全新大学生活的感受和理解。准备如何规划自己的大学生活？

2. 你认为是什么原因使一些大学生产生了适应不良问题？

3. 请为自己制定一个切实可行的学习目标。

4. 适应能力培养途径与方法有哪些？在生活中应该怎样结合自己的实际情况进行心理调适？

5. 请阅读以下材料，并谈谈给你带来哪些启示。

打开、接纳，然后才可能成长

很多年后回头再看，我给自己的大学宿舍生活打75分——对生活不很阳光的我，这是一个不低的分数。

到大学报到那天是教师节，记得当时学校班车不够用，在北京站等待了感觉极其漫长的时间之后，终于挤上车，怀里紧紧抱着我的热水瓶。而这差不多是我当时心理状态的形象：紧张、戒备，还有一点点张皇失措……

第一天的大学生活在遇到我的第一个室友时开始出现暖色。这是一个来自上海的女孩，开朗活泼。在她的带领下，我们五个初次见面的女孩开心友好地安排好了自己的行李，有一位室友的行李当晚没有到达，于是大家纷纷邀请她同住……当天晚上，我们手拉着手在美丽的校园里散步，当我和上海女孩单独走在一起的时候，她甚至向我吐露了自己的“内心痛苦”——她的高考分数没有达到我们这所重点大学的录取线，是她父亲动用关系挤掉了另一位同学，帮她争取到了名额，而她为此感到深深的不安和内疚……大学生活从那一刻开始变得美丽——我第一次开始学习如何向陌生人表示友好，如何向朋友打开自己……

宿舍生活不久开始出现“圈子”，最初的圈子特征很简单——地域。三个南方女孩一伙儿，我和另一个性格爽直的女孩形成“北方团”；团内外虽然有亲疏，但仍相当友好。某一天，浙江女孩看到河南女孩戴着一只艳丽的发卡，便对上海女孩议论：“北方人就是喜欢打扮得花里胡哨的！”尽管说的不是我，但这句话深深刺痛了我，并从此筑起和浙江女孩的心墙。而上海女孩的回答同样令我印象深刻：“你不能这么说，北方人也不都是一样的！”这个回答，使我在很多年以后，在心理上仍对她感觉安全，并能敞开……很多年后，我才懂得，浙江女孩没有错，问题在我自己：因为脆弱，所以容易感觉“刺痛”；更重要的是，刺痛之后，我选择的是拒绝和封闭——这使我丧失了很多学习和成长的机会。

地域圈子很快瓦解，宿舍生活开始了以性格认同为出发点的分离、组合。有趣的是，这次的组合，我们五个女孩找到的都是外宿舍的伙伴。很多年后，回味这种组合模式，我仍有些疑惑：到底外宿舍的“哪一个”的确更与我惺惺相惜，还是像恋爱一样，相爱的人必须保持一些距离?

大学二年级，在强烈的兴趣驱使下，我转到了另一个系学习。因为需要同时学习错过的一年级课程和已经开始的二年级课程，我的读书生涯开始变得异常忙碌。同时，我的宿舍生活也开始变得越来越游离：在新系里，我同时属于两个年级的两个班级，我的宿舍生活也跨着两个系的两个宿舍——其间，也曾试图融入新的团体，一度搬入新班级宿舍，但一年后又搬回……于是，我的大学生活似乎属于两个宿舍两个班级，但似乎又哪里都不属于……这种游离的生活使我与舍友的深度交往戛然中止，也使本来内向的我敞开自己变得困难。

而我与上海女孩的精神交往，也因为一个个性事件被严重干扰：三年级时，她爱上了一位北大的博士，博士风度翩翩，见识也十分广博，但博士已婚。与这样的人恋爱，是彼时道德观念下的我无法接受的。于是，我开始远离上海女孩……

很多年后，回忆我的大学宿舍生活，我能清楚地看到，一个青涩的女孩，如何走过四年的时光，变得与入学那天的紧张戒备如此不同。而大学四年，我的所有成长，都源于我的打开和接纳，而我所有的损失，也源于我的封闭和拒绝……并且，这样的模式一直影响并延续到今天。

（摘自：《中国青年》杂志　霭星）

第二章 大学生自我意识与心理健康

案例

许同学，女，大学三年级学生。对自己的相貌和学习成绩都很不满意，认为自己一无是处。缺乏自信，敏感，多疑。十分在乎别人对自己的看法，害怕听到别人谈论或者批评自己。不愿意与同学打交道，怕同学们看不起自己，从来都是独来独往。其实内心羡慕那些长相好、学习好的同学，觉得自己的人生太失败，永远不会有成功和快乐。

专家点评

该生对自我进行了过度否定，有严重的自卑心理。她对现实自我的评价过低且片面，总盯着自己的缺点与不足，认为自己比别人差。对现实的自我表示强烈不满，认为理想自我与现实自我的差距太大，自己无法改变现实自我，因此只得放弃理想自我，从而痛苦、逃避、退缩。

第一节 大学生自我意识发展的特点及影响因素

一、自我意识的概念

自我意识是人对自己以及自己与他人关系的意识。自我意识是多维度、多层次的复杂的心理系统。

从形式上来看，自我意识包括自我认识、自我体验和自我调控。

（1）自我认识。自我认识是自我意识的认知成分，是指自己对自己的认识，它是人对自己的身体面貌、个性品质、自身的社会价值及自己与周围世界的关系等方面所进行的自我感觉、自我观察、自我概念、自我印象、自我分析和自我评价等。自我认识主要解决“我是谁?”“我为什么是这样的人?”等问题。比如，有的人在观察自己的形体之后，认为自己属于“羸弱型”；分析自己的为人处世，认为自己是热情友善的；用批评的眼光审视自己时，觉得自己的性格敏感、多疑等。虽然人的自我评价是发展变化的，但自我评价毕竟是个体在某一时刻对自身自我感觉、自我观察和自我分析的结果，集中体现着自我认知的一般状况和发展水平，它是自我意识的核心部分，也是自我体验和自我调控的前提和基础。

(2) 自我体验。自我体验是自我意识的情绪成分，是指个体对自己的情绪状态的体验。自我体验包括满意或不满意、自尊、自信、自爱、自恃、自卑、自傲、内疚、自豪感、优越感、成功感等情绪状态。自我体验主要涉及“我是否满意自己?”“我能否悦纳自己?”等问题。在人的生活体验中，不仅有积极肯定的情绪体验，也有否定的情绪体验。人们还要按照自己在社会中的地位或角色体验多种不同的社会情绪。如果一个人希望在某件事上取得成功，实际上他却失败了，他就会认识到行动的失败与他成功的需要相悖，这样他就会对自己产生不满的情绪体验。在自我体验中，自尊和自信是最重要的成分。人的自尊程度直接维系于他的自我评价状况，通常同自我评价成正比。如果个体自我评价越积极、越肯定，他就越能接受自己、尊重自己，从而促进个体自我的积极进取、不断更新。自我认识决定自我体验，而自我体验又往往又会同时强化自我认识并影响自我调控。

(3) 自我调控。自我调控是自我意识的意志成分，是指个体对自己的心理和行为的调控，是个体自觉的过程。自觉的自我调控是对自己的主观世界，包括自己的行为、心理活动、个性品质及自己与他人、社会的关系等各方面的调控。个体通过对自己的行为活动的调控，从而了解自己在达到目的的过程中，如何克服内部困难与外部障碍，采取什么途径以实现自己的目标。自我调控主要涉及“我怎样调控自己的态度和行为?”“我怎样才能使自己成为一个理想的人?”等问题。正常的人都是依靠自我意识来调控自己的思想和行为，使之适宜恰当。比如我们不会在图书馆里大声喧哗、打闹、开玩笑，也不会在会场接打电话等。自我调控包括自我检查、自我监督、自我激励、自我控制、自我奋斗、自我暗示、自我教育等形式，其中最重要的调控方式是自我控制和自我教育。所谓自我控制，是指个体为达到自己的某种目标而对自身和行为的主动掌握、约束和控制，体现了意志力量的“自制力”。所谓自我教育，则是指个人主动提出道德修养的目标，并以实际行动努力去完善或培养自己人格品质的过程。自我教育作为自我调控的最高形式，集中体现了意志品质中的自我激励力量。一个具有坚强意志的人，在控制方面就会表现出自立、自主、自信、自制、自律，能够充分发挥独立性、坚定性，增强责任感。当遇到挫折时，会沉着冷静，做事果断而有韧性，执行计划时，不会半途而废，不讲空话，不炫耀自己，不哗众取宠。而一个意志薄弱的人则会缺乏主见，不能自制，容易受暗示，随波逐流，情绪不稳定；在面对困难时，会畏缩不前，缺乏竞争意识；有的人怯懦，有的人爱冲动，很轻易地或很随便地就会违背自己应遵守的原则，不负责任，不尽义务；有的人则在人际关系中有更多的防卫心理，嫉妒或提防他人，或者害怕与他人发生冲突而忍让退缩。

自我调控的实现受自我认识和自我体验的制约。在现实生活中有些人自我评价特别高，但他们心中理想自我的标准又很低，于是这种人“自我感觉”特别好，而他们在自我调控方面往往并不在意，在行动上表现为纵容自己、我行我素，难以做严格律己、审慎待人。相反，个体自我调控的状况也可以通过心理和行为的调控来影响他的自我认识和自我体验的过程。既然自我调控是自我意识中直接作用于个体行为的环节，那么它就是一个人自我教育、自我发展的重要机制，自我调控的实现是自我意识的能动性质的集中表现。

综上所述，自我认识、自我体验、自我调控是自我意识中三个不可分割的部分，它们三者相互作用、相互影响。它们协调一致、积极互动正是自我意识发展的动力所在。通过自我认识，使人明确“我是一个怎样的人?”；通过自我体验，可以解决“我这个人怎样?”“我是否接受自己?”等问题;通过自我调控,特别是自我控制和自我教育,可以最终解决“我应当成为一个怎样的人?”等问题。自我意识是个体自主性的体现,人格的铸造自始至终都是通过自我导向、自我监督和自我激励来实现的。如果一个人的自我意识出现障碍,那么他的认识就会变得模糊,行为就会变得荒唐、失控,整天处于浑浑噩噩的状态之中,不知所措,将会发展成为一个人格不健全者。同时,自我意识是个性的组成部分,是衡量个性成熟水平的标志,是整合、统一个性各个部分的核心力量,也是推动个性发展的内部动因,加速着个性社会化的进程。

从内容上来看,自我意识包括生理自我、社会自我和心理自我。

(1)生理自我。生理自我又称物质的自我,是指个人对自己的生理属性的意识,包括占有感、支配感、爱护感和认同感,是自我意识的最初形态。生理自我使一个人把自我和非自我区别开来,意识到自己的生存是寄托在自己的身体上。人初生时,并不能区分自己和非自己的东西,没有生理自我概念,七八个月时开始出现自我意识的萌芽,三岁左右逐渐成熟。大学生对生理自我的意识直接影响到他们的心理健康。有不少大学生因为对自己的生理过于关注,不能接纳自己的长相、身高、胖瘦等生理状况,而存在自卑情结,不敢与他人交往,导致发生交往障碍。生理自我受遗传影响较大,很难改变。

(2)社会自我。社会自我又称镜中自我,是指个人对自己的社会属性的意识,包括个人对自己在社会关系中的角色、地位、作用、权利和义务等认识,是个体在社会化过程中形成的对自身的定位。社会角色的自我知觉,影响和决定着人们做出与个体的社会角色相适应的角色行为。对自己的人际关系和社会群体中的地位与作用的看法,极大地影响着人们的自我体验。特别是那些具有外部价值取向的人,往往把取得人际关系和社会群体中的地位和作用,作为自己人生的唯一目标。每个人都是社会中的人,作为社会人,我们会意识到自己处于社会环境中与周围人、社会关系的好坏,意识到自己的社会地位如何,还会意识到自己应当承担哪些社会责任和社会义务。

(3)心理自我。心理自我又称灵魂的自我,是指个人对自己的心理属性的意识,包括对自己的感知、记忆、思维、智力、态度、气质、性格、动机、需要、价值观和行为等的意识。心理自我是在社会自我发生的同时形成和发展起来的。个体对自我心理的认识越充分,越能调整好自身的状态,改变不适应的行为。

个体对自己生理的、社会的、心理的属性的意识,也是相互联系和相互影响的,它们共同构建了一个人的独特的自我意识。

从自我认知中的自我概念来看,自我意识还可划分为现实自我、投射自我和理想自我。现实自我也称为现实我,是个人从自己的立场出发对自己目前实际状况的认识。投射自我是个人想象他人对自己的认识,如想象自己在他人心目中的形象,想象他人对自己的评价等,以及由此而产生的自我感。理想自我也称为理想我,是指个人从自己的立场出发对将来的我的认识,如自己想成为一个什么样的人。理想自我是个人追求的目标,不一定与现实自我一致。理想自我虽然是人将来的事情,不是现实,但它对个人的认知、情绪、意志的影响很大,是个人活动的动力和参照系。

总之,自我意识是一个复合体,自我意识的形成和发展受到个人的成长经历、生活环境、自我态度、他人评价等诸多因素的影响,并随着个体的经验和心理发展而不断地发生变化。

二、大学生自我意识发展的特点

（一）大学生自我意识发展的复杂性

1. 自我认识具有自觉性和理性　进入大学以后，随着知识面的拓宽、理论水平的提高以及专业知识的积累，大学生的抽象思维能力得到了进一步的发展，喜欢将感性认识上升到理性，从而探索事物的本质与内在的规律。这种倾向不仅表现在学习和对周围事物的分析上，还表现在对自我的认识上。"我聪明吗?""我是一个什么样的人?""我的性格如何?"等问题常常萦绕在大学生的脑海中。为了认识自我、发展自我，大学生不仅更加主动而自觉地思考涉及自我认识的问题，而且还经常有意识地将自己与周围的同学、老师以及社会各界精英进行比较，并从别人对自己的态度中了解自己，从各种社团活动中表现和发掘自己。此外，大学生对凡是能为自我认识提供帮助的杂志、书籍都有浓厚的兴趣，以求更理性地认识自己和接受自己。

2. 自我评价既具有客观性又具有片面性　随着年龄的增长、智力的发展、生活经验的丰富以及心理的不断成熟与稳定，大学生的自我评价比较符合自己的实际情况，自我评价的客观性也有了明显的发展。虽然大学生的自我评价日趋成熟，但仍不够全面，具有片面性：过高或过低地评价自我。有些大学生表现出自信心过强，对自己的现状和未来都给予过分的肯定，喜欢以己之长比他人之短，时常会高估自己，表现出较强的自负。反之，低估自己的原因有：一些大学生又会因为自我期望值偏高，理想与现实差距较大，理想自我难以实现，导致对现实自我的不满；社会竞争的激烈导致对自我现状的焦虑加剧；过分的自尊心和好胜心理一旦得不到满足，常常会导致自我否定。有些大学生则由于经济条件较差、外表普通等因素而产生自卑感，也会导致自我否定。大学生只有学会正确、客观地自我评价，才能充分发挥自我发展的主动性。

3. 自我体验具有敏感性、丰富性，又有波动性　大学生对涉及自我以及与自我有关系的事物都非常敏感，而且自我体验的内容日趋丰富，其中有积极的，也有消极的；有肯定的，也有否定的；有紧张的，也有松弛的；等等，绝大多数都是积极的、健康的。在关于大学生自我体验的调查中，研究人员列举了20对从正反两个方面描述情绪体验的词语（如热情—冷漠、自信—悲观、愉快—愁闷等），要求被试者从中选出10个特别能表达自己近半年心情的词语。结果表明，大学生自我体验的基调是热情、憧憬、自信、愉快、紧张、急躁，其中男生比女生更自信，更富有活力，但更容易急躁；女生比男生更热情，更渴望取得成功，内心愉快感更为明显，但更多愁善感。

大学生的自我体验仍有一定程度的波动性。例如，取得成绩时，欢欣鼓舞，容易产生积极的、肯定的自我体验；而遇到挫折时，则灰心丧气，产生自我否定、消极的自我体验。大学生自我体验的波动性是正常的现象，关键是大学生应该学会正确地对待这一点，真正做到胜不骄、败不馁，不断地在困难和挫折面前丰富自我、完善自我。

4. 自我调控具有主动性和情境性　自我调控的主动性主要反映在大学生具有强烈的自我设计、自我规划未来的愿望。他们会自己设计一个理想我的奋斗目标，并为了实现这一目标而努力。但大学生的自我调控水平还不够高，也具有一定的情境性，而且往往受情绪的影响较大。比如，有些大学生会沉迷于网络游戏，也有一些会在激情下盲从、放纵自己。大学生要学会理性地自我调控，不被各种不良诱惑吸引而迷失方向，要能够及时、迅速地调整自己的目标和行为，理智、客观地处理各种问题。

（二）大学生自我意识发展的自我同一性

“自我同一性”简单地说，就是个体生理我、心理我、社会我的各个方面，它们彼此能相互联系，并整合成为一个完整的“我”。美国著名心理学家埃里克森（Erikson）的“社会心理危机”理论认为，人的一生可以分为八个阶段，每个阶段都有不同的要解决的一对主要的社会心理冲突（或心理危机）。人就是在这些社会心理危机的激发下不断地成长。每一阶段的危机处理方式、结果都会对下一阶段产生重大影响，甚至波及整个人生。他认为青少年阶段主要需解决的问题是：①“我究竟发生了什么？”②“我到底是什么人？”③“这就是我自己”。其中核心任务是建立自我同一性，即个体对自己的能力、兴趣、理想、价值观、性格特征、交友方式、职业发展以及其他身心特点的基本认识和认可。这个时期的成长危险是与自我同一性的混乱，即个体对自我的认识和发展产生种种困惑或迷惘，主我和客我矛盾的加剧，两者不能统一，导致不能很好地确定自我形象和人生目标，而出现焦虑和不安，甚至产生一定的内心痛苦。人格障碍、精神疾患大都与此有关。自我意识的同一性标志着个人的内部状态与外部环境的协调一致。同一性不稳定是自我意识不成熟的表现。如果已经建立起来的同一性发生混乱，将出现人格障碍。因此，埃里克森认为培养与发展自我同一性是青少年心理成熟与健康的焦点。

（三）大学生自我意识发展的矛盾性

大学生自我意识发展的最显著的特点就是它的矛盾性。大学生自我同一性难以达成、情绪波动等都是与自我意识的矛盾性有相当大的关系。这种矛盾性在大多数一二年级学生中表现较为突出，其主要表现为以下几个方面：

1. 理想自我与现实自我的矛盾 青年期本来就是一个多憧憬、多激情的年代，加之自身条件的优越，大学生对未来充满信心、抱负水平较高、成就欲望较强，特别是当市场经济将人们的成就意识凸现时，许多大学生心中涌动着比尔·盖茨般成功的梦想。但由于他们生活范围相对狭窄，社会交往比较简单，缺乏社会阅历，对自我认识的参照点较少，故不能很好地将理想与现实结合起来，从而使理想自我与现实自我之间出现矛盾。这种理想自我与现实自我的矛盾是大学生成长过程中不可避免的。而且理想自我与现实自我之间的适当距离，能够激励大学生不断进步、奋发图强，有利于大学生正确认识自我、接纳自我、形成正确客观的自我意识。

2. 交往需要与自我闭锁的矛盾 大学生迫切需要友谊、渴望理解、寻求爱与归属，希望能获得别人的支持、赏识、尊重与鼓励。他们有强烈的交往需要，渴望和知心朋友共同交流和探讨人生，分享自己的喜怒哀乐。但是，由于性格上的差异、心理上的闭锁性，他们又不愿轻易向他人展示自己的内心世界、吐露自己内心的秘密，处处提防别人，往往在需要彼此沟通、彼此交流、彼此理解的时候关闭了自己的心扉。这种强烈的交往需要与自我闭锁的倾向之间产生了矛盾，使得不少大学生备受孤独的煎熬。

3. 独立意向与依附他人的矛盾 进入大学以后，大学生的独立意向更加强烈，希望能在思想、学习、生活甚至经济等诸多方面独立，摆脱家庭和学校的约束，独立地处理自己所遇到的一切问题。但由于长期的校园生活使他们应有的社会阅历与经验相对匮乏，经济上不独立，加上很多大学生一直为父母所宠爱，当应激事件出现时，却又盼亲人、老师、同学能够替自己分忧。这种独立意向与依附他人的心理是并存于大学生的意识中，必然会引起矛盾。

4. 自尊心与自卑感的矛盾　作为“天之骄子”的大学生，他们入学的时候，一般对自己的能力、才华和未来充满了自信。但一段时间以后，许多大学生发现“人外有人，天外有天”。尤其是当自己的某一方面显露出不足时，就开始轻视自己、怀疑自己，甚至否定自己，产生自卑感。在这些大学生的内心深处，自尊心与自卑感常常处于矛盾状态。

三、大学生自我意识发展的影响因素

大学生自我意识的发展基本上是积极的、健康的，但发展的过程并非直线向上，而是存在着很多曲折。在整个大学学习期间，影响大学生自我意识发展的因素是多层次、多角度且多变化的，离不开整个社会环境与教育的影响，离不开大学生自身的体检与评价。影响大学生自我意识发展的因素主要有如下几点：

（一）社会环境的影响

远在两千年前，孔子就提出了“性相近，习相远”的见解，肯定人生下来时并没有很大的差别，人的差别是受环境影响的，是由后天的教育和学习造成的。

1. 经济文化的影响　由于地理气候等环境条件的不同，社会经济、文化发展程度的不同，每个国家和民族在长期的历史发展中又形成了自己的特定的文化模式和传统。文化的差异不仅仅表现在社会的价值准则、行为规范上，还对人们的习惯、风俗、艺术、宗教都产生广泛的影响。传统的中国文化注重群体关系，西方文化看重个体的存在、自由、自主和创造性。我国改革开放的不断深入及市场经济的逐步推进，加剧了社会的转型和变迁，传统文化和观念受到了巨大的冲击，传统文化与现代文化出现的裂变与继承，东方文化与西方文化的交融与排斥，使人们的自我意识和个体价值意识被唤醒，这些都将对大学生的价值观、生活方式、思想观念产生巨大的影响，从而影响他们的自我意识。

2. 社会榜样的影响　“榜样的力量是无穷的”，从古至今，历朝历代都会树立一些楷模作为民众模仿、借鉴、学习的榜样。大学生的自我意识的形成，也是离不开社会生活中各种榜样的影响。大学生受社会榜样的影响并不像少年那样，对所喜爱或崇拜的人直接模仿，而是从众多社会榜样身上吸取有意义的、令自己敬佩的信息，是一种思想、精神的领会，为构建理想的自我形象而积累素材。

3. 家庭教育的影响　俗话说“父母是孩子的第一任老师。”父母的教育方式和家庭关系对子女的影响不仅是在他们的孩提时期，而且也会影响他们的一生。父母接受的文化教育、道德标准和社会规范早已内化为自身的信念和言行，自觉不自觉地灌输给子女，潜移默化地影响子女世界观和价值观的形成，而且父母的教育态度、教育方式及家庭气氛、父母双方的关系都会对子女的自我意识的形成和发展产生极大的影响。

4. 网络信息交流的影响　目前，越来越多的人通过计算机网络来交流信息。几乎所有的大学生每星期都会花数小时的时间去网上冲浪，有的甚至对网络产生了依赖心理。当代的大学生不仅受到教师和家庭的影响，也受到书刊、电视、电影等单向传播的影响，更会受到互联网的影响。他们可以在网络中毫无顾忌地与陌生人交流，可以通过网络宣泄自己的不良情绪。现在那种老师讲、学生听的传统教学形式已顿显逊色，多媒体、网络教学等形式越来越突出学生学习的主体地位。当大学生将自己置身于网络中，自如地操作电脑、查阅信息、处理邮件、发布信息以及网上聊天时，犹如“运筹帷幄”，发挥着自己的主动性、探索性和创造性，培养了他们独立分析问题、解决问题和创新的能力，自我意识也在这个过程中得到了长足的发展。

(二)自我评价的影响

自我评价是自我意识的众多内容中的最核心的部分，有效的自我评价是自我意识系统能否正常发挥调控功能的前提。大学生只有学会正确、客观的自我评价，才能充分发挥自我发展的主动性。比如对于外表同样普通的同学，有的同学会接纳自己，会充满自尊、自信，积极乐观地迎接生活对自己的挑战，而有的同学会拒绝自己，会自怨自艾，会愁闷、自卑，消极处事。

(三)他人评价的影响

俗话说：当局者迷，旁观者清。大学生在认识自我的时候不可避免地会参照他人对自己的评价，从而知道自己在他人心目中的形象。大学生可以通过观察他人对自己的态度和行为或与他人交流，也可通过某些会议、各种比赛、表扬与批评、学习成绩报告单等来获取他人对自己的评价的信息，这些评价都可能对大学生的自我意识产生影响。从关心和爱护角度出发的正面评价，常能对大学生的自我实现产生强烈的激励作用。激励对成长中的大学生是非常重要的，“赏识教育可以激发学生的潜能”。当否定评价过多，就会打击学生的自信心，成为影响学生进步的障碍。大学生要正确地面对他人的评价，对于他人对自己的评价要加上自己的理性分析，才能正确地接受过来。

第二节　大学生自我评价的偏差及其原因

大学生的逻辑和辩证思维虽有所发展，但是由于年轻，社会阅历浅，心理尚未完全成熟，在对问题的认识上，会难以避免地存在肤浅和片面，对自我的认识和评价常常不够客观，从而引起偏差。

一、过度的自我接受与过度的自我拒绝

自我接受是指自己认可自己、肯定自己的价值，对自己的才能和局限、长处和短处都能客观评价、坦然接受，不会过多地抱怨和谴责自己。对自我的接受是心理健康的表现，但过度的自我接受就是自我扩张和膨胀。过度的自我接受的人，对自己的肯定评价非常高。他们往往高估自我，具有自以为是、自吹自擂、骄傲自大、自命不凡、孤芳自赏、自我陶醉的特点。他们只看到自己的长处，甚至把缺点也视为长处；对别人却只看短处，吹毛求疵，求全责备。他们的人际交往模式是“我好，你不好”“我行，你不行”。当遭遇失败与挫折时，有时甚至是小小的失利，如考试失败、恋爱失败等，他们便开始怀疑自己的能力，进而产生自我否定、自我怀疑甚至自暴自弃，陷入强烈的自卑之中。

自我拒绝是指不喜欢自己、不能容忍自己的缺点和弱点，否定、抱怨、指责自己。适当的自我拒绝可以使大学生不断地修正自我、趋于完善，但过度的自我拒绝会从多方面否定和拒绝接纳自我。他们往往严重低估自我，认为自己一无是处，人际交往模式是“我不好，你好”“我不行，你行”。过度自我拒绝会压抑人的积极性，对前途失去信心，不能很好地发挥个人的潜能，严重的还会导致心理疾病。

二、过度的自我中心与过强的从众心理

过度地以自我为中心的人，在观察事物或考虑问题时，只从自己的角度出发，用自己的

经验去对待有关事物，不能设身处地地为别人着想，不能客观地考虑问题。这样的大学生往往以同学的导师或领袖的身份出现，处事总认为自己对，别人错，并把自己的意志强加给别人，凡事都只希望满足自己的欲望，要求人人为我，却不愿为别人做半点牺牲，不关心别人的痛痒。他们具有盛气凌人、自私自利、唯我独尊、损人利己的特点。他们不能取得别人的好感，人际关系不和谐，做事难以得到他人帮助，易遭受挫折。

与过度的自我中心相反，有些大学生有过强的从众心理。从众心理，人皆有之，是个体自我保护的心理机制，是个人适应社会的一种方式。但是具有过强的从众心理的大学生，则缺乏主见和独立意识，懒于思考，常常会随波逐流、人云亦云。长此以往，会阻碍自主性和创造意识的发展。

三、过分的独立意识与过分的依赖心理

大学生自我意识发展的重要标志之一就是独立意识日益明显，他们希望自己能做到自立自主、自尊自爱、自信自律。然而，有些大学生在摆脱依赖、走向独立、寻求自我肯定的过程中，表现出过分的独立意识，出现矫枉过正的现象。这些大学生把独立理解为独来独往、不需要别人的帮助、我行我素，甚至不顾社会规范。这种过分的独立意识不利于大学生正确对待自己和他人，不利于他们正确地处理个人与社会的关系，不利于他们的健康成长。与此相反，很多大学生在处理一些本应该自己负全部责任的感情和行为问题上，仍然事事依赖父母，缺乏自主性和独立性，表现出过分的依赖心理。诸如专业方向的选择、是否参加学校的某个社团、是否选修第二专业、毕业后的去向甚至恋爱婚姻等问题都懒于思考，完全依照父母的意见行事。具有过分的依赖心理，不仅会缺乏自主意识和独立意识，而且会导致适应能力较差，不利于迎接生活的挑战。

四、过强的自尊心与过重的自卑感

人人都有自尊，尤其是青年群体中的佼佼者——大学生，其自尊心更强。自尊心强的大学生对自己有信心，相信自己能克服缺点，战胜挫折和困难，取得进步。但过强的自尊心就会以自我为中心，唯我独尊，骄傲自大。这样的学生缺乏自我批评，而且不允许别人批评自己。他们回避或否认自己的缺点，缺乏自知能力，不能与人和谐相处，容易失败，也容易受伤害。

自卑就是自己看不起自己，又以为别人也看不起自己的一种心理状态，它往往是自尊屡屡受挫的结果。大学校园是人才济济之地，有些同学在某些方面曾有自卑的倾向和感受，也很正常。但有的同学过度自卑，对自己的缺点、不足和失误斤斤计较，就会因自卑而心虚胆怯、谨小慎微、多愁善感，遇到具有挑战性的场合就会瞻前顾后、逃避退缩，或对自己的所作所为过分夸张，过分补偿，其结果是塑造了一个虚假的、脆弱的、不健康的自我。

大学生的自我意识是在“分化—矛盾—统一”的转化发展过程中螺旋式地向前发展的。大学生的自我意识在发展过程中出现一些失误和偏差是心理还尚未成熟的表现，这些失误和偏差是大学生自我意识发展中的正常现象，是由其身心发展状况和成长背景所决定的，并不是某个人的缺点，而是所有大学生或多或少都要亲身经历的，是这个年龄阶段的特征，但仍需要高度重视，并加以调整和控制，以促使大学生自我意识的健康发展。

第三节 大学生自我意识的培养与完善

自我意识水平影响和制约着人的发展。健全的自我意识是大学生健康成长、迈向成功的必备素质。要培养健全的自我意识，首先要了解健全自我意识的标准。健全自我意识的标准主要有以下几条：

（1）健全的自我意识应具有自知之明，既清楚自己的优势，也清楚自己的劣势，能客观、正确、全面地评价和发展自我。

（2）健全的自我意识应能够达到积极的自我肯定，并能够独立地与外界保持协调一致。

（3）健全的自我意识是自我认识、自我体验、自我调控三者协调一致的结果。

（4）健全的自我意识应达到理想自我与现实自我相统一，有积极的目标意识和内省意识，锐意进取，永无止境。

（5）健全的自我意识有助于个体的心理健康和发展，有助于社会文明的发展和进步。

掌握了健全自我意识的标准，就可以着力进行健全自我意识的培养与完善。如何培养大学生具有良好的自我意识，使他们具有健康的自我概念、自我体验和自我实现的意向呢？这主要依靠两个方面的工作：一方面，家庭、学校和社会要共同营造一个有利于大学生自我意识发展的环境；另一方面，大学生要努力加强自我意识的培养与完善。

一、营造良好的社会环境

1. 提倡新现代化的思想观念 一个民族的思维模式和社会性格总是同其民族的文化渊源密不可分。我国传统文化历来重视人际的伦常关系和道德规范，这往往使学生形成一种传统的思维模式和拘谨的性格特征。有人对我国青少年学生观念现代化做了调查，发现82.3%的学生处于由传统观念向现代观念的过渡阶段，13.4%的学生传统观念十分严重，只有4.3%的学生具有较为现代化的观念。

具有传统观念的学生不关心世界大局，只关心本地区与自己密切相关的问题，但表达意见谨慎；他们缺乏接受新事物的心理倾向，对周围的人缺乏信任感；他们虽然关心国家的改革开放，但缺乏参与的积极性与勇气。这显然同时代的要求、同培养社会主义现代化人才的要求不相符合。如果我们培养的大学生只能恪守传统，而没有自己的独立意识，缺乏参与竞争的精神，他们怎么能在现代社会的竞争中坚定自信，克服困难，迎接挑战？他们又怎么能在未来的事业中独立思考，开拓进取，承担起建设祖国的重任呢？

2. 改革传统的教育体制 由于受到传统文化思想的束缚，我国的大学生在集体主义、依从性等性格特征方面显著高于欧美，而在独立性方面则明显不如欧美。

在我国的大学生中普遍存在有“枪打出头鸟”“人怕出名猪怕壮”的思想，这也影响和制约了大学生思维发展，导致了大学生对权威的盲目服从。根据教育部等单位所做的一项调查表明，有65.5%的学生经常会对老师和课本的说法表示怀疑，但公开提出质疑的人却很少；即使有人提出质疑，公开表示赞同的人也会很少，甚至有16.5%的同学认为，如果质疑，“大多数同学会予以非议”。随着年龄的增长，这种思维定式和对权威的服从会日益增强，这种状况显然不利于大学生自我意识的健康发展。所以，要改革传统的教育体制，使学习变成主动探索和发现的过程，这样大学生才能在学习的过程中不断自我发现、自我完善和自我实现。

3. 在家庭和学校中营造良好的人际关系氛围 近朱者赤，近墨者黑。有什么样的人际关系氛围，就会培养出什么样的自我意识。根据一项对全国 50 所大学 1 580 名学生的家庭教养方式所做的调查发现，我国大学生家长的教养方式具有高拒绝、高否认和高惩罚的严厉特征，容易引发子女的高焦虑、自卑、敌对、不能正确认识自己等心理障碍，不利于大学生心理健康发展。因此，在处理亲子关系和师生关系时，都要反对一言堂的家长制的教育方式，要在平等、民主的基础上，建立相互关心、相互尊重、相互信任、相互帮助的人际关系，使大学生能从日常的人际关系中感受到人性的温暖，获得爱的体验，使大学生热爱生活、关心他人，形成健康的自我意识。

二、加强自我意识的培养与完善

(一) 正确地认识自我，全面评价自我

我们都知道一句古语："人贵有自知之明。"这说明人认识自我是多么地难能可贵。正确地认识和评价自我是自我调控的重要因素，是塑造、完善自我意识的基础。一个人要认识自我，必须对自己的身体、外貌、气质、性格、兴趣、能力、爱好、意志、愿望、自己的存在价值以及自己的所作所为等有一个正确、全面的认识和评价，这样才能够取长补短，控制自我、发展自我、完善自我，才能提高自己参与社会的积极性，处理好个人与他人、个人与社会的关系。如果对自己的评价过高或过低，就不能客观地、恰如其分地评价自己的心理和行为，势必不能充分发挥自己的长处，也不利于克服自己的短处，从而造成人际关系的不协调，社会适应能力较差。

大学生可以从以下几个方面努力来真正认识自我、评价自我。

1. 通过与其他大学生比较来认识自我 有比较才有鉴别。人们在缺乏客观评价标准的情况下，可以通过与他人的比较来评价自己。大学生将自己与其他大学生相比，可以认识到自己的实际水平及在群体中的地位；与社会上的杰出人物比较，特别是杰出的同龄人，可以找出自己的差距和努力方向。通过与他人的比较，能够认清自己的优势和劣势，查找出问题，进而通过不懈的努力去接近或超过他们。与他人比较，最重要的是要选定恰当的而不是盲目的参照系，同时还要学会用发展的眼光、辩证的方法去看待自己和他人，比较的视野越广阔、方法越科学，自我的认识就越恰当。恰当地与他人比较而正确认识和评价自己的人，就能做到既不妄自尊大，也不妄自菲薄，从而能确定出合乎自己实际情况的奋斗目标和行动计划。

2. 通过分析他人对自己的评价来认识自我 有句名言："以镜为鉴，可正衣冠；以人为鉴，可明得失；以史为鉴，可知兴替。"大学生可以通过他人对自己的态度、期望、评价来认识自我。大学生要对自我有全面的认识，就要正确地分析不同时期、不同的人对自己的评价。如不同阶段同学的评价（熟悉自己的同学的评价、不怎么熟悉自己的同学的评价，与自己关系较好的同学的评价、与自己对立的同学的评价）和班主任的评价等。综合地分析各种人对自己的评价，有助于自我认识能力的提高。大学生要重视他人对自己的评价，但也不能全盘接纳他人的评价，而是要对这些评价做全面、细致、批判的分析，有选择、理性地接受他人的评价，从而最终形成自己的认识。

3. 通过不断地自我反省来认识自我 自我认识和自我评价不完全以他人评价为依据，

而是通过自我分析、自我反省而独立完成的。孔子曰："吾日三省吾身"，大学生已经具备自我反省的能力和自我批判的精神，必须经常检查自己的行为和动机是否正确，行为过程有什么不足，结果如何，有哪些收获和缺憾等，在不断的自我反思过程中，勇于将自我作为一个认识的对象，严于解剖自我，敢于批评自我。

4. 通过实践活动的成果来认识自我 实践活动成果的价值有时直接标志着自身的价值，而社会衡量一个人的价值主要是通过实践活动的成果来认定的。大学生均有各自潜在的天赋和才能，如果不加以发现和施展，就可能被淹没。因此，大学生应积极参加各种实践活动，增加生活阅历，使自己的各种天赋和才能表现出来，这样才可以使个体进一步认识自我的能力，发现自我的价值，从而进一步开发潜能、激发自信，取得优异的成绩，被自己所认识，以便更好地全面评价自我和发展自我。

（二）积极地悦纳自我

对大学生而言，认识自我固然不易，但接受自我往往更难。悦纳自我是发展健康的自我意识的关键和核心。

具体地说，积极地悦纳自我就是：

（1）接受自己，喜欢自己，尊重自己，爱惜自己，觉得自己独一无二，有价值感、自豪感、愉快感和满足感。

（2）性情开朗、乐观，对生活充满乐趣，对未来充满憧憬。

（3）积极而又充满信心地看待自己的长处与短处，冷静而又理智地对待自己的成功与失败。

（4）有合理的阶段性目标及远大的理想，并以此激励自己不断克服消极情绪，不断地努力。

（5）既不以虚幻的自我补偿内心的空虚，也不消极回避、漠视自己的现实，更不哀怨、自责以至厌恶来否定自己。

要做到悦纳自我，首先要使理想自我定位准确，不要与现实自我差距太大。俗话说："有志者立长志，无志者长立志"，所以大学生在给自我定位时一定要符合自己的实际情况。既不要定位太低，也不要太高。理想自我定位太低，当然容易实现，但往往会丧失进取心，缺少成功带来的满足感，而且会抑制大学生潜能的发挥。而理想自我定位太高，则会因为目标的无法实现而挫伤自己的斗志，削弱自信心，导致焦虑水平的上升。其次，要有一个积极的心态。不忘"尺有所短，寸有所长"，恰当地认识自己，而不是苛求自己；懂得"失之东隅，收之桑榆"，正视自己的短处，既努力扬长也注意补短；牢记"失败是成功之母"，正确地对待成功和失败，知道成功和失败是相辅相成的，成功的果实只能艰辛地逐渐成熟。再次要扩大人际交往的圈子。大学生应该多接触一些人和事，广交朋友，使自己的生活更加充实。在与人交往过程中，由于自己的热情与爱心使得自己容易被他人所接纳，而一个能被他人接纳的人也就更容易接纳自己了。广交朋友可以令人有一种归属感，可以使人拥有一个庞大的社会支持系统。当自己面临痛苦与不幸的时候，可以获得更多人的关爱、理解、帮助及支持，这样会比较容易地渡过难关，重塑自我。

（三）有效地调控自我，不断完善、超越自我

自我调控是人主动地改变自己的心理品质、特征及行为的心理过程。它是大学生健全自我意识、完善自我的根本途径。

一般来说，大学生要有效调控自我，科学地发展自我，就应该：

1. 确立适宜的目标　大学生在设想自己的未来时，不能只从个人的愿望出发，必须将人生目标建立在社会需要的基础上，并根据自己的特点和社会提供的可能性来设计自我，既不受虚荣心诱惑，也不被嫉妒心所鼓动。在制定目标时，要将自己的远大理想分解成若干切合实际、经过努力可以达到的子目标，将长远目标与阶段目标结合起来，由近到远、由低到高，循序渐进，逐步加以实现。

2. 提高自我调控能力　大学生在实现人生目标的征程中，不可能都是一帆风顺的。这期间既有各种本能欲望的干扰，又有外界形形色色的诱惑，这些都会导致许多大学生走弯路，错失很多良机。大学生要想成就一番事业，就需要提高自我调控能力，培养顽强的意志和坚强的性格，发展坚持性和自制力，增强挫折耐受力，理智地对待周围发生的事件，有意识地调控自己的思想和情绪，约束自己的行为，使自己能够自觉主动地认清目标，正确地面对成功与失败，为实现自己的目标而努力排除各种干扰和诱惑，克服困难，成为驾驭现实的主人。

3. 不断完善自我、超越自我　完善自我、超越自我是健全自我意识的终极目标。大学生要跳出自我的小天地，由“小我”走向“大我”，由“昨日之我”向“今日之我”“明日之我”迈进。大学生要从小事做起，从眼前事做起，从实际行动做起，协调个人期望和个人能力。不能把自己局限在个人价值的实现上，而应将个人价值与社会价值统一起来，和谐地统合自我，要在为社会和人类谋利益的前提下，实现个人的自我价值，从而使自我意识得到升华。在健全自我意识的过程中，要不断地给自己一些挑战，不断地超越自我；要有正确的价值取向，把自我实现的蓝图与祖国的富强、人类的文明结合起来，努力为社会做出自己最大的贡献。

心理测评量表

自我和谐量表（SCCS）

下面是一些个人对自己看法的陈述。在填答时，请先看清每句话的意思，然后勾选一个数字（1代表该句话完全不符合自己的情况，2代表比较不符合自己的情况，3代表不确定，4代表比较符合自己的情况，5代表完全符合自己的情况）以代表该句话与你现在对自己的看法相符合的程度。因为每个人对自己的看法都有其独特性，所以答案是没有对错的，只要如实回答即可。

	1. 完全不符合	2. 比较不符合	3. 不确定	4. 比较符合	5. 完全符合
1. 我周围的人往往觉得我对自己的看法有些矛盾					
2. 有时我会对自己在某些方面的表现不满意					
3. 每当遇到困难，我总是首先分析造成困难的原因					
4. 我很难恰当表达我对别人的情感反应					
5. 我对很多事情都有自己的观点，但我并不要求别人也与我一样					
6. 我一旦形成对事物的看法，就不会再改变					

（续）

	1. 完全不符合	2. 比较不符合	3. 不确定	4. 比较符合	5. 完全符合
7. 我经常对自己的行为不满意					
8. 尽管有时必须做一些不愿意的事，但我基本上是按自己的意愿办事的					
9. 一件事好是好，不好是不好，没有什么可含糊的					
10. 如果我在某件事上不顺利，我就往往会怀疑自己的能力					
11. 我至少有几个知心朋友					
12. 我觉得我所做的很多事情都是不应该做的					
13. 不管别人怎么说，我的观点决不改变					
14. 别人常常会误解我对他们的好意					
15. 很多情况下我不得不对自己的表达能力表示怀疑					
16. 我朋友中有些是与我截然不同的人，这并不影响我们的关系					
17. 与朋友交往过多容易暴露自己的隐私					
18. 我很了解自己对周围人的情感					
19. 我觉得自己目前的处境与我的要求相距太远					
20. 我很少去想自己所做的事是否应该					
21. 我所遇到的很多问题都无法自己解决					
22. 我很清楚自己是什么样的人					
23. 我能很自如地表达我所要表达的意思					
24. 如果有足够的证据，我也可以改变自己的观点					
25. 我很少考虑自己是一个什么样的人					
26. 把心里话告诉别人不仅得不到帮助，还可能招致麻烦					
27. 在遇到问题时，我总觉得别人都离我很远					
28. 我觉得很难发挥自己应有的水平					
29. 我很担心自己的所作所为会引起别的误解					
30. 如果我发现自己某些方面表现不佳，总希望尽快弥补					
31. 每个人都在忙自己的事，很难与他们沟通					
32. 我认为能力再强的人也会遇上难题					
33. 我经常感到自己是孤立无援的					
34. 一旦遇到麻烦，无论怎样做都无济于事					
35. 我总能清楚地了解自己的感受					

评分说明：分量表的得分为其包含的项目分直接相加，分量表包含的项目可分为三部分：

（1）自我与经验的不和谐：1、4、7、10、12、14、15、17、19、21、23、27、28、29、31、33。

(2) 自我的灵活性：2、3、5、8、11、16、18、22、24、30、32、35。

(3) 自我的刻板性：6、9、13、20、25、26、34。

将“自我与经验的不和谐”“自我的刻板性”正向计分，即选1计1分，选2计2分，选3计3分，选4计4分，选5计5分；将“自我的灵活性”反向计分，即选1计5分，选2计4分，选3计3分，选4计2分，选5计1分。然后将所有分数相加，得分越高，说明自我和谐度越低。在大学生中，低于74分为低分组，75～102分为中间组，103分以上为高分组。

复习思考题

1. 自我评价

游戏一：老师让参加活动的同学围坐在一起。开始活动时，教师撤出一把椅子，站在圈外，喊口令：“大风刮，大风刮，刮呀刮，刮具有＿＿＿＿＿＿特点的人。”具有这种特点的人听到后就以最快的速度跑到中间再重新找一把椅子坐，动作慢的学生就没有椅子坐了。在活动中，大家一起思考，怎样尽快找到位置，需要注意听口令、动作快。更重要的是要充分了解自己的特点。

游戏二：教师取出事先准备好的写有学生熟悉的动植物名称的卡片（每张卡片写一个动物或植物名称，根据班级学生数量准备卡片）。学生在音乐的伴奏下随机抽取卡片，根据自己抽取的动物或植物特点，再结合自己的情况，说出自己的特点。在向同学介绍自己特点时，要想方设法结合自己手中所抽取的动物的特点。描述时可以这样进行：“我是一只＿＿＿＿，＿＿＿＿是我的特点。”

2. 认识自己的优点、能力和特长

列优点清单：

类别	自我评价	他人评价
学习能力		
交际能力		
文娱才能		
体育强项		
性格方面		
动手能力		
其他		

(1) 组成4人小组。

(2) 先找一个同学作被轰炸者，其他三个同学轮流说出他的优点、能力和特长，直到四个均被“轰炸”过。

(3) 可根据表现“我的优点”的项目给每位同学指出优点，并写在“他人评价”一栏。

(4) 态度要认真、真诚。

3. 从下面这个案例中，你可以得到什么启示?

有一位画家把自己的画放在画廊上，请人们点评，第一天请人们把败笔之处圈出来，结果一天下来，几乎画的每一个角落都被圈出来了。画家觉得非常沮丧。画家的老师对他说:“不要沮丧，明天依然拿这幅画，让人们将精彩的部分都圈出来。”结果一天下来，又是画的每个角落都被圈出来了。

4. 为未来的你画像，描述“理想我”，体验面对“理想我”时候的感觉，你准备怎样做?

第三章 大学生情绪与心理健康

案例

这是一位大学生的来信：我是一名大一学生，刚来学校时，有些不习惯，不过我适应能力还算好，不觉得很生疏，我与班里的同学相处还比较好，大家对我的印象还不错。可是我总觉得自己压力很大，干什么事情总是没有精神，情绪很不稳定，尤其是这几天，大家都在复习，我看到大家都在看书，我却不想看书，觉得很难受，甚至有点痛恨他们在读书。我也向我从前的同学说我现在的情况，他们劝我：大学和高中是不同的，没有必要被别人左右，不要管别人如何学习，你只要有自己的学习方法就可以了，在自己的基础上提高自己，尽最大的努力，可是我发现我还是控制不了自己的情绪。

我经常一个人行动，上课、自习、吃饭，我总是一个人，我觉得一个人很自在，不受约束，当然我不是很孤僻，我也和大家交流，只是习惯了独处。而且我们宿舍五个人，俩人一对，正好我一个，我们平时相处也不错，大家都是好朋友，我们也没有什么矛盾，我们还是院里的明星宿舍。

我发现自己还有一个问题，当我情绪不好的时候就吃东西，常常是一个人在一个食堂吃过，又跑到另一个食堂去吃，然后再到超市买一大堆饼干或者其他东西回宿舍吃。我觉得自己近乎疯狂，不可理喻。我就想让胃撑满，有时近于疼痛，好像这样我会得到快感和满足。其实当我吃东西的时候，自己也知道这样不对，但就是控制不了自己，我就想不停地吃下去，什么都不要想。

但是我发现这种发泄带来了更多的问题：

一个是钱的问题。在上个学期，我还有些自制力，买的东西还不是很贵，次数也不是很多，希望自己会改过来。但是这个学期我发现自己反而变本加厉，表现为：买东西的次数越来越多，买的东西越来越贵，好像越贵才越刺激，才越满足。久而久之，家里给的生活费无法支付我越来越强烈的购物欲望，于是我就一次次地打电话向家里要钱。我觉得对不起父母，非常自责。但是越是这样，我就越想放纵自己，好像有两个我在做斗争：一个让我恢复理智，另一个在让我奢侈，让我放纵，而我却总是屈服于后者。

另一个问题是我长胖了。我知道这是一个女孩子很敏感的问题，我也不例外。其实我很注重自己的外表，希望自己精干，但是我现在长了10斤。我常常在晚上吃东西，不睡觉，有时候还偷偷摸摸，一直吃完，或者直到胃实在受不了，就去睡觉。第二天，我清醒之后，我会照镜子，看看自己圆滚滚的肚皮，我会想我到底干了些什么，我怎么这样，我好像不是我了，不想接受自己的样子，可是下一次我又克制不住自己。

我从前尝试过节食减肥，的确瘦了不少，但是我发现我对什么都馋，而且刻意寻找东西吃，不是因为饿，而是为了一种满足感，而且经常没有节制，吃起来不停。我的胃已经出现问题，一吃多了就吐，估计是胃炎，可我还是常常控制不住自己。

我把精力放在与学习无关紧要的事上，这样我的生活不规律、学习不规律、饮食不规律，我觉得生活、学习一团糟，对什么都没有信心，也许这就是我情绪不稳定、对什么都没兴趣的原因吧。我觉得我对不起很多人，对不起所有对我有期望的人，父母、同学、师长，包括我自己，可是我还是很难控制我自己的情绪，我觉得我好像有两种人格在厮杀。我很害怕，但是不知该如何做……

专家点评

这是一例以抑郁为主要特征的情绪问题，具体表现为：情绪不稳定，难以控制自己的情绪，兴趣减退、体重剧增、自我观念消极、注意力不集中，通过面谈以及对她以往生活经历的追踪，核心问题仍然是情绪问题，表现为通过吃缓解其心理压力与焦虑，尽管已经认识到问题，却控制不住，通过积极的心理辅导，该同学已经基本控制住自己的情绪，进入了正常的学习和生活中。

第一节 情绪概述

一、情绪概念

情绪是指高兴、快乐、痛苦、悲哀等，一般发生时间短暂、表面，而且容易变化。人们通常以愤怒、悲伤、恐惧、快乐、爱、惊讶、厌恶、羞耻等反应来说明情绪。中国人常说的喜、怒、哀、惧、爱、恶、欲七情，也可以被称作情绪（emotion）。

关于情绪的定义，历史一直存在众多的争论。牛津英语字典上解释为：心灵、感觉或感情的激动或骚动，泛指任何激动或兴奋的心理状态。

心理学家吴伟士认为情绪是有机体的一种激动状态，各种情绪的反应，都以其引起的情境来定义。例如，愤怒与他人所引起的不愉快情境相关联，内疚与由自己所招致的不愉快情境相关联，悲伤则与环境控制的不愉快情境相关联。

情绪总是同人的需要和动机有着密切的关系，如人的某种需要得到满足或目的没有达到时，他将会产生愉快或者难过等感受。因此，情绪是客观事物是否符合个体的需要所产生的态度体验，是人脑对客观事物与人的需要之间关系的反映。人类情绪的发展见表 3-1。

表 3-1 人类情绪的发展

最常见的年龄	愉快—高兴	担心—恐惧	生气—愤怒
0～3	自发的微笑	惊吓	不舒服的感觉
3	愉快	—	生气、沮丧

（续）

最常见的年龄	愉快—高兴	担心—恐惧	生气—愤怒
4～5	欣喜、主动微笑	担心、忧愁	—
7	高兴	—	—
9	—	恐惧、厌恶陌生人	—
12	非常开心	焦虑、立刻的恐惧	恼怒、愤怒
18	自己有正向评价	害羞	挑战
24	喜欢	—	有意伤害
36	骄傲、爱	—	内疚

二、情绪的外部表现——表情

情绪表现也称表情，是指情绪在有机体身上的外显行为，具体指面部表情、言语表情和体态表情。表情在情绪活动中具有独特作用，是情绪本身不可分割的发生机制，也是传递情绪信息的外在表现。如有的人遇到伤心、悲痛的事就捶胸顿足、呼天抢地，遇到高兴的事就手舞足蹈。在高等动物的种属内或种属间，表情起着通信的作用，如求偶、顺从、维持接触行为的信号以及警告、求救和威胁的信号等。在人类，表情特别是面部表情是人际交往的一种重要工具。表情与情绪之间的关系可见表 3－2。

表 3－2　表情和与之关系最紧密的情绪

表情	可能的情绪	表情	可能的情绪
脸红	笑、羞愧、羞怯	尖叫、出汗	痛苦
身体接触	友爱感	毛发直立	害怕、气愤
紧握拳头	生气	耸肩	顺从
哭泣	悲伤	嘘声	藐视
皱眉	生气、挫折	发抖	害怕、担心
笑	高兴		

三、情绪的功能

人的任何活动都需要一定程度的情绪和情感的激发，才能顺利进行，而情绪、情感又会引起机体机能的变化。因此，情绪和情感无论对人的行为还是对自身机体，都有影响。

1. 情绪影响人的动机和态度　喜欢、愉快等情绪可以增加人们活动的动机和态度，增加做出选择决定的可能；消极的情绪会削弱人们从事活动的动机和态度。

2. 情绪和情感影响活动效率　从情绪的性质来讲，积极的情绪，如热情、愉快，可以激发人的能力，助长动机性行为，提高活动效率；而消极的情绪，如烦恼、悲哀、恐惧等，则会降低人的活动能力，导致较低的活动效率。从情绪的强度讲，过高或过低的情绪水平都不会产生最佳的活动效率。因为过低的情绪不能激发人的能力，而过高的情绪会对活动产生干扰作用。

3. 情绪影响人际关系和心理气氛　人在良好的情绪状态下，会增加对人际关系的需要，对人际交往表现出更大的主动性，并且容易使别人接纳，愿意与之交往。

4. 情绪影响身体健康 情绪活动可以引起机体器官生理机能的变化。人在恼怒、悲哀的情绪状态下不思饮食，在忧伤、激动的情绪状态下难以入眠，就是这种影响的表现。人长期处在消极的情绪状态下，生理机能受到损伤而造成健康水平下降的例子，随处都能见到。

四、情绪与认知、个性的关系

（一）情绪和认知的关系

认知在情绪产生中起着重要的作用。认知在情绪中的作用在于判断、评估刺激物是否符合个体的需要，从而产生肯定的或否定的情绪。

认知结构的复杂程度对于情绪体验会产生很大的影响。认知结构复杂度的表现之一是看问题是否善于从多方面进行分析评价。认知结构越复杂，对人对事越善于多方面进行分析评价，这时所产生的情绪体验就越温和；相反，认知结构越简单，对事物进行评价时所产生的情绪体验就越强烈。例如，你可能从 10 个方面去评价一个足球队的好坏，而我只能从两三个方面去评价。如果是这样，那么你在评价任一个足球队时都会感到既有优点也有缺点，而我仅根据极少特征评价就会得出不是好就是坏的极端化结论。越能从多种属性多方面的信息综合进行评价，情绪反应就越温和；相反，情绪反应就越强烈。

对行为结果的不同归因决定着人对行为结果的情绪反应。例如让你回答“如果你因为相差几分钟而错过和朋友见面的机会，或者如果你因为相差 2 小时而错过和朋友见面的机会，对于这两种情况，你的情绪反应如何？哪一种情况下可能更感到遗憾？大多数人都认为前者更遗憾，情绪反应更强烈。这是因为人们把行为的失误归因于自己之故。再如，让你比较这样两种情况：“张三下班回家时走了一条平时不走的路，结果刚好遇上车祸而身亡”，“李四在平时下班的路上遇上车祸而身亡”，哪一种情况下事故死亡者的亲属更感到悲伤？绝大多数人在前一种情况下，对事故死亡者更可能感到悲伤，这是因为人们将车祸事故归因于偶然因素。

情绪对认知的干扰作用，也是在生活中经常遇到的。例如，当一位大学生在写学年论文的时候如果忽然想起激动人心的足球赛或与女朋友的争执，情绪波动可能打断了他的认知活动，使论文无法写下去。西蒙（Simon，1967，1982）用信息加工的观点对情绪干扰认知过程做出过解释。他认为，情绪是报警信号，使人离开对一个目标的追求而去追求另外更加重要的目标。因为，人的信息加工系统的容量是有限的。即是说，在同一时间里他只能追求一个目标。当然，这个信息加工系统就其潜力来讲是可以加工多重目标的，其方法是区分出这些目标的重要性，如果时间允许的话就依次加以实现。情绪所起的报警作用（例如恐惧）就在于能提高对紧急目标的注意。

（二）情绪和个性的关系

人类的情绪和动物的情绪有着本质的区别。人类的情绪具有社会历史制约性。人类情绪具体内容的丰富性和复杂性，更是动物无法比拟的。

人人都有喜怒哀惧之情。这说明人类的情绪情感具有共性，但共性之中又有差异性。由于人与人之间在民族传统、阶级利益、生活遭遇、价值观、个性特征以及特定的心理状态等方面的不同，人们情感也往往是不同的。鲁迅说过：“穷人决无开交易所折本的懊恼；煤油大王哪会知道北京捡煤渣老婆子身受的酸辛；饥区的灾民不会像阔人的老太爷一样去种兰花。”这里主要是指阶级地位、生活遭遇对情绪情感的制约。

情绪受个性倾向性的制约。与人的需要、价值观相符合的事物，会引起满意、愉快、喜悦、崇敬、肯定的情绪和情感；与人的需要、价值观不相符合的事物，会引起不安、苦闷、愤怒等否定情绪和情感。从而也表明，人的情绪有明显的倾向性，即指向于一定的对象，不会是无缘无故的。

人的情绪和情感不仅受个性倾向性的制约，而且稳定的情绪和情感特点也表现为个性差异。例如，在日常生活中，有的人情绪易激动，有的人易动感情，有的人不易动感情、显得淡漠无情。易激动的人，情绪很容易被激发起来，并且有突发性和冲动性，对行为的后果往往不加考虑。易动感情的人，多愁善感，把鸡毛蒜皮的事都搁在心上，他们可因一些小事泪流满面或欣喜若狂。热情是一种强有力、稳定而深刻的情感。热情的人，生活是丰富的、紧张的；他们总是精力旺盛、全力以赴地进行工作。此外，我们还可以看到，有的人富于同情心，有的人冷酷无情；有的人喜怒不动声色，有的人情感溢于言表；等等。

第二节　情绪与健康

一、积极情绪体验概述

（一）积极情绪体验的概念及分类

积极情绪体验也是一个有争议的概念，这种争议主要来自对积极的理解不同。一部分人认为积极就是一种愉快和快乐的特性，如拉尔森和狄纳（Larsen & Diener，1992）于1992年在一篇名为《人格与社会心理学的回顾——情绪》的文章中说，积极情绪就是一种具有正向价值的情绪。而另一部分心理学家则认为积极情绪不一定就具有正向价值，它指的是能激发人产生接近性行为或行为倾向的一种情绪。综合来看，前者有价值意义，而后者则有更多的操作意义，本书所指积极情绪主要指后者，强调情绪研究的操作意义。

我们常把积极情绪体验分成两类：一类是感官愉悦，一类是心理享受。

感官愉悦（sensory pleasure）是积极情绪体验的一种较重要的形式。感官愉悦是指机体消除自身内部紧张力后的一种主观体验，它来自某种自我机体平衡的保持，是人感觉器官放松的结果，如饥、渴、性等满足后的体验就属于感官愉悦。

心理享受（psychological pleasure）则来自对个体固有的某种自我平衡的打破，即超过了个体自身的原有状态，如运动员超越了自己，创造了新的纪录，艺术家达到前所未有的最好表演，学生解决了某个百思不解的难题等。在这一方面，心理享受有点类似于人本主义心理学家马斯洛所说的自我实现后的高峰体验。

与感官愉悦相比，心理享受更有利于个体的成长和积极品质的培养，因此培养积极情绪体验主要以培养和增进个体的心理享受为核心。

（二）积极情绪的功能

1. 积极情绪的扩散功能　从心理进化的角度来看，消极情绪因具有生存意义而获得了进化优先，不过在人类获得生存以后就必然为了活得更好而发展出积极情绪。尽管我们可以推测人类早期险恶环境下难以产生积极情绪，但其实积极情绪和消极情绪具有同样的作用机制和功能——影响一个人的行为或行为倾向。只不过积极情绪和消极情绪的功能正好相反，积极情绪扩大了一个人的特定情境条件下瞬间的思想和行为指令系统，即它能在当时特定的情境下促使人冲破一定的限制而产生更多的思想，出现更多的行为或行为倾向。这些行为不但表现在社会性行为和身体行为上，也表现在智力行为和艺术行为上，弗雷德里克森把这称为“积极情绪的扩散理论”。

2. 积极情绪对心理紧张的消散功能 长期的消极情绪体验会给人带来严重的心理紧张，这种心理紧张使机体长期处于应激状态，这对人的身体健康非常有害。现代医学和心理学研究表明，消极情绪，如焦虑、紧张、悲观、抑郁等，能使机体自然产生警觉、反抗、消解的过程，在这一过程中，由于消极情绪本身能影响有机体内部的巨噬细胞、淋巴细胞和免疫抗体的成长，因此当机体处在警觉、反抗、消解负性情绪中时，就会形成一种恶性循环，即一方面机体内部的巨噬细胞、淋巴细胞和免疫抗体的生长由于受消极情绪的影响而受到抑制，另一方面，机体在警觉、反抗、消解消极情绪的过程中又大量消耗上述细胞，进而使机体免疫系统功能不断降低，从而诱发或激发一系列的疾病。

但对我们每一个人来说，生活中的压力性事件几乎是不可避免的，再加上人性的进化过程中本身存在的一些弱点，消极情绪也几乎不可避免。那么如何帮助人们摆脱消极情绪的困扰，特别帮助人们释放由消极情绪造成的心理紧张呢？可以通过积极情绪的扩散作用来实现。研究表明，积极情绪体验能控制或延缓由消极情绪导致的各种心血管的异常变化，如血压上升、心跳加快等，它能迅速使心血管的这种异常变化回归到正常基准线（Fredrickson & Levenson，1998）。不管是活跃性程度较高的积极情绪，如欣喜、兴奋等，还是活跃性程度较低的积极情绪，如满足、安详等，都具有这种功能。

二、情绪影响人的健康

根据上述积极情绪体验的研究成果以及生理学和医学的最新发现都表明，情绪对人的身心健康具有直接的作用，可以说情绪主宰着健康。

（一）不良情绪对身心健康的危害

不良情绪主要指两种：一是过度的情绪反应，一是持久性的消极情绪。

过度的情绪反应是指情绪反应过分强烈，超过了一定的限度，如狂喜、暴怒、悲痛欲绝、激动不已等。持久性的消极情绪是指在引起悲、忧、恐、惊、怒等消极情绪的因素消失后，仍数日、数周甚至数月沉浸在消极状态中不能自拔。

目前，大量的实验研究和临床观察都已证明，不良情绪会危害人的心身健康。这种情绪的出现一方面可使人的整个心理活动失去平衡，另一方面会造成生理机制的紊乱，从而导致各种躯体疾病。

在过度的情绪反应或持久性的消极情绪的作用下，神经系统的功能会受到影响。突然而强烈的紧张情绪的冲击会抑制大脑皮层的高级心智活动，打破大脑皮层的兴奋和抑制之间的平衡，使人的意识范围变得狭窄，正常判断力减弱，甚至有可能使人精神错乱，神志不清，行为失常。许多反应性精神病就是这样引发的。持久性的消极情绪，常常会使人的大脑机能严重失调，从而导致各种神经症和精神病。据调查，大学生中常见的焦虑症、抑郁症、强迫症、神经衰弱等心理问题和疾病大多与不良情绪有着密切的关系。因此，正如美国心理学家斯通曼所言：“情绪在变态行为或精神障碍中起着核心的作用。”

不良情绪不仅会对人的心理健康产生很大危害，而且会损害人的生理健康。我国古代医学中很早就有关于不良情绪影响人的生理功能的论述。如喜伤心，怒伤肝，忧伤肺，思伤脾，恐伤肾（这里的喜、怒、忧、思、恐都是指情绪反应超过了一定限度，或过分强烈，或持续过久）。再如，怒则气上，喜则气缓，悲则气消，恐则气下，惊则气乱，思则气结等。

强烈或长久的消极情绪会造成心血管机能紊乱，引起心律不齐、高血压和冠心病，严重时还可导致脑血栓或心肌梗死，以致危及生命。

消极情绪会影响消化系统的功能。如人在恐惧或悲哀时胃黏膜变白、胃酸停止分泌，可引起消化不良；而在焦虑、愤怒、恶恨时，胃黏膜充血、胃酸分泌增多，从而引起胃溃疡。

消极情绪会影响内分泌系统的功能。据医学研究，强烈的情绪刺激，会抑制从丘脑到脑垂体的正常活力，从而导致内分泌失调，皮肤灰暗无华。在女性身上，还表现为月经不调，甚至发生闭经。

消极情绪还会影响人的免疫力，即人对某种传染病的抵抗能力。

情绪与糖尿病、风湿病都有密切关系。

现代医学表明，已经很少有单纯的身体疾病，几乎所有的身体疾病都与心理有关，特别是与情绪有关，所以大学生一定要认识到消除不良情绪的重要性。

（二）积极情绪能促进身心健康

欢乐、愉快、高兴、喜悦等，都是积极良好的情绪体验。这些情绪的出现，就提高大脑及整个神经系统的活力，使体内各器官的活动协调一致，有助于充分发挥整个机体的潜能，有益于身心健康和提高学习、工作的效率。

报纸、电视均报道过很多抗癌“明星”的动人故事，他们大都以乐观向上的积极情绪，创造了战胜死神的奇迹。

良好情绪能增强机体活力，从而提高免疫力，并减少神经系统、消化系统等疾病。许多临床实践表明，积极开朗的情绪对治愈疾病大有好处。长寿者的共同特点之一就是心情愉快、乐观豁达、心平气和或笑口常开。心情愉快还会改变一个人的青春容貌，使人容光焕发、神采奕奕，正所谓“人逢喜事精神爽”。

第三节　大学生情绪问题

情绪是个体与环境、事物之间关系的反映，它具有独特的主观体验和外部表现形式，对人的活动有着非常重要的影响。作为特殊的群体，大学生的生理基本成熟而心理尚未完全成熟，易受到外界的干扰，因而对人、事、社会等各种现象特别关注，对新鲜事物十分好奇，对学业和未来充满信心，朝气蓬勃、积极进取，拥有许多积极的情绪，他们的每一个心理过程都是在某种特定的情绪背景下进行的并受其影响和调节的。

一、大学生的情绪特点

大学时期是青年人心理成熟的重要时期，也是情绪丰富多变、相对不稳定的时期。随着社会地位、知识素养的提高以及所处特定年龄阶段的影响，大学生的情绪带有鲜明的特征。具体表现在以下几方面：

1. 丰富性和复杂性　从生理发展分段来看，大学生正处于多梦的年龄阶段，几乎人类所具有的各种情绪，都可在大学生身上体现出来，并且各类情绪的强度不一，例如有悲哀、遗憾、失望、难过、悲伤、哀痛、绝望之分；从自我意识的发展来看，大学生表现出较多的自我体验，自我尊重的需要强烈，易产生自卑、自负等情绪体验；从社交方面来看，大学生的交际范围日益扩大，与同学、朋友及师长之间的交往更细腻、更复杂，有的大学生还开始体验一种更突出的情感——恋爱，而恋爱活动往往又伴随着深刻的情绪体验，这种特殊的体验对大学生有十分重要的影响；在情绪体验的内容上，大学生的情绪呈现出相当丰富多彩的特征，以惧怕的情绪来说，大学生所怕的事物，主要与社会的、文化的、想象的、抽象复杂的事物和情势有关，诸如怕考试、怕陌生人、怕惩罚、怕寂寞等。

2. 波动性和两极性 大学时期是人生面临多种选择的时期，学习、交友、恋爱等人生大事基本在这一阶段完成。社会、家庭、学校及生活事件，都会对大学生的情绪产生影响。尽管大学生的认识水平有了一定的提高，对自己的情绪已有了一定的控制能力，情绪亦趋于稳定，但同成年人相比，大学生相对敏感，情绪带有明显的波动性，一句善意的话语，一个感人的故事，一支动听的歌曲，一首情理交融的诗歌，都可以致使青年情绪发生骤然变化。特别是在社会转型过程中，社会的变迁、体制的变革，新与旧价值观的更替，种种复杂的社会现象更容易使大学生产生困惑和迷茫，产生情绪的困扰与波动。

3. 情绪的冲动性与爆发性 心理学家霍尔认为青年期处于“蒙昧时代”向“文明时代”演化的过滤期，其特点是动摇的、起伏的，他把这一时期称为“狂风暴雨”时期。由于知识水平和认知能力的提高，大学生对自己的情绪能够有所控制，但由于他们兴趣广泛，对外界事物较为敏感，加之年轻气盛和从众心理，因而在许多情况下，其情绪易被激发，犹如急风暴雨不计后果，带有很大的冲动性。他们往往对符合自己信念、观点和理想的事件或行为迅速发生热烈的情绪；对于不符合自己信念、观点和理想的事件或行为，则迅速出现否定情绪。个别的有时甚至会盲目地狂热，而一旦遇到挫折或失败又会灰心丧气，情绪来得快，平息也快。

4. 阶段性和层次性 大学阶段由于不同年级培养目标和培养重点不同，教育方式和课程设置有所区别，各个年级面临的问题不同，大学生的情绪特点也不同，呈现出阶段性和层次性特点。大学新生所面临的是环境适应、学习方法的改变、新的交往对象熟悉、了解以及新的目标确立等问题。新生自豪感和自卑感混杂，放松感和压力感并存，新鲜感和恋旧感交替，情绪波动大。大二、大三经过了大一的适应过程，能够融入校园生活中，情绪较为稳定。毕业班学生面临毕业论文（毕业设计）及择业等多方面的重大问题，压力大、情绪波动大，消极情绪多。另外，由于社会、家庭及自身要求、期望不同，能力、心理素质的差别，大学生也会体现着不同的情绪状态。

5. 外显性与内隐性 大学生对外界刺激反应迅速、敏感，喜、怒、哀、乐常形于色，比起成年人比较外露和直接；但比起中小学生，大学生会文饰、隐藏或抑制自己的真实情感，表现出内隐、含蓄的特点。一般而言，大学生的很多情绪是一眼就能看出的，如考试第一名或赢得一场球赛，马上就能喜形于色。但由于自制力的逐渐增强，以及思维的独立性和自尊心的发展，他们情绪的外在表现和内心体验并不总是一致的，在某些场合和特定问题上，有些大学生会隐藏或抑制自己的真实情感，有时会表现出内隐、含蓄的特点。例如对学习、交友、恋爱和择业等具体问题，他们往往深藏不露，具有很大的内隐性。另外，随着大学生社会化的逐渐完成与心理逐渐成熟，他们能够根据特有条件、规范或目标来表达自己的情绪，使得自己的外部表情与内部体验不一致。例如，有的学生对异性萌生了爱慕之情，却往往留给对方的印象是贬低、冷落人家。

二、大学生情绪健康的标准

健康的情绪是健全人格的必要条件之一。一般而言，情绪的目的性恰当、反应适度，不带有幼稚、冲动的特征，符合社会规范的要求，就是情绪健康的标准。

心理学家瑞尼斯等人提出情绪健康的6项指标：

(1) 发展出某些技巧以应付挫折情境。

(2) 能重新解释与接纳自己与情绪的关系，不会一直自我防卫，能避免挫折并安排替代的目标。

(3) 知觉某些情境会引起挫折，可以避开并找寻替代目标，以获得情绪满足。

(4) 能找出方法，缓解生活中的不愉快。

(5) 能认清各种防卫机制的功能，包括幻想、退化、反抗、投射、合理化、补偿，避免成为错误的习惯，以至防卫过度，造成情绪困扰。

(6) 能寻求专家的帮助。

心理学家索尔也指出情绪健康的8个特点：

(1) 独立，不依赖父母。

(2) 增强责任感及工作能力，减少与外界接纳的渴望。

(3) 去除自卑情结、个人主义及竞争心理。

(4) 适度的社会化与教化，能与人合作，并符合个人良心。

(5) 成熟的性态度，能组织幸福家庭。

(6) 培养适应，避免敌意与攻击。

(7) 对现实有正确的了解。

(8) 具有弹性以及适应力。

对大学生来说，情绪健康具体表现为：情绪的基调是积极、乐观、愉快、稳定的，对不良情绪具有自我调控能力，情绪反应适度；高级的社会情感（理智感、道德感、美感等）能得到良好的发展。

三、大学生情绪问题的表现

1. 焦虑 焦虑是十分常见的现象，是一种类似担忧的反应或自尊心受到潜在威胁时产生担忧的反应倾向，是个体主观上预料将会有某种不良后果产生的不安感，是紧张、害怕、担忧混合的情绪体验。人们在面临威胁或预料到某种不良后果时，都有可能产生这种体验。

焦虑不仅存在于大多数人的生活中，而且也是其他心理障碍共有的因素，如抑郁症与恐惧。焦虑是作为一种情绪感受，可以通过身体特征体现出来，如肌肉紧张、出汗、嘴唇干裂和眩晕等，焦虑也伴随认知成分，通过由多种成分构成，主要是以为将来会发生不愉快的事情。由于焦虑与恐惧、担心、惊慌等相关，也有人将担心看作焦虑的认知成分。

焦虑是大学生常见的情绪状态，当他们在学习、工作、生活各方面遭遇挫折或担心需要付出巨大努力的事情来临时，便会产生这种体验。焦虑对大学生的影响是复杂的，既可以成为大学生成才的内驱力，起促进作用，也可以起阻碍作用。实验证明，中等焦虑能使学生维持适度的紧张状态，注意力高度集中，促进学习。但过度焦虑则会对学生带来不良的影响。如有的大学生在临考前夜的失眠或考试时“怯场”，在竞赛中不能发挥正常水平等，多是高度焦虑所致。被过高的焦虑困扰的大学生，常常会感到内心极度紧张不安，惶恐害怕、心神不定、思维混乱、注意力不能集中，甚至记忆力下降，同时还容易产生头痛、失眠、食欲不振、胃肠不适等不良生理反应。焦虑的大学生在内心深处有一种无法解脱、不愿正视的心理问题，焦虑只是矛盾、冲突的外显，借此作为防御机制以避免那更深层次的困扰。

大学生常见的焦虑有自我形象焦虑、学习焦虑与情感焦虑。自我形象焦虑是担心自己不够漂亮、没有吸引力，体貌过胖或矮小等，也有的因为粉刺、学生雀斑等影响自我形象而引起的焦虑。这类焦虑主要与自我认知有关，需要通过调整自我认知重新接纳自我，建立新的自我形象。与学习有关的焦虑如学习焦虑、考试焦虑，在学生情绪反应中最为强烈，我们在大学生学习心理中专门谈及考试焦虑，需要引起重视。情感焦虑多数由于恋爱受挫而引发的自我否定，认为自己不具备爱人与被爱的能力，因而过度担心引起焦虑。

克服焦虑的方法是首先了解大学生焦虑后面深层次的潜在冲突，在此基础上给予支持性的专业心理辅导。

2. 抑郁 抑郁症状不单指各种感觉，还指情绪、认知与行为特征。抑郁最明显的症状是压抑的心情，表现为仿佛掉入了一个无底洞或黑洞之中，正被淹没或窒息。其他感觉包括容易发火、感到愤怒或负罪感。抑郁常常伴随着焦虑，对所有活动失去信心及兴趣，渴望一个人独居。抑郁也伴随着个体思维方式的转变，这些认知改变可以是一般性的，比如注意力不集中、记忆力衰退或者很难做出决定。在思考中可能有更多的心境转变，消极地看待世界、自我和未来。因此，抑郁的人很难回忆起美好的记忆，不适当地责备自己，认为他人更消极地看待自己，对未来感到悲观。与此同时，还伴随身体症状，如常常乏力，起床变得困难，更严重时睡眠方式都将改变，睡得太多或者早晨醒得太早，并且不能再次入睡。也可能出现饮食紊乱，吃得过多或过少，随之而来的体重激增或剧减。抑郁是一种持续时间较长的低落、消沉的情绪体验，它常常与苦闷、不满、烦恼、困惑等情绪交织在一起。

抑郁症的主要症状有：

（1）压抑的心情。

（2）兴趣或快乐减退。

（3）消极的自我观念：自我抱怨与负罪感。

（4）体重激增或剧减。

（5）睡眠困扰（很难入睡或早醒）。

（6）易激动或行动迟缓。

（7）注意力不集中。

（8）想死或自杀。

一般来说，抑郁多发生在性格内向，好孤僻、敏感多疑、依赖性强、不爱交际，生活遭遇挫折，长期努力得不到报偿的大学生身上。那些不喜欢所学专业，或因人际关系处理不当、失恋等问题的大学生也会产生抑郁情绪。

3. 愤怒 愤怒是由于客观事物与人的主观愿望相违背，或因愿望无法实现时，人们内心产生的一种激烈的情绪反应。心理学研究表明，当愤怒发生时，可能导致人体心跳加快、心律失常、高血压等躯体性疾病，同时还会使人的自制力减弱甚至丧失，思维受阻、行为冲动，甚或干出一些事后后悔不迭的蠢事，或造成不可挽回的损失。

愤怒是大学生常见的一种消极情绪，处于精力充沛、血气方刚的青年时期的大学生，在情绪情感发展上往往容易产生好激动、易动怒的特点。如有的大学生因一句刺耳的话或一件不顺心的小事而暴跳如雷；有的因人际协调受阻而怒不可遏，恶语伤人；有的因别人的观点或意见与自己相左而恼羞成怒；有的因一时的成功、得意而忘乎所以；有的因暂时的挫折或失败而悲观失望，痛不欲生。如此种种遇事缺乏冷静的分析与思考，图一时之快，逞一时之勇的好激动、易动怒的不良情绪特点，在一些大学生身上时有体现。这种情绪对大学生的影响是极其有害的，因而有人说："愤怒是以愚蠢开始，以后悔结束"。

案例：这是一位大一女生的自述："我来自一个并不富有但也比较宽裕的家庭，父亲非常爱我，但在我童年中，发生过重大创伤性生活事件。自从这件事发生后，我不再相信任何人，也不再相信很多人们确信不移的比如友谊、爱情等，我想通过努力学习离开原来的生活环境，开始新的生活，摆脱童年生活的阴影。来到大学后，看到同学们都快乐无忧地生活着，长久潜藏于心的愤怒悄悄地滋长着。我不知道如何化解与排解这种情绪，便经常翻同学的书柜和床位，将她们正在看的参考书藏起来，我并不是为了看书而是为了看到她们焦虑、着急的样子，我内在的愤怒便找到了宣泄的出口。这样我还不解气，我将同学的存折悄悄取出，并将钱全部花掉以化解我心中的愤怒。"

这位女同学在童年遭受挫折与伤害，因为缺乏必要的心理辅导与心理支持，在她升入大学后，她的心理问题并没有得到及时的解决，因此她潜在的愤怒并没有得到缓解，并寻找适当的机会进行发泄，最后导致受到学校的纪律处分。

4. 冷漠　冷漠是指人对外界刺激缺乏相应的情感反应，对生活中的悲欢离合无动于衷。具体表现为：凡事漠不关心、冷淡、退让的消极情绪体验。如有的大学生对周围的人和事漠不关心，对集体和同学态度冷淡，对自己的前途命运、国家大事等漠然置之，似乎自己已看破红尘，超凡脱俗。于是，把自己游离于社会群体之外，独来独往，对各种刺激无动于衷。这种冷漠的情绪状态，多是压抑内心情感情绪的一种消极逃避反应。具有这种情绪的人从表面上看虽表现为平静、冷漠，但内心却往往有强烈的痛苦、孤寂和压抑感。如果大学生长时间处于这种情绪状态下，巨大的心理能量无法释放，超过了一定限度时，就会以排山倒海的形式爆发出来，致使心理平衡遭到破坏，影响身心健康。

冷漠与退缩一样，是一种消极情绪的内化而非外显的行为，事实上，冷漠比攻击更可怕。冷漠会带来责任感的下降、生活意义的缺失与自我价值的放弃。可以说是有百害而无一利的消极情绪体验。冷漠的形成多数与人生重大生活事件与重要丧失有关，也与个体的生活经历有关。

克服冷漠最根本的是改变认知，发现生活的意义，发现自我的价值，改变长此以往形成的对人生消极的看法；从行为上，积极投身各种有意义的活动中，融入集体，进行积极的自我暗示与自我提升；正确认识自我与他人、个体与社会，并不断矫正自己的非理性观念。

四、大学生情绪问题产生的原因

外因通过内因起作用，大学生的情绪变化的决定性因素取决于大学生特殊的发展阶段、自身对事件的认知以及情绪的调节能力。

1. 不能正确地评价自我　每位大学生的过去都有一段"辉煌的历史"。但是，大学校园是群英荟萃、人才济济的地方，这样的变化，常常会使一部分学生感到失落，变得不知所措而逐渐产生自卑感。因此，每位大学生都需要重新认识自我，摆正位置，寻找新的起点。如果一味沉溺于过去，不愿正视现实，遇到困难挫折时很容易产生自负自卑的情绪。相反，习惯于过高地估价自己，心里常常觉得自己什么都比别人强，自然容易使其滋生骄傲自满的情绪体验，一旦遇到挫折，就会一蹶不振、自暴自弃。

2. 依赖性与自主性的矛盾 在大学时代，大学生进入了较为自由和开放的环境，独立意识日益增强，希望独立自主，凡事想依靠自己的力量，处处想显示个人的主张。他们渴望在各个方面取得成功，关心时事政治，积极参加校内外各种活动，力求处处显示自己的能力。但是，由于他们的心理成熟落后于生理成熟，认识能力落后于活动能力，在经济上、行为上尚不能完全独立，长期形成的依赖心理一时难以摆脱，面对复杂的环境，常常不知所措。另外，多数学生是独生子女，独立性比较差，有较强的依赖性，缺乏社会经验和独立生活能力，生活中的一切事务都要亲自处理，这对于生活自理能力极差的大学生来说缺乏必要的心理准备。这种依赖性和自主性的矛盾容易导致部分学生对大学生活的严重不适，处于悲伤、抑郁状态。

3. 期望值偏高与现实状况的反差 处在“青春少年”的大学生，一般比较自信，对自己的前途和未来怀有美好的向往，成就动机很强，自我期望值很高。但现实状况不尽如人意，如果大学生经过一个阶段的努力仍然不能实现自己的愿望，就会感到理想破灭，一旦遇到困难和挫折，就很容易萎靡不振，情绪低落；或者产生逆反情绪，与社会对立。

4. 性和恋爱引起的情绪波动 由于大学生的性机能日益成熟，对感情的欲望逐渐加强，他们渴望与异性交往，追求美好爱情。但由于大学生心理尚未完全成熟，情绪有较大波动性，而且由于大学生的性格尚未定型，承受挫折的能力不够，对爱情的理解又过于浪漫而不切实际，一旦情感问题上遭受挫折（如失恋、单相思）便难以接受而灰心丧气、一蹶不振，甚至走向极端而采取毁灭行为。

另外，有些大学生们由于缺乏必要的性教育而导致谈性色变，性罪恶感。性心理常处于受压抑状态，本能的释放性与心理的压抑性的矛盾必然导致性焦虑。个别学生会因此精神蒙受痛苦，心灵备受煎熬，情绪波动明显，陷入惶恐不安、担心害怕、心神不宁、头昏脑涨、失眠多梦的心境之中。

5. 人际交往受挫 一些大学生对人际交往具有浓厚的理想主义色彩，对友谊的渴求十分强烈，人际交往的期望值过高，一旦期望值难以达到，就容易对人际交往采取消极冷漠的态度。当出现心理困扰，又苦于无人倾诉排解，由于得不到及时的帮助与治疗，就可能引发精神上的疾病。

另外，不少学生或多或少地怀有封闭心理，担心自己在社交场合不善言谈，担心自己缺少社交风度和气质，不被人重视接纳。有些同学很想正常地与人交往，却因生性内向，过于腼腆，存在思想顾虑，从而游离于校园交际圈之外。一旦在心理上与人群格格不入，就不可避免地陷入紧张、焦虑情绪之中。

6. 重要丧失 大学期间的重要丧失也会对大学生的情绪产生重大影响。一是与大学生活有关的重要丧失，如考试失利、学业失败、保研失利等；二是与大学生自我发展有关的荣誉的丧失，如入党、评优、保研失利等；三是情感方面的重要丧失，如失恋、友谊破裂等；四是重要的人的丧失，如亲人去世、家庭发生重大变故等，都对大学生的情绪构成影响，特别是负性生活事件对大学生不良情绪的滋长与蔓延起着不容忽视的作用。如果不及时调整，容易引发情绪问题。

第四节　大学生情绪调适

人生不如意十有八九，生活不可能一帆风顺，每个人都会遭遇坏情绪，坏情绪会给我们带来许多负面影响，应该尽快化解，等待拖延只会使坏情绪越堆越多，造成不必要的恶果。一般来说，化解不良情绪的方法有两种：一种方法是寻求心理医生的帮助，现在大多数高校都有心理咨询中心，专业心理医生会使你走出困扰，走进快乐；另一种方法是自我调适，学会一些自我调适的方法，终身受益。下面是一些常用的自我调适方法。

一、认知调节

依前文所述，情绪受认知影响，这点很容易理解，比如你在动物园中看到狮子，丝毫不会有害怕的感觉，但是，在深山老林中，迎面跑来一头狮子，你会惊恐万状。所以，要改变情绪，可以先调整认知。正如人们所说："人受困扰，不是由于发生的事实，而是由于对事实的观念。"现实中，人们的许多情绪困扰并不一定是由诱发事件直接引起的，而是由经历者对事件的非理性认识和评价所引起的。如有的人在遇到一些不顺心的事情后，往往会以偏概全，或把事情想象得糟糕透顶，过分夸大后果。因此，主动调整认知，换一个角度去重新看待发生的事情，纠正认识上的偏差，就可减弱或消除不良情绪。比如，你被小偷掏了钱包，你很愤怒，"发泄"是不解决问题的，这时你应该换个角度想："破财免灾""塞翁失马，焉知非福"。这是自觉地、比较积极地从另一个角度重新思考，这是消除不良情绪的一个有效的方法。

另外，对人、对事不要过分苛求，期望值不要太高。需要是情绪情感产生的基础，需要愈强烈，情绪情感反应也就愈强烈。在现实环境中对他人、对自己、对事物所抱期望值过高，势必在需求难以满足时产生不好的情绪反应，因此要在一定的范围内学会知足。对自身的目标不要变得高不可攀，脱离实际；对人对事不要苛求十全十美，这样就不会因不满足而产生烦恼。

二、合理宣泄法

不愉快的消极情绪，虽然可用理智暂时约束压抑它，但不能彻底排除，这种心理能量的积聚，如果超过一定的负荷，就会破坏心理平衡，引起心理疾病。采用适当的途径，合理宣泄，才能把不愉快的情绪释放出来，消除压抑感。

情绪宣泄的途径主要有：

1. 倾诉　在内心充满烦恼和忧虑时，可以向知心朋友或信任的老师、家长倾诉心声，也可以用写信的方式来倾吐心中的不快，写过后并不一定要寄出，把它撕毁或付之一炬；记日记也是简便易行的方式。当你与别人发生冲突时，要学会正视现实，真诚沟通。

2. 哭泣　在极为伤悲、委屈的时候，不论男女都不必强忍眼泪，尽情地痛哭一场，必定会感到一种特别的轻松和平静。

眼泪的化学成分比人们原来想象的要复杂得多，它是人体处理体内废物的渠道之一，而且在人因快乐、焦急、沮丧、悲痛、发怒而流泪时，泪液所含的化学成分是各不相同的。

哭，是一种疏泄，因此，泪液，不但保护着我们的眼睛，也能在一定程度上保护我们的身体。哭泣可以舒畅脾肺，改善容貌，锻炼眼睛。所以，哭，只要不过分，不但对健康无害，甚至还有益。相反，想哭而憋闷不哭，则是极有损于健康的。“男儿有泪不轻弹”，换来的是胃溃疡、结肠炎等缠身的病魔。因此，在你想哭的时候，不妨放声哭出来。

3. 笑口常开 美国斯坦福大学医学院的专家们说：“笑是一种运动，对整个机体来说是最好的体操，或者说是一种静止的跑步。一次欢笑能使呼吸运动加深，肺活动增强。笑又能使胃体积缩小，胃壁的张力加大，消化液增多，饮食增进。笑声中心跳加快，血液流速增强，面部及眼球的血液供应充足，从而使面颊红润，眼睛明亮，容光焕发。笑能使大量肌肉得到运动，从面部的微小肌肉直到腹部、背部和四肢的大块肌肉。挪威的科学试验证明：3分钟的笑能代替15分钟的体操。

4. 剧烈的运动 如较大运动量的体育活动、体力活动、激烈的快节奏的喊叫等，亦有助于释放紧张的情绪，清除烦闷和抑郁。

情绪宣泄的方法不止于此，每个人可以针对自己的实际，找到合适的方式。另外，情绪的疏泄要做到适时、适度，注意时间、场合和方式方法，既不能影响他人的工作、学习和生活，也不能有损自己的身心健康，更不能触犯法律法规、危害社会。

三、自我暗示

自我暗示是运用内部语言或书面语言的形式来自我调节情绪的方法。暗示对人的情绪乃至行为有奇妙的影响，既可用来松弛过分紧张的情绪，也可用来激励自己。此法适于自卑感较强的人，或有焦虑、抑郁、恐惧、强迫观念的人。如在学习成绩落后、恋爱失败、生理上有缺陷，或交往技巧缺乏等情况下，要使自己振作起来，就要克服消极的心理定式，进行积极的自我调整和改变。此时积极的心理暗示是很有必要的，如在心中经常默念：“别人能行，我也一定能行”“我能考好，我有信心”“别人不怕，我也不怕”等，努力挖掘自己的长处及优点，在很多情况下此法能驱散忧郁和怯懦，使自己恢复快乐和自信。

四、音乐疗法

音乐可以对人的生理与心理状态产生一系列影响，研究认为，音乐是通过声波有规律的频率变化，作用于大脑皮层，并对丘脑下部和边缘系统产生效应，以调节激素分泌，促进血液循环，调整胃肠蠕动，促进新陈代谢，美妙的音乐能改变人的情绪体验和身体机能状态，使人有面对平原和高空，蓝天与大海那样的顺畅开朗、舒适平和、暖流全身的感觉，还能促进人的理解力和进取心，使人变得善解人意，充满激情，与周围关系协调，心情舒畅，因而睡眠满足、精力充沛。

不同乐曲的节奏、旋律、音调、音色对人能起到不同的作用，诸如兴奋、抑制、解郁、镇痛。快速欢愉的乐曲可以产生振奋精神，加强肌肉张力的效果，节奏徐缓的乐曲可以产生镇静安神之效，优美的曲子可使人感到轻松愉快。不同的曲调也可产生不同的情绪效应，如E调安定、D调热烈、C调和蔼、B调哀怨、A调高扬、G调浮躁、F调激荡。

通过听音乐的方法来舒缓情绪，是一种很实用的方法。下面介绍的一些曲目，既可以欣赏，也可以培养良好情绪。如：海顿的《小夜曲》、舒曼的《梦幻曲》、勃拉姆斯的《摇篮曲》、德彪西的《月光》、圣-桑的《天鹅》、我国的民族乐曲《渔舟唱晚》等曲目能够镇静松弛、治疗失眠、精神紧张等。贝多芬的《G大调小步舞曲》、莫扎特的《浪漫曲》、勃拉姆斯的《匈牙舞曲第5号》、贝多芬的《命运交响曲》、比才的《卡门》序曲、苏配的《轻骑兵》序曲、莫扎特的《土耳其进行曲》、民族乐曲《二泉映月》等曲目可用于治疗焦虑、抑郁等不良情绪。

五、放松训练法

该方法是在舒适的体位和均匀缓慢呼吸的条件下，从头、手、胸到脚放松全身肌肉，并体会放松后全身舒适的感觉，从而起到疏解情绪的作用，放松训练法简便易学，可适用于任何环境，比如下课10分钟，在车站等人，考试前几分钟等，做完训练后，会有耳聪目明之感，爽朗精神之效。有兴趣的同学可以试着掌握这一方法。

心理测评量表

情 绪 量 表

请阅读下表中的10个题。每题右边答案栏内有“是”或“否”两种答案，根据自己的实际情况，在“是”或“否”上打“√”

项目	题号	测题	答案	
P	1	对某些事特别热衷或特别感兴趣	是	否
Z	2	感到坐立不安	是	否
P	3	因为别人对你的工作赞扬而感到骄傲	是	否
Z	4	感到十分孤独或远离别人	是	否
P	5	由于完成某项工作而感到愉快	是	否
Z	6	心烦	是	否
P	7	有些飘飘然的感觉	是	否
Z	8	感到忧郁或非常不幸	是	否
P	9	有些事情按照你的想法发展	是	否
Z	10	由于受到批评而感到不安	是	否

记分：

P项回答“是”记1分，回答“否”记0分。

Z项回答“否”记1分，回答“是”记0分。

10题得分相加得总分。

评价：

（1）总分＞6分为积极情绪。

（2）总分＜6分为消极情绪。

（3）总分＝6分为平静情绪。

情绪调节能力测验

请仔细阅读下列8个题，每题有若干答案，根据自己的实际情况选择一个答案，并把相应字母写在题后的括号内。

(1) 如果你看到很多人围观严重的伤亡事故，你会（　　）。

A. 尽快离开

B. 目睹现场

C. 没受过救护训练，帮助处理受伤者

D. 受过救护训练，立即帮助处理受伤者

E. 给有关单位打电话

(2) 你已邀请同学明天晚间到家里来做客，但又没打扫卫生，你会（　　）。

A. 通知改个时间

B. 马上打扫卫生，按时进行

C. 按时进行，表示歉意

D. 把灯光调暗，不引人注意

E. 不在意卫生问题

(3) 你和同学骑自行车相撞时，你会（　　）。

A. 先去看对方

B. 把对方扶起来

C. 坐在地上冷静一会儿

D. 把车子推到一旁

E. 观看后面是否还有自行车撞上

(4) 楼上新搬来的邻居，搞通宵晚会，你会（　　）。

A. 打 110 报警

B. 打电话，建议小声点

C. 用被子蒙头睡觉

D. 打电话警告他家

E. 自己打算开个晚会进行报复

(5) 你花很多钱买个小型收音机，不久便坏了，你会（　　）。

A. 写信给厂家通报

B. 送回商店要求退钱

C. 自己修理

D. 只是抱怨

E. 去商店要求换台同样价格的收音机

(6) 遇到下列情况，每种情况有严重、偏重、较轻、没有四种反应，你的反应是：

A. 家里的狗死了。（　　）

B. 暑假的计划要推到寒假去做。（　　）

C. 父（或母）突然得病。（　　）

D. 听说外国发生水灾造成百人死亡。（　　）

E. 你准备乘飞机外出的前一天听到有的地方飞机失事。（　　）

F. 同学把你的书弄丢了。（　　）

G. 交通阻塞误了上课时间。（　　）

H. 不小心打碎一筐鸡蛋。（　　）

I. 听说书的价格要上涨 5%。　（　）

L. 老师要求你把拖欠的作业补上。　（　）

（7）遇到下列情况，每种情况有严重、偏重、较轻、没有四种反应，你的情绪反应是：

A. 夜里邻居家孩子哭闹使你睡不着觉。　（　）

B. 因水灾某城市交通中断。　（　）

C. 你家的小猫被汽车轧死了。　（　）

D. 家里寄的钱比你要的要少些。　（　）

E. 和同学照的照片底片坏了。　（　）

F. 买个新文具盒，回家后不喜欢。　（　）

G. 正在看电视，突然停电了。　（　）

H. 一次导弹实验失败了。　（　）

I. 过生日时，收的礼物很少。　（　）

L. 有位同学受到学校的处分　（　）

（8）遇到下列情况，符合自己情况的在题后的括号内写“是”，否则写“否”。

A. 你是否在争吵时打过别人？　（　）

B. 没复习好功课时，你是否担心成绩？　（　）

C. 你是否愿意借给别人钱？　（　）

D. 打球时对方赢了你是否恼火？　（　）

E. 在体育比赛中失利，你是否生气？　（　）

F. 你是否相信某些人会走运？　（　）

G. 你是否会因问题成堆而心情不舒畅？　（　）

H. 家庭经济困难是否会影响你的学习？　（　）

I. 要改变你做事的方法是否困难？　（　）

L. 你是否严格遵守时间？　（　）

记分：

1～5 题记分表

题号	得分					
	A	B	C	D	E	F
1	1	1	2	0	0	
2	2	2	0	0	1	
3	2	2	2	0	2	
4	2	0	2	2	0	2
5	2	0	2	2	2	0

6 题记分表

答案	得分			
	严重	偏重	较轻	没有
A	2	0	0	2
B	1	1	0	0

（续）

答案	得分			
	严重	偏重	较轻	没有
C	0	0	1	2
D	0	0	0	0
E	2	1	0	0
F	2	1	0	0
G	2	0	0	1
H	2	1	0	0
I	2	1	0	0
L	0	0	0	0

7 题 记 分 表

答案	得分			
	严重	偏重	较轻	没有
A	2	1	0	0
B	0	0	0	0
C	2	0	0	1
D	2	0	0	1
E	2	1	0	0
F	1	0	0	1
G	2	1	0	0
H	0	0	0	0
I	2	1	0	0
L	0	0	1	2

8 题 记 分 表

答案	得分	
	是	否
A	2	0
B	2	0
C	0	1
D	0	0
E	1	0
F	2	0
G	1	0
H	1	0
I	1	0
L	0	1

把各题得分相加求出总分。

评价：

(1) 0～10 分：情绪稳定，能够很好地处理生活中的问题。

(2) 11～15 分：有时情绪不稳定，一般能处理生活中的问题。

(3) 16～25 分：情绪不稳定，面对困难采取退缩行为，自控能力差。

(4) 26 分以上：情绪不稳定，易焦虑不安。

复习思考题

1. 简述大学生情绪特点、情绪问题表现及产生原因。

2. 简述情绪健康的特点。

3. 当你遇到不良情绪时，是如何调节的?

4. 深呼吸放松法练习：

在座位上舒服地坐好，身体后靠并伸直，不要驼背，解开束腰的皮带及衣物，将右掌轻轻置于肚脐上，掌心向下，五指并拢。

现在开始长长、慢慢地吸气。你可以将你的肺想象成一个气球，想尽量将这个气球充满。当感到气球已全部胀起，而且气沉丹田，保留 2 秒。然后，轻轻地、慢慢地将气呼出。

第四章
大学生人格培养与心理健康

案例

2010年10月20日晚11:00左右，在西安市大学城的学府大道上，26岁的女服务员张妙骑着电动车下班回家，途中被一辆同向行驶的枣红色雪佛兰克鲁兹小轿车撞倒，伤势并不严重。轿车司机是西安音乐学院大三学生药家鑫，下车后观看张妙伤势时发现张妙在看自己的车牌号，便立刻返回车里拿出一把单刃水果刀，对张妙连捅8刀，最终致其死亡。之后，药家鑫驾车逃逸，心惊胆战中又撞伤两名行人，再次逃逸时被附近群众抓获。在审讯中，药家鑫只交代了如何撞伤两名行人的过程，因对方伤势不重，于21日放回家。10月23日上午，药家鑫向父母交代了自己撞伤并杀死张妙的过程，父母立刻带药家鑫到公安局自首。2011年4月22日，药家鑫一审被判处死刑。5月20日，药家鑫接受二审，省高院维持原判。6月7日，药家鑫被执行死刑。

药家鑫，男，西安音乐学院2008级学生。药家鑫说："从小到大，我的生活几乎除了学习以外就是练琴，小的时候每周都练琴。为了练琴，妈妈会打我，或者拿皮带抽我。妈妈为了不让我以学习压力大、作业多为借口，回到家就先练琴，弹完琴才能写作业。我害怕作业写不完，小学课间除了上厕所都不会离开座位，我就一直在赶着写家庭作业。"

"上了初中，学习下降了，成绩不好，爸爸很着急。有一段时间，爸爸看我的成绩不好，没有努力学习，把我关在地下室里面，除了吃饭能上楼以外，其他时间都在地下室里待着。"

"我看不到希望，感觉压力特别大，我经常想自杀，我恨我的父母。"

专家点评

从作案过程看，嫌疑人药家鑫有明显的心理问题，那么药家鑫究竟是怎样一个人呢？

在父亲眼中，药家鑫是一个从小到大几乎没犯过错的孩子，就是有点倔；在母亲眼中，药家鑫学习好，擅长弹钢琴；在邻居眼中，药家鑫文气、随和、有礼貌，是家里的乖孩子；在药家鑫做家教的孩子家长眼中，药家鑫是一个很安静、很干净、很客气的人；在大学同学眼中，药家鑫是一个很优秀、羞涩的人；在好朋友眼中，药家鑫是柔弱、倔强、敏感、爱美的人，他和父亲的关系一直很紧张。

综上可以看出，药家鑫具有明显的双重人格，听话、乖巧、文静、随和、有礼貌、爱干净、客气、积极上进、优秀、羞涩的外在表现与其孤僻、柔弱、倔强、偏执、单纯、幼稚、敏感、虚荣、自私、情感淡漠、自卑、叛逆的内在特质存在极大的反差。这种双重人格是他最终走上犯罪道路的根本原因。

如此看来，在人格发展过程中，社会环境、家庭背景等因素对个体人格的塑造和形成有着重要的影响。人格不健全的个体，情绪极易波动，出现自我中心现象，有的甚至走上犯罪道路，造成无法弥补的悔恨。因此，大学生应关注自己的人格健康，努力培养健全人格，勿让悲剧重演。

第一节 人格概述

一、人格的概念

人格（personality）一词最初来源于拉丁文的面具（persona），即扮演戏剧中的人物角色所戴的特殊脸谱，它表示剧中人物的身份、性格和人物特点。将“面具”来指人格，包含了两层意思，即人在生活舞台上表现出的种种行为和一个人真实的自我。在西方，现代人格意义大致有三种类型：第一种类型是最为通行的，是把人格定义为个人内在的、全部生理、物理结构和心理意识外在化的状态；第二种类型是强调人的个体差异性，从个人心理、行为特点的一致性中显示人格内容；第三种类型是从人的生活过程去定义人格，强调环境、社会影响和后天学习的相关因素。可见，人格是一种具有标志性属性的精神结构，有其特定的属性和发展时期。

心理学中，人格指的是人们在日常生活中表现出来的相对稳定的个性心理特点和个性心理倾向的总和，包括气质、性格、能力、需要、动机、兴趣、信念和价值观等，它影响着一个人的思想、情感和行为，使之具有区别他人、独特的心理品质。

人格中的气质、性格、能力属于个性心理特点的范畴，是人们在进行各种心理活动时所表现出来的个人特点。如在大学生中，有的人直率、热情，精力旺盛，情绪易冲动，脾气还有点暴躁；而有的同学则沉稳安静，做事慢，情绪稳定，忍耐力强。这两类同学就体现出了气质类型方面的差异。从心理学意义上来讲，前者属于胆汁质气质类型，后者属于黏液质气质类型。

人格中的需要、动机、兴趣、信念、价值观等属于个性心理倾向的范畴，是推动人们从事各种活动的动力系统。比如，同样是课余休闲，有的同学喜欢参加激烈的体育活动，如踢足球、打篮球、登山等；有的同学则乐于选择节奏较慢的活动，如集邮、购物、浏览杂志、听音乐等。这反映出大家兴趣爱好的差异。

二、人格的特征

从人格的概念可以看到，人格作为一种心理品质具有如下特征，这些特征既是人格概念包含的人格的基本属性，也是至今心理学家对人格本质的基本一致的认识。

1. 独特性与整体性的统一 每个人具有不同的遗传素质，又在不同的环境条件下发育成长起来，因而个人都有自己独特的心理特点，没有哪两个人的人格是完全相同的，这就构成了人格的独特性。心理学家着重于个体差异的研究，但也承认，生活在同一社会群体中的人，也会有一些相同的人格特征。心理学家同样重视对这些共同特征的探讨。人格特征的独特性和共同性的关系就是共性和个性的关系，个性包含共性，共性又通过个性表现出来。

而通常人格的独特性是用一个人最突出、最明显的特征来代表，可是事实上，一个人的人格特征绝非只有一两个，而是由多个特征综合而成的整体结构。一个人人格中的各种心理特征彼此交织，相互影响，构成了一个有机整体。它虽然不能直接观察得到，但通过行为来体现，即表现为人格的整体性。

2. 稳定性与可塑性的统一 由各种心理特征构成的人格结构是相对稳定的，因为其是在长期社会实践经历中逐渐形成的，它对人的行为的影响是一贯的，是不受时间和地点限制的，这就是人格的稳定性。那些在行为中偶然表现出来的属于一时性的心理特性，不能称其为人格特征。

同时，人格的稳定是相对的，也就是说人格并非一成不变，它具有可塑性，在主、客观环境的作用下，在不同的社会实践经历中，人格会产生一些相应的变化。我们也可以努力向着一个好的方向去塑造和完善自己的人格。

3. 生物性与社会性的统一 人格心理，包括他的人格，是大脑的机能，人格的形成必然要以神经系统的成熟为基础，因此说人格的形成和发展，是受生物因素制约的，这是其生物性。但是，更重要的，人格要受社会因素的制约，人的本质是一切社会关系的总和，离开人类社会生活，人的正常人格是无法形成和发展的，一个人的人格必然会反映出他所生活在其中的社会文化的特点，这就是人格的社会性。

三、人格的结构

人格是一个复杂的结构系统，它包括知—情—意系统、心理状态系统、人格动力系统、心理特征系统和自我调控系统五种人格系统成分。这五种人格系统成分的独特结合，构成了每个人的独特人格。这五种人格系统之间并非完全独立，相互之间会有重合，这种重合性使各成分之间具有相互影响、相互制约的关系，也使人格构成一个整体。

1. 知—情—意系统 心理过程包括知情意三大方面，认知过程、情绪情感过程和意志过程是人们都具有的共同心理现象，但是每个人在这三大过程中却表现得千差万别，这种个体差异现象是人格的成分。如在感知觉中，表现出分析型与综合型的差异；在记忆过程中，有人识记速度快但保持性差，有人记忆的提取功能强，有人的遗忘率低；在思维过程中，有人表现出优秀的直观形象思维能力，有人则表现出杰出的语词逻辑思维能力。这一差异反映了人的认知风格的差别。在情绪情感过程中，有的人情感细腻、丰富、体验深刻，有的人情绪爆发力强但不持久；受社会因素的影响，人们在道德感、美感上也存在着高尚与低劣之分。在意志过程中，差异主要体现在意志品质方面，有人果断，有人武断，有人坚强，有人懦弱。在知、情、意这三大方面所表现出来的心理差异，都属人格结构里的成分。

2. 心理状态系统 心理状态是指某一时刻或某段时间内相对稳定的心理活动背景。包括意识状态、注意、情绪状态、疲劳状态等。如有些人易疲劳，表现出较大的心理惰性。人在应激状态下，有的表现出焦虑不安，不知所措；有的表现出泰然自若，灵活多变。在动机冲突状态中，有的优柔寡断，有的当机立断。在学习工作时，有的注意力集中，有的注意力分散。这些心理状态直接影响到心理活动的差异性。

3. 人格动力系统　人格动力系统是决定并制约人的心理活动的进行、方向、强度和稳定水平的结构。包括需要、动机、兴趣、价值观和世界观等。如不同的价值观决定了人们选择不同的生活目标和人生发展方向与看世界的方式。价值观一旦形成，具有相当的稳定性，并对人格起控制作用。

4. 心理特征系统　这一系统包括能力、气质、性格三种成分。在能力方面，自然科学家表现出认知能力强，而社会活动家表现出人际交往能力强。在气质方面，有人暴躁，有人温和。在性格方面，有人正直，有人阴险。

5. 自我调控系统　这是以自我意识为核心的人格调控系统，包括自我认识、自我体验、自我控制三个子系统。自我调控系统的主要作用是对人格的各个成分进行调控，保证人格的完整统一和谐。它属于人格中的内控系统或自控系统。自我认识是对自己的洞察和理解，包括自我观察和自我评价，其中自我评价是自我调节的重要条件。自我体验是自我意识在情感上的表现，是伴随自我认识而产生的内心体验。如当一个人对自己做正向的评价时，就会产生自尊感；做负向评价时，就会产生自卑感。自我控制是自我意识在行为上的表现，是实现自我意识调节的最终环节。当个体认识到某种社会要求后，会力求使自己的行为符合其社会准则，从而激发起自我控制的动机，并付诸行动。

四、人格理论的流派

关于什么是人格的问题，古今中外不少人都提出过各自的观点。早在公元前 6～7 世纪，中国就开展了性善与性恶的争论；古希腊的学者希波克拉底也对人格进行了研究；公元前 1 世纪的西赛禄认为人格就是个人的印象，人在生活中的角色，适合其工作的那些个人的品质的总和，以及人的优越和尊严（西赛禄的这种人格理论与后来及现在的人格理论很相似）；公元 6 世纪波伊悉阿斯视人格为真实而有理性的个人本性；中世纪托马斯・阿奎那则视人格为个性的最高尊严；到 19 世纪乃至近代出现了众多的人格理论。下面简要介绍几种有影响的人格理论。

1. 弗洛伊德的人格理论　弗洛伊德是生长在 19 世纪中叶到 20 世纪初的一位医生和心理学家，是精神分析学派的创始人。因受到 19 世纪物理学和生物学的影响，认为人的行为也遵循能量守恒定律，人的心理也被一种能所激发，这种能来源于神经心理的兴奋状态，这种能就是以愿望和冲动为中心的“本能”，而人格就是释放或转换这种本能的一个系统。弗洛伊德认为人格的结构由三个部分组成，即“本我”“自我”“超我”，这三者在意识、无意识的机制下，在心理发展的关系中形成。在弗洛伊德看来，“本我”是遗传下来的动物本能，是一种动力机制，其目标是毫不掩饰地满足生物要求，内部充满了非理性、反社会和破坏性的冲动。“本我”是个人深层内涵。“自我”是“本我”的调节者，“自我”有一部分意识参加，它的任务是使“本我”与外界社会更好地协调，采取某种方式转移不能被社会所接受的本能冲动。“自我”是人格的表层。“超我”是充满清规戒律和类似于良心的人格层面，它是来自内心的道德理念。它在很大程度上依赖于父母的影响，在儿童成长过程中逐步形成。一旦“超我”建立，“自我”就可以按照“超我”提供的价值观和“本我”的要求进行调节，以采取合适的方式行事。

2. 阿尔波特的人格理论　美国心理学家阿尔波特认为，“人格是个体内部那些决定个人对其环境独特顺应方式的身心系统的动力结构”，他强调了人格的个别特点，创立了人格特质论。这种理论认为，人格以特质迎接外部世界，用特质来组成经验，构成一个人完整的系统，由此而引发人的思想和行为。阿尔波特反对精神分析学派的观点，认为人格从不是已经形成的东西，而是正在形成的东西，一个不断变化的动力组织。他借用了古希腊的一句名言“没有已成的，一切都在变成中”。这充分说明了他对人格不确定性的解释。

3. 马斯洛的人格理论 美国心理学家马斯洛认为，以往的心理学家都把目光投向人类消极、阴暗和病态的一面，并将这种心理学称为“残疾心理学”。他创立了研究人类积极的本性和因素的健康人格心理学。马斯洛对人格内部的分析重心是动机理论，他同样主张人类有一些本能化的需要，同时也有一些高层次的需要，即生理的需要、安全的需要、从属和爱的需要、尊重的需要以及自我实现的需要。他认为在人类的进化和作为一个主体的人的生长过程中，一种低级的需要满足后就会被更高的一种需要所代替，一直走向“自我实现”的需要。“自我实现”的人是马斯洛推崇的具有理想人格的人，他详细描述了“自我实现”者的特征。他认为自我实现的人是“成功的利用和开发天资、能力、潜能等，这样的人似乎竭尽所能，使自已趋于完美”。他的人格理论为我们了解一个正常人发现自己的潜能，使自己的人格日趋完美，提供了许多宝贵的启示。

第二节　人格的影响因素

塑造和培养良好的人格是个体成长与发展的关键。在一个人的人生发展历程中有许多因素会影响到人格的发展，人格的塑造是先天、后天因素共同作用的结果。研究表明：人格是遗传与环境交互作用的产物。在人格培养过程中，既要看到个体的生物遗传的影响，更要看到社会文化的决定作用。

一、遗传对人格的影响

遗传基因影响着人格，包括影响人的性格、智力、气质等多方面。如对于有些高级神经活动类型属于抑郁型的人，要他形成豪放、善交际的人格就勉为其难。现代医学已表明，输入不同的血液或接受别人的器官移植，都会对气质、性格产生或多或少的影响。另外，由于遗传因素的影响，导致人形成不同的容貌、身体等，而不同的容貌、身体又可能会直接导致自卑感或优越感的产生。心理学家对“生物遗传因素对人格具有何种影响”的探讨已持续很久。由于人格具有较强的稳定性特征，因此人格研究者更会注重遗传因素对人格的影响。

双生子的研究被许多心理学家认为是研究人格遗传因素的最好方法，提出了双生子的研究原则：同卵双生子具有相同的基因形态，他们之间的任何差异都可归于环境因素造成。异卵双生子的基因虽然不同，但在环境上有许多相似性，如出生序、母亲年龄等，因此也提供了环境控制的可能性。完整研究这两种双生子，就可以看出不同环境对相同基因的影响，或者相同环境下不同基因的表现。艾森克指出：在同一环境中成长的同卵双生子，其外倾性的相关系数为0.61，而分开在不同环境下成长的同卵双生子，其外倾性的相关系数为0.42；异卵双生子的外倾性的相关系数为0.17。在神经质方面也发现同样情况，在相同环境中成长的同卵双生子其相关系数为0.53，在不同环境中成长的同卵双生子其相关系数为0.38；异卵双生子的相关系数为0.11。弗洛德鲁斯等人于1980年对瑞典的12 000名双生子做人格问卷的施测，结果表明同卵双生子在外向和神经质上的相关系数是+0.50，而异卵双生子的相关系数只有+0.21和+0.23。这说明同卵双生子在外向和神经质上的相似性要明显高于异卵双生子，在这两项人格特征上具有较强的遗传性。一项有关高中生的双生子研究，共有1 700名学生施测了《加州心理调查表》(CPI)，这一人格调查表包括18个分量表，其中有一些与社会相关较大的人格成分，如支配性、社会性、社交性、责任心等。结果仍旧是同卵双生子比异卵双生子的相关系数高。20世纪80年代，明尼苏达大学对成年双生子的人格进行了比较研究（1984，1988），有些双生子是一起长大的，有些双生子则是分开抚养的，平均分开的时间是30年。结果是同卵双生子的相关系数比异卵双生子高很多，分开抚养的与未分开的同卵双生子具有同样高的相关。

但是我们在人格的特征中也讨论了人格的可塑性，这种可塑性的实现，则非遗传所决定，更多的是受后天环境的因素影响。

二、环境对人格的影响

这里所讲的环境是一个广义的概念，包括家庭、学校和社会文化等环境因素。

1. 家庭因素　家庭因素包括家庭氛围、子女出生顺序、父母教养态度、亲子关系等。例如独生子女，家人必然将所有的家庭温暖全部倾注于他们身上，少数家长使孩子所受的庇护近乎全封闭，从而使孩子缺乏与外界社会的交往，减少了他们的生活空间，使子女形成不健全的人格，一旦进入集体生活，便显示出自私和霸道的人格缺陷。

一般研究者把家庭教养方式分成三类，这三类方式造就了具有不同人格特征的孩子：第一类是权威型教养方式，这类父母在对子女的教育中表现为过分支配，孩子的一切均由父母来控制。成长在这种教育环境下的孩子容易形成消极、被动、依赖、服从、懦弱，做事缺乏主动性，甚至会形成不诚实的人格特征。第二类是放纵型教养方式，这类父母对孩子过于溺爱，让孩子随心所欲，父母对孩子的教育甚至达到失控状态。这种家庭里的孩子多表现为任性、幼稚、自私、野蛮、无礼、独立性差、唯我独尊、蛮横胡闹等。第三类是民主型教养方式，父母与孩子在家庭中处于一个平等和谐的氛围中，父母尊重孩子，给孩子一定的自主权，并给孩子以积极正确的指导。父母的这种教育方式使孩子形成了一些积极的人格品质，如活泼、快乐、直爽、自立、彬彬有礼、善于交往、容易合作、思想活跃等。由此可见，家庭确实是“人类性格的工厂”，它塑造了人们不同的人格特征。

2. 学校因素　学校的影响也是环境因素的一个重要方面。对于大学生来说，在学校里度过的时间占主要部分，课堂教学内容、教师的教育方式、师生关系、班集体气氛、个体在集体学习生活中的地位和角色等，对人格的形成和发展都有着极其深刻的影响。一个学生如果从小就担任班干部，就会自然而然地在其人格发展过程中形成一些诸如外向、独立的人格特征。许多人回顾自己的人格形成发展时，常常追溯到恩师的启蒙和教化或好友的帮助和影响等。

3. 社会文化因素　人一出生，便置身于社会文化之中并受社会文化的熏陶与影响，文化对人格的影响伴随着人的终生。社会文化塑造了社会成员的人格特征，使其成员的人格结构朝着相似性的方向发展，而这种相似性又具有维系一个社会稳定的功能。这种共同的人格特征又使得个人正好稳稳地“嵌入”整个文化形态里。社会文化对人格的影响力因文化而异，这要看社会对顺应的要求是否严格。越严格，其影响力就越大。影响力的强弱也视其行为的社会意义的大小，对于不太具有社会意义的行为，社会允许较大的变异；但对在社会功能上十分重要的行为，就不太允许太大的变异，社会文化的制约作用就越大。但是，若个人极端偏离其社会文化所要求的人格基本特征，不能融入社会文化环境之中，可能就会被视为行为偏差或心理疾病。

中国大学生的人格特征与中国社会结构和传统文化有着千丝万缕的联系，中国人社会化的过程中依赖、从众、谦逊、自我克制、自我满足等训练形成了我们人格结构中的集体倾向、他人倾向、关系倾向、权威主义倾向和服从性、抑制性、脆弱性。但随着社会的进步，外来文化思潮的影响，当今大学生的人格特征也发生了新的变化，如个人倾向、自我倾向、竞争、平等倾向等。

三、遗传与环境的交互作用

随着科学研究的进一步探索，目前越来越多的人相信，人格的影响因素并非任一种单一因素，而是多种因素交互作用的共同结果，在这里我们进一步讨论影响人格的遗传与环境的交互作用。

（1）有这种情况，即同样的环境经验对有不同遗传构成的个体有不同的作用。如，焦虑父母的同一种行为对易激惹、反应不灵敏的孩子和对平静、反应灵敏的孩子的影响会不同。除了父母焦虑对两类孩子的直接影响是相同的外，还存在父母行为与孩子特征的交互作用。在这种情况下，个体是环境事件的被动接受者。遗传因素和环境因素交互作用，但只在被动的、反应的意义上存在。

（2）具有不同遗传结构的个体可能会唤起不同的环境反应。易激惹、孤僻的孩子唤起父母反应可能与安静、反应灵敏的孩子唤起的父母反应不同。对于一对焦虑的父母，易激惹的孩子会比安静的孩子带给父母更多的焦虑，因此这种交互会形成完全不同的亲子关系。

（3）具有不同遗传结构的个体会寻求、改变和创造不同的环境。一旦个体能够积极地作用于环境，遗传因素就影响着对环境的选择和创造。

总之，个体既是环境影响的相对被动接受者，又可通过自己唤起的反应在环境事件中起作用，还可以在选择和创造环境中发挥积极的作用。

第三节 人格的形成和发展

一、埃里克森的人格发展理论

人格的发展与形成一直以来是一个古老而有意思的话题，古往今来的心理学家、哲学家、医学家从各自的观点出发给出了关于这个命题的丰富答案。关于人格形成和发展的研究有许多学说，其中最著名的是埃里克森（E. H. Erikson）的八阶段说。

1. 婴儿期（0～1.5岁）：**基本信任和不信任的心理冲突** 此时不要认为婴儿是一个不懂事的小动物，只要吃饱不哭就行，这就大错特错了。此时是基本信任和不信任的心理冲突期，因为这期间孩子开始认识人了，当孩子哭或饿时，父母是否出现则是建立信任感的重要问题。信任在人格中形成了“希望”这一品质，它起着增强自我的力量。具有信任感的儿童敢于希望，富于理想，具有强烈的未来定向。反之则不敢希望，时时担忧自己的需要得不到满足。埃里克森把希望定义为：“对自己愿望的可实现性的持久信念，反抗黑暗势力、标志生命诞生的怒吼。”

2. 儿童期（1.5～3 岁）：**自主与害羞和怀疑的冲突**　这一时期，儿童掌握了大量的技能，如爬、走、说话等。更重要的是，他们学会了怎样坚持或放弃，也就是说儿童开始“有意识”地决定做什么或不做什么。这时候父母与子女的冲突很激烈，也就是第一个反抗期的出现，一方面父母必须承担起控制儿童行为，使之符合社会规范的任务，即养成良好的习惯，如训练儿童大小便，使他们对肮脏的随地大小便感到羞耻，训练他们按时吃饭，节约粮食等；另一方面儿童开始了自主感，他们坚持自己的进食、排泄方式，所以训练良好的习惯不是一件容易的事。这时孩子会反复应用“我”“我们”“不”来反抗外界控制，而父母决不能听之任之、放任自流，这将不利于儿童的社会化。反之，若过分严厉，又会伤害儿童自主感和自我控制能力。如果父母对儿童的保护或惩罚不当，儿童就会产生怀疑，并感到害羞。因此，把握住“度”的问题，才有利于在儿童人格内部形成意志品质。埃里克森把意志定义为：“不顾不可避免的害羞和怀疑心理而坚定地自由选择或自我抑制的决心”。

3. 学龄初期（3～5 岁）：**主动对内疚的冲突**　在这一时期如果幼儿表现出的主动探究行为受到鼓励，幼儿就会形成主动性，这为他将来成为一个有责任感、有创造力的人奠定了基础。如果成人讥笑幼儿的独创行为和想象力，那么幼儿就会逐渐失去自信心，这使他们更倾向于生活在别人为他们安排好的狭窄圈子里，缺乏自己开创幸福生活的主动性。当儿童的主动感超过内疚感时，他们就有了“目的”的品质。埃里克森把目的定义为：“一种正视和追求有价值目标的勇气，这种勇气不为幼儿想象的失利、罪疚感和惩罚的恐惧所限制”。

4. 学龄期（6～12 岁）：**勤奋对自卑的冲突**　这一阶段的儿童都应在学校接受教育。学校是训练儿童适应社会、掌握今后生活所必需的知识和技能的地方。如果他们能顺利地完成学习课程，他们就会获得勤奋感，这使他们在今后的独立生活和承担工作任务中充满信心。反之，就会产生自卑。另外，如果儿童养成了过分看重自己的工作的态度，而对其他方面漠然置之，这种人的生活是可悲的。埃里克森说：“如果他把工作当成他唯一的任务，把做什么工作看成唯一的价值标准，那他就可能成为自己工作技能和老板们最驯服和最无思想的奴隶。”当儿童的勤奋感大于自卑感时，他们就会获得有“能力”的品质。埃里克森说：“能力是不受儿童自卑感削弱的，完成任务所需要的是自由操作的熟练技能和智慧。”

5. 青春期（12～18 岁）：**自我同一性和角色混乱的冲突**　一方面青少年本能冲动的高涨会带来问题，另一方面更重要的是青少年面临新的社会要求和社会的冲突而感到困扰和混乱。所以，青少年期的主要任务是建立一个新的同一感或自己在别人眼中的形象，以及他在社会集体中所占的情感位置。这一阶段的危机是角色混乱。“这种统一性的感觉也是一种不断增强的自信心，一种在过去的经历中形成的内在持续性和同一感（一个人心理上的自我）。如果这种自我感觉与一个人在他人心目中的感觉相称，很明显这将为一个人的生涯增添绚丽的色彩”。埃里克森（1963）把同一性危机理论用于解释青少年对社会不满和犯罪等社会问题上，他说：如果一个儿童感到他所处于的环境剥夺了他在未来发展中获得自我同一性的种种可能性，他就将以令人吃惊的力量抵抗社会环境。在人类社会的丛林中，没有同一性的感觉，就没有自身的存在，所以，他宁做一个坏人，或干脆死人般地活着，也不愿做不伦不类的人，他自由地选择这一切。随着自我同一性形成了“忠诚”的品质。埃里克森把忠诚定义为：“不顾价值系统的必然矛盾，而坚持自己确认的同一性的能力。”

6. 成年早期（18～25 岁）：**亲密对孤独的冲突**　只有具有牢固的自我同一性的青年人，才敢于冒与他人发生亲密关系的风险。因为与他人发生爱的关系，就是把自己的同一性与他人的同一性融合一体。这里有自我牺牲或损失，只有这样才能在恋爱中建立真正亲密无间的关系，从而获得亲密感，否则将产生孤独感。埃里克森把爱定义为“压制异性间遗传的对立性而永远相互奉献”。

7. 成年期（25～65 岁）：**生育对自我专注的冲突** 当一个人顺利地度过了自我同一性时期，以后的岁月中将过上幸福充实的生活，他将生儿育女，关心后代的繁殖和养育。他认为，生育感有生和育两层含义，一个人即使没生孩子，只要能关心孩子、教育指导孩子也可以具有生育感。反之没有生育感的人，其人格贫乏和停滞，是一个自我关注的人，他们只考虑自己的需要和利益，不关心他人（包括儿童）的需要和利益。在这一时期，人们不仅要生育孩子，同时要承担社会工作，这是一个人对下一代的关心和创造力最旺盛的时期，人们将获得关心和创造力的品质。

8. 成熟期（65 岁以上）：**自我调整与绝望期的冲突** 由于衰老过程，老人的体力、精力和健康每况愈下，对此他们必须做出相应的调整和适应，所以被称为自我调整对绝望感的心理冲突。

当老人们回顾过去时，可能怀着充实的感情与世告别，也可能怀着绝望走向死亡。自我调整是一种接受自我、承认现实的感受；一种超脱的智慧之感。如果一个人的自我调整大于绝望，他将获得智慧的品质，埃里克森把它定义为“以超然的态度对待生活和死亡。”老年人对死亡的态度直接影响下一代儿童时期信任感的形成。因此，第 8 阶段和第 1 阶段首尾相连，构成一个循环或生命的周期。

埃里克森认为，在每一个心理社会发展阶段中，解决了核心问题之后所产生的人格特质，都包括了积极与消极两方面的品质，如果各个阶段都保持向积极品质发展，就算完成了这阶段的任务，逐渐实现了健全的人格，否则就会产生心理社会危机，出现情绪障碍，形成不健全的人格。

二、大学生的人格发展障碍

大学生的人格结构比较复杂，影响大学生人格的因素也很多。在其人格形成和发展过程中，各种不良因素不同程度地影响着人格的健康发展，从而导致人格的发展障碍或缺陷。

这里所说的人格发展缺陷是介于健康人格与病态人格（即人格障碍）之间的一种人格状态，表现为人格发展的不良倾向。在大学生群体中有相当一部分人存在着不同程度上的人格发展缺陷，常见的主要有自卑、懒惰、拖拉、粗心、鲁莽、急躁、悲观、孤僻、多疑、抑郁、狭隘、冷漠、被动、骄傲、虚荣、焦虑、自我中心、敌对、冲动、脆弱等。

1. 自卑 自卑是对自己不满、鄙视、否定的情感。进入大学后，有些大学生发现“山外有山”，尤其是当学习、社交、文体方面显露出某些不足时就会陷入怀疑自己、否定自己之中，产生自卑心理。因此，自卑往往是自尊心受挫的结果，没有自尊心也就不会有自卑感，过强的自卑感往往又以过强的自尊心表现出来。有些大学生的敏感脆弱，经不起批评，原因即在于此。

如何才能走出自卑的阴影？对大学生来说，首先要正确认识自己，悦纳自己，人有所长也有所短，不要为自己的所短而自卑。其次要进行自信心磨炼，将目标定的小些，切合实际些，多积累成功的愉悦体验。再次要确立合理的评价参照系和立足点，若以强者为标准则可能自卑，因而寻找适合自己的评价标准就显得很重要。俗话说：“人比人，气死人”，理性的比较方式是多与自己做纵向比较而不是一味地与人做横向比较。有了足够的自信心，自卑感就会悄然而退。

2. 怯懦　怯懦主要表现为缺乏勇气和信心，害怕可能面临的困难和挫折，在挫折、困难面前常常知难而退，甚至不战而败。有些大学生过去经历一帆风顺，因而特别害怕失败。"只能成功，不能失败"的非理性信念是造成一些大学生怯懦的认知因素。

有些大学生由于胆怯，不敢与人讲话，不敢出头露面，也不敢表明自己的态度，甚至不敢向老师提问题。有些大学生由于软弱不敢冒风险，不敢担重任，不敢与坏人坏事做斗争，不敢坚持自己正确的观点。但越是这样回避矛盾、躲避失败，越是容易体验到强烈的挫折感。

在挑战与机遇并存的现代社会，怯懦者会失去很多成功的机会，并可能成为落伍者。积极迎接挑战，争做生活的强者才是明智的选择。改变怯懦的最好办法是要敢于抓住机遇，积极锻炼，不怕失败，不怕丢面子，不怕担子重，多给自己鼓励和减压，在生活的词典中去掉"不敢"二字，记住"青春不怕失败"。

3. 懒惰　青年大学生本应是充满朝气和活力、开拓进取的群体，但事实并不总是如此。大学校园内曾经流行着这样的打油诗："人生本该 HAPPY，何必整天 STUDY，只要考试 PASS，拿到文凭 GO AWAY"，这从一个侧面反映了他们疲疲沓沓、得过且过、做一天和尚撞一天钟、缺乏进取精神的懒惰心理。

懒惰是不少大学生为之感到苦恼又难以克服的一种人格发展缺陷，是意志活动无力的表现，懒惰是影响大学生积极进取、张扬青春活力的天敌，尤其是在改革开放、日新月异的今天，它与时代是那么格格不入，必须予以改变，否则会有被时代淘汰的危险。

处于懒惰状态的大学生也常以此感到内疚、自责、后悔，但又觉得无力自拔，心有余而力不足，这主要是因为他们往往想得多而做得少，缺乏毅力所致。要克服懒惰，应充分认识到其危害性，自己对自己负责，振作精神，"起而行之"，从日常小事做起，并努力做到不给自己找借口，不原谅自己的偷懒，力争今日的事今日毕，多与人交往，多关心外部世界，多参加有益身心的社会活动，而做到这一切，有一个坚定而有价值的理想是非常重要的。

4. 狭隘　受功利主义影响，大学生中的"狭隘"现象有增无减。凡事斤斤计较、耿耿于怀、好嫉妒、好挑剔、容不得人等，都是心胸狭隘的表现，即日常说的"小心眼"。心胸狭隘往往影响人际关系，伤害他人感情，也常给自己带来烦闷、苦恼，影响自己的情绪和在他人心目中的形象，因此，于人于已有百害而无一利。

克服狭隘，一要胸怀宽广坦荡，一切向前看，正如歌德所言，比海洋更广阔的是天空，比天空更广阔的是心灵。二要丰富自己，一个人的视野越开阔，就越不会陷入狭隘之中，这就是所谓的"站得高，看得远"。三要学会宽容，宽以待人，不要总是计较个人得失。

5. 拖拉　拖拉是不少大学生的通病。拖拉是指可以完成的事而不及时完成，今天推明天，明天推后天，正是："春天不是读书天，夏日炎炎正好眠，秋多蚊虫冬又冷，一心收拾待明年。"导致拖拉的原因，一是试图逃避困难的事，二是目标不明确，三是惰性作用。拖拉一方面耽误学习、工作，另一方面并没有使人因此而轻松，相反往往会导致心理压力，引起焦虑，总觉得有事情没完成，干别的事也难以安心，还会贻误时机。

改变拖拉，首先要充分认识其危害性，找到自己拖拉的原因，下决心改变。其次要科学安排时间，凡事有轻重缓急，要一件一件地完成，还要讲究科学的学习和工作方法。再次要敢于做不合心意或者需要花大力气的工作，必须完成的事，与其拖着、欠着，还不如及早动手干，完成后会有一种如释重负的感觉，会有一种欣喜感、满足感、成就感，而拖拖拉拉只会带来疲惫、松垮及焦虑。

6. 抑郁 抑郁是大学生常见的情绪困扰，是一种感到无力应付外界压力而产生的消极情绪，常伴有厌恶、痛苦、羞愧、自卑等情绪体验。抑郁人皆有之，对于大多数人来说，抑郁只是偶尔出现，时过境迁，很快会消失；但那些性格内向、多疑多虑、不爱交际、生活中遭遇意外挫折的人更容易长期处于抑郁状态，甚至导致抑郁症。

抑郁的大学生的主要表现是：情绪低落，郁郁寡欢，闷闷不乐，思维迟缓，兴趣丧失，缺乏活力，反应迟钝，干什么打不起精神，体验不到快乐。抑郁在低年级大学生中更为普遍。所谓的“周末综合征”在很大程度上即是抑郁。

要避免抑郁或从抑郁中解脱出来，就需要正确地评价自己，看清自己的长处，建立自尊，增强自信；调整认知方式，建立理性认知，不把事物看成非黑即白；扩大人际交往，多与人沟通，多交朋友。如果抑郁情绪较严重，应寻求心理咨询帮助。

7. 焦虑 焦虑是个体主观上预料将会有某种不良后果产生或模糊的威胁出现时的一种不安感，并伴有忧虑、烦恼、害怕、紧张等情绪体验。在这个紧张刺激不断增多、竞争不断增强的社会里，每个人都可能处于一定的焦虑状态。适度的焦虑对于保持生命活力是必要的，这里所说的焦虑主要是指不适当地高度焦虑。

被焦虑困扰的大学生常表现出烦躁不安、思维受阻、行动不灵活、身体不舒服等症状。大学生焦虑主要集中在考试和人际关系两个方面。我国大学生的考试焦虑是考试紧张、缺乏自信心、过于担忧考试结果、认知障碍等因素造成的，而且女生比男生更易焦虑。一般认为，大学生对人际关系的焦虑与缺乏自信、交往技能差（或自认为差）、自尊心过强等密切相关。

不适当的高度焦虑对身心健康是不利的。为此，应增强自信，相信车到山前必有路，总会有办法的；应不怕困难、磨炼意志，无所谓的担忧正是焦虑之本质；应当机立断，积极行动。总之，凡事尽最大的努力，把注意力从担心失败转移到积极行动、争取成功上来。

8. 自我中心 随着自我意识的发展，大学生越来越感到自己内心世界的千变万化、独一无二，他们越来越多地把关注的重心投向自我，尤其是那些有较强自信心、自尊心、优越感、独立感的学生就比较容易出现自我中心倾向。当这种倾向与一些不健康的思想意识（如个人主义、自私自利思想）和心理特征（如过强的自尊心、唯我独尊等）结合时，就会表现出过分的、扭曲的自我中心。过多自我中心的人往往以自我为核心，想问题、做事情，从“我”出发，不能设身处地进行客观思考，颐指气使，盛气凌人，不允许别人批评，“老虎屁股摸不得”。这种人往往见好就上，见困难就让，有错误就推，总认为对的是自己、错的是别人，因而他们常不能赢得他人的好感和信任，人际关系多不和谐。

克服过分自我中心的途径包括：第一，树立健康的人生观，自觉地将自己和他人、集体结合起来，走出自己的小天地；第二，恰当地评价自己，既不低估也不高估，既不妄自菲薄，也不自高自大；第三，尊重他人，只有尊重和信任才能获得友谊；第四，设身处地地从他人的角度思考问题，将心比心，真诚地关爱他人，从而做到“我爱人人，人人爱我”。

第四节　塑造理想人格与健康人格

一、健康人格的含义

（一）健康人格的概念

所谓健康人格，就是人格的生理、心理、社会、道德和审美各要素完美的统一、平衡、协调，人的才能得以充分发挥。马克思所描述的“全面发展的、自由的人”就是健康人格的理想标准。

健康的人格，不仅是人类应该追求的价值目标，也是人们充分发展所能达到的一种境界。具有健康人格的人，其最显著的特点是，他们能够有意识地控制自己的生活，掌握自己的命运；他们正视自己，正视过去，面对现实，注重未来，渴望迎接生活的挑战，在实践中充分发挥自己的潜能并实现自己的价值。

（二）健康人格的特征

1. 人格整体协调与和谐　人格的五大要素，即适应性、社交性、道德感、利他型和开放性，是有机的统一体。如果某一要素片面发展，其他要素得不到发展，就是去了平衡，各要素之间就会缺乏有机的联系。

2. 相对和谐的人际关系　理想的健康人格，人格要素之间的关系应是良性地相互促进，相互呼应，协调地发展。各个要素各自充分发挥自己的作用和功能，从而促进个体人格向健康化的方向有序发展。良好的人际氛围是一个人健康人格的基本特征之一，它有利于个体在与他人交往中传递信息，不断调整行为，更新观念和态度。人际关系直接影响大学生的人格的发展和成型。

3. 正确的自我意识和社会意识　环境的健康化与人格的健康化是同一过程的两个方面，健康的环境会导致健康的人格。在现实生活中应注重环境与人的辩证统一关系，同时，还应努力正确看待自我，认识自我；不自高自大，也不妄自菲薄；从实际出发，确立自我价值，认识和理解个人与社会的统一。

4. 付诸实践，知行合一　健康、优良的人格只有在实践中才能得以体现，也只有在实践中才能获得更好的发展。“千里之行，始于足下”，健康的人格不是只停留于口头上，而是要付诸行动之中。

二、健康人格的标准

健康人格的标准是健康人格概念的具体化。通过对健康人格标准的分析，可以使我们更好地理解健康人格的内涵。

健康人格是西方人格理论中的一个重要的研究课题，在派系林立的人格理论中，不同理论家在论述健康人格思想的同时，也提出了各具特色的健康人格标准。

1. 奥尔波特的“成熟者”模式　奥尔波特是美国人格特质理论的主要代表人物。他的人格理论体系是面向健康人而进行研究的，很少涉及精神病人。他把高人格健康水平的人称为“成熟者”，认为他们身上有以下几个指标：

（1）自我广延的能力。能主动、直接地将自己推延到自身以外的兴趣和活动中，并且有许多朋友和爱好。

（2）人际关系融洽。能够容忍他人的缺点和不足，容忍自己与别人在价值观和信念上的差别，与他人的关系融洽，且具有同情心、亲密或爱的能力。

（3）自我接纳，情绪上有安全感。能够忍受生活中不可避免的冲突和挫折，对自己有积极、乐观的看法，具有积极的自我意象。

（4）知觉的客观性。能够准确、客观地知觉周围现实和接受现实，并善于评价情境、做出判断。

（5）专注地投入工作。具备一定的生产技能和工作能力，能全心全意地投入工作，高水平地胜任工作。

（6）现实客观的自我形象。能够正确理解真实自我和理想自我之间的差别，也能正确理解自己对别人和别人对自己看法之间的差别，客观、公正地认识自己的现状。

（7）统一的人生哲学。具有统一的人生观、价值观，并能够把他应用到生活的各个方面，他们面向未来，其行为的动力来自长期的目标和计划。

2. 弗洛姆（Fromm）的“创发者”模式 弗洛姆是新精神分析派的代表人物之一。他批判地吸收了弗洛伊德的人格理论，着重从社会文化因素的角度考察人格的形成与发展。他把西方社会中的人分为两大基本类型：生产性倾向和非生产性倾向。非生产倾向包括接纳倾向性、剥削倾向性、贮藏倾向性、市场倾向性四种形式。这四种形式的非生产性倾向都是不健康、病态的。生产性倾向是人格健康的表现。所谓生产性，是人使用他的力量实现其固有潜能的能力，这种生产性也指创发性。健康的人格即生产倾向性人格。每个人都有充分利用自己潜能成长和发展的固有倾向，之所以更多的人未能达到人格健康的状态，是因为社会的不合理，即病态的社会产生了病态人格。他强调社会变革是产生大量生产性人格或“创发者”的途径。“创发者”的人格具有5个特征：

（1）创发性的爱。相爱双方是在一种自由、平等的关系中，双方都可保持他们自己的个性，能使人意识到主动关怀和被爱。

（2）创发性思维。能真正意识到自己与思维对象的关系，意识到对思维对象的关心，能如实地了解客观世界，反映客观世界。

（3）幸福体验。有愉快的感觉和状态，是一种生机盎然、充满活力、身体健康和个人潜能得到实现的状态。

（4）道德心。弗洛姆称之为“人本主义”良心，是发自内心的道德准则的体现，它引导人们以一定的行为方式去发展和表现个性，并使人产生内部的认同感和幸福感。心理健康者是自我定向者，是自律的。

（5）创造性的自我。依靠他们天生的全部潜能，创造自我，成为对社会有贡献的创造者。

3. 适合我国当代大学生的健康人格标准

（1）和谐的人际关系。人际关系最能体现一个人人格健康的程度。人格健康的人乐于与他人交往，并与他人建立良好的关系；与人相处时，尊敬、信任等正面态度多于嫉妒、怀疑等消极态度。健康的人常常以诚恳、公平、谦虚、宽容的态度尊重他人，同时也受到他人的尊重与接纳。

（2）良好的社会适应能力。社会适应能力反映了人与社会的协调程度。人格健康的人能够和社会保持良好密切的接触，以一种开放的态度，主动关心社会，了解社会；在认识社会的同时，使自己的思想、行为跟上时代的发展，与社会的要求相符合，表现出能很快适应新的环境。

（3）正确的自我意识。自我意识是个体对自己以及自己与他人、与周围世界有关的认识。具有健康人格的人对自己有恰如其分的评价，充满自信、扬长避短，在日常生活中能有效地调节自己的行为，与环境保持平衡。缺乏正确自我意识的人常常表现出自我冲突、自我矛盾，或者自视清高、妄自尊大，做力所不能及的工作，或者自轻自贱、妄自菲薄，甘愿放弃一切可以努力的机遇。

（4）乐观向上的生活态度。积极的人生态度是人类在社会实践中获得的本质力量的表现。乐观的人常常能看到生活的光明面，对前途充满希望和信心，对自己所从事的工作或学习抱有浓厚的兴趣，并在其中发挥自身的智慧和能力。即使在遇到困难和挫折时，也能不畏艰险，勇于拼搏。青年学生的主要任务是学习，因而对学习的兴趣如何可以反映出对生活的基本倾向。人格健康的学生对学习怀有浓厚的兴趣，表现出观察敏锐、注意集中、想象丰富、充满信心、勇于克服困难，通过刻苦、严谨的学习过程，获得学习的满足感和成就感。我们很难相信，对学习和生活缺乏兴趣，整天精神不振的学生的人格是健康的。

（5）良好的情绪调控能力。情绪标志着人格的成熟程度。人格健康的人情绪反应适应，具有调节和控制情绪的能力，经常保持愉快、满意、开朗的心境，并富有幽默感。当消极情绪出现时能合情合理地宣泄、排解、转移和升华。

健康人格的各个标准都是相关的。“具有体验丰富的情绪并控制情绪表现的人，通常是有能力满足自身基本需要的人，是能紧紧地把握现实的人，是获得健康的自我结构的人，是拥有稳定可靠的人际关系的人。”

总之，人格健康的人，其人格的各个方面是统一、平衡的。上述标准不仅是我们衡量一个人人格健康的尺度，同时也为青年大学生改善自己的人格提供了具体的努力方向。

三、塑造健康人格的途径和方法

大学生健康人格的塑造，不仅关系到大学生本身的健康和成才，也关系到社会的进步和发展。而当代大学生正处于一个社会高度发达、信息极大丰富、社会迅速进步的时代，这样的背景一方面使大学生感到茫然、困惑、不适应，并由此造成其人格的成长和塑造过程中出现价值认同和行为导向的矛盾；另一方面，也为大学生的人格发展与塑造提供了一个广阔的天地。当代大学生应自觉地在比较和选择中吸取中西文化。古今人格的长处，从而形成一种适合现代化发展，有利于身心和个人全面发展的理想人格。

大学生健康人格的塑造的过程，也是大学生不断社会化的过程。因此，大学生人格的塑造，必须遵循其个体身心健康发展的规律，适应社会需要。

1. 加强文化修养，提高个人素质　文化修养是健康人格形成的催化剂，人格素质首先表现为一个人对外部世界的态度，表现为在自我与非我关系上的处理方式。没有文化知识的人，由于没有了解自然和社会发展的一般规律，更不了解存在的意义，因而仍然是“混沌的自我”。其所做的一切，完全是基于浅显的、可见的、直接的目的，他的人格类型是“盲目的”。缺少文化修养的人，很容易形成悲剧性的人格。除此之外，还应培养自己的兴趣爱好，提高个人素质，陶冶情操、优化人格。如练习书法可以净化心灵，稳定情绪，克服急躁心理；下棋可以开拓智力，活跃思维；运动可以磨炼意志等。

2. 做自己气质、性格的主人 做自己气质、性格的主人的前提是要了解自己的气质和性格类型，知道自己的长处与不足，进而有目的、有意识地去扬长避短，不断完善自己的性格和气质。从自知之明到自我完善的过程，也是气质和性格的自我悦纳过程。同时，调节和控制情绪状态对于人格健全和心理健康影响也很大。如果一个人情绪不稳，患得患失、喜怒无常，处于不良的情绪状态之中，而自己又不会调节和控制，就会导致心理失衡和心理危机，久而久之会导致人格变态。

3. 求同存异，培养自己博大胸襟 目前，大学生中的独生子女已占有相当大的比例，家庭的教育和社会所形成的成长环境比较复杂，面对多元化的环境因素和各种心理压力源，大学生应努力培养自己求同存异、有容乃大的博大胸襟，把坚定不移的原则性和因势利导的灵活性结合起来。一个人如能做到这一点，必然有助于形成和谐的人际氛围，并产生健康的人格动力源。

4. 脚踏实地，磨炼意志，培养良好的人格素质 具体的人格在实践中通过行为来体现，当然也就要在实践中来塑造。意志在人格中占有重要的地位，坚强或软弱的人格特征以意志的发展水平为标志，而意志的培养则是一个艰苦、长期、坚持不懈的过程。“有志者事竟成”，任何人都没有理由看轻自己、怀疑自己，甚至自暴自弃。当代大学生更应顺应时代的发展，在实践中充实自己，塑造自己健康、优秀的人格。

5. 培养良好情操，加强品德修养 人的行为举止，无不受思想的支配。而在所有的思想因素中，道德修养则集中体现了人们的思想品质，从而决定了其人格本质。因此，个体人格是程度不同的道德自律主体。扬善抑恶，以巨大的社会责任感去维护某种道德理想和道德原则，是健康的道德人格的鲜明标志。

心理测评量表

“大五”人格问卷

姓名：　　性别：　　年龄：　　年级：

指导语：在以下的每组题目中，指出你一般最想描述的点。假使态度中等，就将记号打在中点。

1.	迫切的	5	4	3	2	1	冷静的
2.	群居的	5	4	3	2	1	独处的
3.	爱幻想的	5	4	3	2	1	现实
4.	礼貌的	5	4	3	2	1	粗鲁的
5.	整洁的	5	4	3	2	1	混乱的
6.	谨慎的	5	4	3	2	1	自信的
7.	乐观的	5	4	3	2	1	悲观的
8.	理论的	5	4	3	2	1	实践的
9.	大方的	5	4	3	2	1	自私的
10.	果断的	5	4	3	2	1	开放的
11.	泄气的	5	4	3	2	1	乐观的
12.	外显的	5	4	3	2	1	内隐的

13.	跟从想象的	5	4	3	2	1	服从权威的
14.	热情的	5	4	3	2	1	冷漠的
15.	自制的	5	4	3	2	1	易受干扰的
16.	易难堪的	5	4	3	2	1	老练的
17.	开朗的	5	4	3	2	1	冷淡的
18.	追求新奇的	5	4	3	2	1	追求常规的
19.	合作的	5	4	3	2	1	独立的
20.	喜欢次序的	5	4	3	2	1	适应喧闹的
21.	易分心的	5	4	3	2	1	镇静的
22.	保守的	5	4	3	2	1	有思想的
23.	适于模棱两可的	5	4	3	2	1	适于轮廓清楚的
24.	信任的	5	4	3	2	1	怀疑的
25.	守时的	5	4	3	2	1	拖延的

记分指导：

1. 找出每组（用线分隔的）第 1 排题目你所选择的数字，并求和（第 1 排＋第 6 排＋第 11 排＋第 16 排＋第 21 排＝　　）。这是你的“适应性”原始分。圈出转换表中“适应性”一列对应于原始分的标准分。

2. 找出每组（用线分隔的）第 2 排题目你所选择的数字，并求和（第 2 排＋第 7 排＋第 12 排＋第 17 排＋第 22 排＝　　）。这是你的“社交性”原始分。圈出转换表中“社交性”一列对应于原始分的标准分。

3. 找出每组（用线分隔的）第 3 排题目你所选择的数字，并求和（第 3 排＋第 8 排＋第 13 排＋第 18 排＋第 23 排＝　　）。这是你的“开放性”原始分。圈出转换表中“开放性”一列对应于原始分的标准分。

4. 找出每组（用线分隔的）第 4 排题目你所选择的数字，并求和（第 4 排＋第 9 排＋第 14 排＋第 19 排＋第 24 排＝　　）。这是你的“利他性”原始分。圈出转换表中“利他性”一列对应于原始分的标准分。

5. 找出每组（用线分隔的）第 5 排题目你所选择的数字，并求和（第 5 排＋第 10 排＋第 15 排＋第 20 排＋第 25 排＝　　）。这是你的“道德感”原始分。圈出转换表中“道德感”一列对应于原始分的标准分。

6. 找出与原始分对应的标准分，将它们的和填入表格底部相应的列中。

7. 将你的标准分对照“大五位置解释表”。

“大五”人格因素得分转换表

标准分	适应性	社交性	开放性	利他性	道德感	标准分
80						80
79			25			79
78						78
77	22					77

（续）

标准分	适应性	社交性	开放性	利他性	道德感	标准分
76			24			76
75						75
74						74
73	21		23			73
72		25				72
71				25		71
70	20	24	22			70
69					25	69
68				24		68
67		23	21		24	67
66	19					66
65		22		23	23	65
64			20			64
63					22	63
62	18	21	19	22		62
61					21	61
60		20				60
59	17		18	21	20	59
58						58
57		19				57
56			17			56
55	16	18		20	19	55
54			16	19		54
53						53
52		17			18	52
51	15					51
50		16	15	18	17	50
49						49
48	14	15			16	48
47			14	17		47
46		14			15	46
45			13			45
44	13			16	14	44
43		13				43
42			12			42
41				15	13	41
40	12	12	11			40
39						39

（续）

标准分	适应性	社交性	开放性	利他性	道德感	标准分
38				14	12	38
37		11	10			37
36	11					36
35		10		13	11	35
34			9			34
33	10	9			10	33
32				12		32
31			8			31
30		8			9	30
29	9			11		29
28		7	7		8	28
27				10		27
26		6			7	26
25	8		6			25
24				9	6	24
23						23
22			5			22
21	7					21
20		5		8		20
标准分	适应性＝	社交性＝	开放性＝	利他性＝	道德感＝	

"大五"位置解释表

强适应性 安全的、镇静的、理性的、感觉迟钝的、无负罪感的	有活力的　敏感的　易反应的 35　45　55　65	弱适应性 兴奋的、忧虑的、警觉的、高度紧张的
低社交性的 独立的、保守的、难打交道的、阅读艰难的	内向　中向　外向 35　45　55　65	高社交性的 确信的、社交性、热情的、乐观的、健谈的
低开放性的 保守的、实践的、有效率的、专业的、有知识深度的	保守　温和　开拓 35　45　55　65	高开放性的 兴趣广泛的、好奇的、自由的、追求新奇的
低利他性的 怀疑的、攻击性的、坚韧的、自私自利的	挑战的　调停的　容纳的 35　45　55　65	高利他性的 信任的、谦虚的、合作的、坦白的、不喜冲突的
低道德感的 自发的、无组织的	灵活的　平衡的　专注的 35　45　55　65	高道德感的 依附的、有组织的、有原则经验的、谨慎的、固执的

资料来源：D. 赫尔雷格尔，J. W. 斯洛克姆，R. W. 伍德曼，2000. 组织行为学 . 9 版 . 上海：华东师范大学出版社，92 - 96。

复习思考题

1. 结合生活实践，谈谈你自己的人格特征。
2. 在日常生活中，哪些因素对你的人格形成有重要影响？
3. 大学生人格发展中值得关注的问题有哪些？你认为应如何完善自己的人格？

第五章

大学生学习与心理健康

案例

于某是一个品学兼优的大三学生，入校以来每次考试综合成绩都是班里的前三名。这个学期刚开始，辅导员鼓励他说，如果这次总成绩还能保持前三名，就可以得到国家奖学金。对于家庭贫困的他来说，这可是一笔可观的奖金，他暗自下定决心，这个学期一定要考好，拿到奖学金。他拿出了拼命三郎的劲头，活动不参加了，与人交往也减少了，每天晚睡早起，投入所有的精力来学习。可事与愿违，上课时经常走神，老想奖学金的事情。自习时心也静不下来，需要调整好长时间才能进入学习状态。他感到自己情绪烦躁、焦虑不安、苦闷疲倦，学习效率明显下降，随着考试的临近，他内心充满了恐惧与不安。

专家点评

该同学的学习强度过大、奖惩动机过强，是学习动机过强的典型表现。学习动机对增强学习兴趣、提高学习效率有重要的促进作用。但心理学研究表明，学习动机强度跟学习效率并不是正相关，而是呈倒U形曲线关系。无论是自我期望过高，还是外部奖励诱人引发的学习动机过强，都会导致学习效率下降。原因是学生过度专注的是抱负或奖励，而不是学习本身。

第一节　大学生学习特点

大学阶段，学习仍是大学生生活的主要任务。大学生的学习既有别于人类的一般学习，又与中学阶段的学习存在明显的不同。它不单纯是为了学习而学习，而是为了兴趣而学习，是为了未来而学习，为了成长而学习。学习，不仅是大学生未来事业的基础，更是其成长历程的关键。

一、学习概念

学习是人类具有的一种后天行为，是人类适应变化万千的外部世界，达到自我完善和自我发展的手段。学习的概念有广义和狭义两种。

（一）广义的学习

广义的学习是指人和动物不断地获得知识经验和技能，形成新习惯，改变行为的较长过程。它是有机体以经验方式引起的、对环境相对持久的适应性心理变化。可以看出，学习是人和动物共有的心理现象。但是，学习和本能、成熟又有着本质的区别。

1. 学习不是暂时的变化 学习所引起的行为或行为潜能变化是持久的，而不是暂时的。例如，我们学会了吃饭、走路、骑车、游泳等，这些行为技能几乎终生不忘。而那些由药物、疲劳、疾病等因素引起的行为或行为潜能的变化却不能称为学习。比如运动员服用兴奋剂提高了比赛成绩，工作人员过度疲劳降低了工作效率等。这些变化都是非常短暂的，一段时间以后就会稍失。因此，这些暂时的变化不能称为学习。

2. 学习不是本能的行为 人和动物的行为有两类，一类是本能性行为，一类是习得性行为（后天行为）。本能性行为是通过遗传而获得的，是生来俱有的。例如，新生儿就会游泳、初生的牛犊就能站立等。这些行为都不需要后天的练习，是不学自会的。而习得性行为是必须通过后天的学习才能获得的个体经验。如鸽子送信、猴子骑车等。学习是一种行为，但不是本能行为，它是由经验和实践引起的后天行为。只有习得性行为才称为学习。

3. 学习不是成熟的结果 学习能引起个体行为的变化，但是个体的成熟乃至衰老也会使其行为产生持久的变化（如青春期少年的嗓音变化）。但是，这种变化是由于身体的生理发育而引起的，与经验无关，因而不能称之为学习。可见，我们不能把引起有机体行为或行为潜能相对比较持久变化的行为都看作学习。

4. 学习不只是外显的行为 学习所引起的个体行为变化，有的是外显的，可以直接观察和测量；有的是内隐的，可以通过间接的方法加以测定。当人们学会了一种新的技能，如游泳、骑车、打字等，我们就可推知，学习已经在个体身上发生了。但是，当个体获得的是一般性的知识、观念时，虽然个体在日常行为中没有直接表现出来，但它们却影响着个体将来对一些事物的态度和价值判断，即这类学习改变的是个体的行为潜能。因此，我们不能从行为变化是否发生来推知学习行为发生与否。

综上，学习是人和动物因经验而引起的行为、能力和心理倾向的比较持久的变化。这些变化不是由成熟、疾病或药物引起，也不一定表现出外显行为来。虽然，人和动物的学习有共同之处，但是，二者之间又有着本质的区别。

（1）学习的作用不同。动物学家发现，动物越低级，适应环境行为的先天成分所占的比重就越大；反之，动物越高级，适应环境行为的后天成分所占的比重就越大。人类是最高等的动物，单纯依靠本能无法适应复杂多变的外界环境。因此，人类只有不断地学习才能继续生存下去，学习是人类个体生存的手段。

（2）学习的目的不同。人和动物的学习都是为了适应环境，但是动物的学习只是消极地适应环境，仅仅是为了满足个体的生理需要。而人类的学习是积极的、主动的。人类在学习中能够发现新知识，创造新经验，并且为了更好地生存而改造着自然，征服着自然。

（3）学习的内容不同。动物的学习以直接经验为主。人类社会的复杂性决定了个体必须学习大量的知识和技能才能生存下去。因此，人类的学习不仅有直接的方式获得的个体经验，而且还在与他人交往中，以间接的方式获得经验，并且以间接经验学习为主。

（4）学习的机制不同。动物的学习只局限于第一信号系统，而人类，除了第一信号系统之外，还具有第二信号系统。人类主要靠第二信号系统，即语言的中介作用去掌握历史知识与经验。

（二）狭义的学习

狭义的学习主要指学生的学习，它是人类学习的一种。人类学习与学生学习是一般与特殊的关系，学生的学习既与人类的学习有共同之处，又有其特殊性。概括起来，有三点：

1. 间接性 与人类认识客观世界的过程有所不同，学生的学习过程是掌握间接经验的过程。因此，它不是从实践开始的，而是从认识开始的，即认识—实践—再认识—再实践的循环往复过程。这一过程的实现要以社会经验传授者的活动为条件。可见，学生学习的是社会经验，是从书本、语言等物质形式中间接学到的。

2. 计划性 学生的学习不是自学的过程，它是在老师的指导下，用较短的时间、以有效的方法来掌握前人的知识与经验。因此，学生的学习是在有计划、有目的和有组织的情况下进行的。教师的任务就是帮助学生学会学习，帮助学生掌握前人的经验和建构自己的认知结构。

3. 多样性 学生的学习内容是多方面的，不仅需要掌握知识和技能，而且还要发展智能、培养品德以及促进健康个性的发展，形成科学的世界观，以利于今后的生活、学习与工作。

二、大学生的学习特点

学习是大学生的主要任务，大学生正处于智力发展的高峰期，记忆力、观察力、思考力、逻辑思维能力与创造性都有很大的发展。大学生学习是学习的一种特殊形式，在学习内容、学习方式和学习方法上有别于中学的学习，表现出一定的专业性、广博性、自主性和策略性。

1. 学习内容 大学生的学习内容具有专业性和广博性。专业性体现在课程安排上。大学生的学习是在确定了基本专业方向后进行的，因此其学习的职业定向性较为明确，即为将来走上工作岗位，适应社会需要所进行的学习。四年大学学习的内容都是围绕着这一大方向来安排的。同时，这种专业性，是随着社会对专业要求的变化和发展而不断深入的。知识的不断更新，专业的知识面也越来越宽。

广博性体现在学习内容的广度和深度上。四年大学要学习大约30门课，分为基础课、专业基础课和专业课，其特点是理论性强，相关性大，步步深入，环环紧扣。如果基础课学不好，往往会影响到后续课程。同时，专业学习要求大学生既要了解本专业的前沿知识与经典理论，又要掌握与专业相关的基础知识与专业基础。尤其，一些课程与社会生产和科学发展紧密相关，有的本身就是当代科学前沿领域，还有一些理论是处于假说和创立阶段。因此，专业的学习常常有一定的深度，不容易被人理解和掌握。

2. 学习方式 自主性贯穿于大学学习的全过程。中学学习的主要方式是教师的课堂讲授。教学过程中的每一天，每一节课，老师都安排得非常具体，有的是频繁的作业和课堂提问，大量而紧凑的课堂教学。而在大学里，大学生往往是上大课，教师不再是灌输式讲解，而是论证和引路式讲课。讲授的内容较多，有时又远离教科书，甚至有些课程根本就无教材。这就使得大学生上课时间相应的变少了，自学时间增多了。他们不仅要看教科书，还要阅读大量的教学参考书。特别是专业课学习，更需要大学生查阅大量的资料和文献。这样，图书馆、阅览室、计算机网络成为大学生新的学习伙伴。

同时，大学教师在课堂上常常提出不同的观点和学术见解，形成讲座和研究氛围。像中学时代那样上完课就做完作业的情况少了，相应的推理、论证、归纳、分析的问题多了。此外，大学的教学计划还安排了大量的教学实验、课程设计、社会调查、生产实习、毕业设计等教学环节。这些教学环节可以有效地提高大学生实际解决问题的能力。

3. 学习方法 大学生能够以学习目的为选择尺度，筛选取舍学习内容，学习的策略性突显出来。大学生在面临学习任务之前和实际学习活动展开期间，能够激活和维持良好的注意、情绪与动机状态。在完成的过程中，良好的注意、情绪和动机状态，又会给他们使用的有效的学习方法以有力的影响。

和中学生相比，大学生能更周密地制订学习计划，确定学习的步骤，安排学习的时间表，列出可能需要的学习方法。在选择学习方法时，大学生会综合考虑学习情境的有关因素与学习方法的关系。在具体的学习活动展开期间，大学生能运用元认知策略，监控学习的过程，维持或修正学习的行为。在学习活动结束以后，大学生会总结性地评价为这项学习活动所确定的学习计划与选用的学习方法实施后达到的学习效果情况，作为这次学习的反馈和下次学习的准备。

第二节　学习的生理与心理基础

学习活动是一个非常复杂的过程。它需要一定的生理和心理基础。

一、学习生理基础

个体学习的生理基础是大脑。大脑是人体的一个器官，重约 1.36 千克，由 140 亿之多的神经细胞所组成，比世界上最高级的电脑还要复杂和充满奥秘。人脑由两部分构成：左半脑和右半脑。这两个部分通过胼胝体相连接。胼胝体实际上是一束神经组织，负责协调左、右半脑的工作。它使两个半脑发生联系，使记忆和学习的传输活动得以实现。

看上去大脑的两个部分——左半脑和右半脑长得很对称，就像互相在照镜子。然而，它们实际上是非对称组织。换句话说，它们在结构和功能上有着诸多不同。大脑并非完全对称。许多专门的功能性中枢似乎主要在大脑的这一半球，或者另一半球。说话中枢和听觉中枢在大脑左侧紧挨耳朵上方的部位（Broca 区）。声音记忆区在听觉中枢的后面。语言区（即 Wernicke 区）对大多数人来说是在左半脑，但其实它在两个半脑中的任一个都能形成。神经心理学家们根据大脑不同区域的功能将大脑粗分了四个区，它们是主管心理意识的额叶区、主管听觉功能的颞叶区、主管肢体感觉和运动的顶叶区以及主管视觉的枕叶区。

人的一切活动都是在这些个区域完成的，比如当我们听到什么时，听觉神经便把这一信息上传到我们的丘脑，再由它上传到颞叶皮层，颞叶皮层一方面把这一信息加以编码——完成记忆，另一方面它还会激活原有的相关信息使其完成对此信息的分析。人的大脑正是因为具有这些功能，个体才能学习。大脑完成思维活动的过程并不像我们想象的那么复杂。个体在成长过程中会学到很多东西，这些知识多数会被个体记忆下来。这个记忆的过程，就是神经元之间所形成的一种编码，这种编码不是某个字由某个神经元来完成的，而是由多个神经元所组成。一个完整的句子，就是由组成这些字的众多神经元之间的联系来形成的。大脑的思维活动，本质上就是激发或抑制及联络或断开这些神经元与神经元之间关系的一种活动过程。

个体在出生后，脑的命运是和环境相关联的。良好的大脑保健，加上刺激丰富的学习环境，能使神经元长得更大，连接更为复杂，传输更为快捷。

二、学习的心理基础

各种心理因素交织在一起共同影响着学习的进程。在这个过程中，心理因素可分为两类：智力因素和非智力因素。在学习活动中，智力因素和非智力因素是相互制约、彼此促进的，智力的发展会促进非智力因素积极特征的发展，非智力因素又对智力因素起着两种不同的作用。一方面，非智力因素的积极特征对学习具有调节、控制、维持和补偿的功能，是提高学习质量和促进智力发展的强大动力。另一方面，不良的非智力因素又对智力的发展起着干扰、妨碍的消极作用，使智力因素在认识活动中无法正常发挥。

（一）智力因素

智力因素是与认知过程有关的，如感知、记忆、思维、想象等。它作为心理过程中的认识过程直接影响着个体的学习活动，在学习中承担对知识的加工处理，表现为学习能力。具体来说，它影响着个体掌握知识与技能的速度、深度和灵活性，决定着个体的准备状态。下面，具体介绍三种智力因素。

1. 注意　注意是有选择地加工某些刺激而忽视其他刺激的倾向。注意有两个基本特征：一个是指向性，是指心理活动有选择地反映一些现象而离开其他对象；二是集中性，是指心理活动停留在被选择对象上的强度。注意的功能和品质对学习有着一定的影响。

（1）注意的功能与学习。注意是一种复杂的心理活动，具有三种功能。首先，选择功能。这是注意的基本功能，它使心理活动选择有意义的、符合需要的和与当前活动任务相一致的各种刺激；避开或抑制干扰当前活动的各种刺激。这一功能使得个体只关注与学习活动有关的各种刺激，排除各种无关干扰。其次，保持功能。外界信息输入后，每种信息单元必须通过注意才能得以保持，如果不加以注意，就会很快消失。因此，这一功能使得个体在学习中将注意对象的一项或几项内容保持在意识中，一直到学习任务完成，达到目的为止。最后，对活动的调节和监督功能。有意注意可以控制活动向着一定的目标和方向进行，使注意适当分配和适当转移。学习是一项复杂的活动，这一功能使得个体在不同的学习内容之间进行转换成为可能。

（2）注意的品质与学习。注意包含四种品质，这四种品质的好坏影响着学习的速度和效率。①注意的广度。它是指一个人在同一时间里能清楚地把握对象的数量。学习中，学生在单位时间内注意的对象越多，学习到的知识也就越多。②注意的稳定性。它是个体在较长时间内将注意集中在某一活动或对象上的特性。与之相反的注意品质是注意的分散。注意的稳定性越强，个体才能一直注意学习内容，不容易受外界刺激的干扰。③注意的分配。它是通常所说的“一心二用”，是指个体的心理活动同时指向不同对象的能力。注意分配的条件是，同时进行的活动只有一种是不熟悉的，其余活动都达到了自动化的程度。分配性能使学习者能同时进行一项或几项不同的学习任务，分配性越好，学习效率也就越高。④注意的转移。它是个体根据新的任务，主动地把注意由一个对象转移到另一个对象上。原先的注意越集中，转移就越困难。因此，个体需要根据当前的任务要求，适时地转移注意力，把注意转移到其他的学习内容上。

2. 记忆 记忆是过去经验在人脑中的反映。人们在漫长的社会生活与学习中需要记忆来学习和工作，但是个体的记忆能力却因记忆品质的差异而有所不同。

（1）记忆品质与学习。根据什么来判断人的记忆品质及记忆的优劣的标准呢？综合起来一个人的记忆力水平，可以从记忆品质的四个方面来衡量和评价。

第一，记忆的敏捷性。它体现记忆速度的快慢，指个人在一定时间内能够记住的事物的数量。每个人都希望自己的记忆具有敏捷性，因为这样就可以在单位时间里获得更多的知识。

第二，记忆的持久性。它是指记住的事物所保持的时间的长短。仅有敏捷性还不能称之为良好的记忆，既有持久性又能灵活运用，才能牢固地掌握所学到的知识。记忆不长久，一般是记忆不深刻，巩固不够有关。因此，学习者要经常并在适当的时机进行复习，使条件反射不断强化、巩固，这样就能使记忆具有持久性。

第三，记忆的正确性。它是指对原来记忆内容性质的保持。“正确性”是良好记忆最重要的品质。如果记忆不正确，那它只能对我们学习知识和积累经验帮倒忙。正像开汽车时弄反了方向，开得越快，距离目的地越远。

第四，记忆的备用性。它是指能够根据自己的需要，从记忆中迅速而准确地提取所需要的信息。记忆的备用性也是记忆的敏捷性、持久性、正确性的体现。人们进行活动的目的是为了储备知识，并使之备而有用，备而能用。记忆如果没有备用性，也就失去了存在的价值。

（2）遗忘与学习。有记忆就会有遗忘。德国心理学家艾宾浩斯（Hermann Ebbinghaus）是发现记忆遗忘规律的第一人。他认为“保持和遗忘是时间的函数”，并绘成描述遗忘进程的曲线，即著名的“艾宾浩斯记忆遗忘曲线”（图5-1）。这条曲线告诉人们在学习中的遗忘是有规律的，遗忘的进程不是均衡的，而是在记忆的最初阶段遗忘的速度很快，后来就逐渐减慢了，相当长的一段时间以后，几乎就不再遗忘了，这就是遗忘的发展规律，即“先快后慢”的原则。

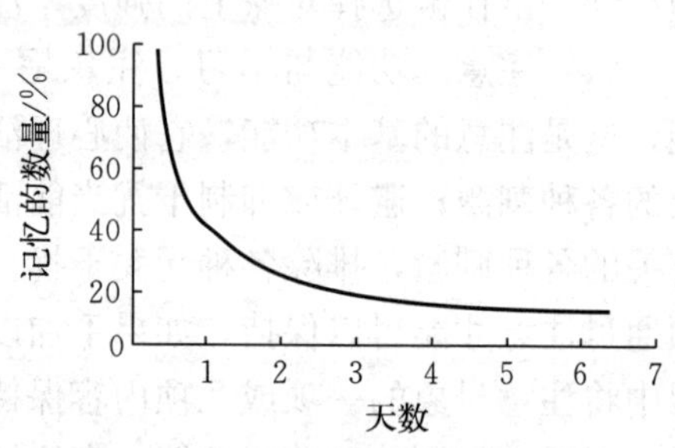

图5-1 艾宾浩斯遗忘曲线

这条曲线向我们充分证实了一个道理，学习要勤于复习，而且记忆的理解效果越好，遗忘的也越慢。大学生的记忆的整体水平处于人生的最佳时期，记忆品质得到全面发展，逻辑记忆能力显著提高。因此，大学生要善于利用各种记忆方法来减少遗忘。

3. 思维 思维是人类大脑能动地反映客观现实的过程，是人类开动脑筋认识世界的过程中进行比较、分析、综合的能力，是人类大脑的一种机能。

（1）思维定式与学习。思维定式是指人们按习惯的、比较固定的思路去考虑问题、分析问题，表现为在解决问题过程中做特定方式的加工准备。它阻碍了思维开放性和灵活性，造成思维的僵化和呆板。

思维定式通常有两种形式：适合思维定式和错觉思维定式。前者是指人们在思维过程中形成了某种定势，在条件不变时，能迅速地感知现实环境中的事物并做出正确的反应，可促进人们更好地适应环境。表现在学习上，就是它可以省去许多摸索、试探的步骤，缩短思考时间，提高学习效率。后者是指人们由于意识不清或精神活动障碍，对现实环境中的事物感知错误，做出错误解释。表现在学习上，就是会使解题者墨守成规，难以涌出新思维，做出新决策，造成知识和经验的负迁移，形成对创造性思维的消极影响。

（2）创造性思维与学习。创造性思维是以感知、记忆、思考、联想、理解等能力为基础，以新颖性、灵活性和风险性为特征的高级心理活动。创造性思维具有新颖性，使得个体经常有新的见解、新的发现、新的突破，从而具有一定范围的首创性、开拓性。创造性思维具有极大的灵活性。它无现成的思维方法、程序可循，人们可以自由地、海阔天空地发挥想象力。同时，由于创造性思维活动是一种探索未知的活动，受着多种因素的限制和影响，这就决定了创造性思维并不能保证每次都能取得成功，甚至有可能毫无成效或者做出错误的结论。可见，创造性思维还具有一定的风险性。

创造性思维对大学生具有十分重要的作用和意义。创造性思维可以不断增加大学生知识的总量，提高大学生的认识能力，为大学生的实践活动开辟新的局面。同时，创造性思维的成功，又可以激励他们去进一步进行创造性思维。

（二）非智力因素

非智力因素是与认知过程的启动、维持、调节有关的，如兴趣、动机、情绪、态度等。在个性心理结构中，诸多非智力因素组成了彼此联系、相互制约与相互作用的动力系统，是个性中最活跃、最积极的因素。非智力因素虽然不直接参与认识过程，却是学习活动赖以高效进行的动力因素。下面，具体介绍五种非智力因素。

1. 情绪 情绪是个体对客观现实的一种特殊的反映形式。它是人对待外界事物的态度，是人对客观现实是否符合自己需要而产生的体验。人的情绪并非与生俱有，而是随着年龄的增长、交往的扩大、经验的增加，在教育与社会的影响下逐渐发展起来的。

人的情绪是十分复杂的，它具有两极性。两极性有多种表现：①表现为情绪的肯定及否定，如满意和不满意、愉快和悲伤、爱和憎等。②表现为积极的、增加的或消极的、减力的，如愉快的情感能驱使人积极地行动，悲伤的情感引起的郁闷会削弱人的活动能力。③表现为紧张和轻松的状态，如考试和比赛前的紧张情感，和活动过去以后出现的紧张的解除和轻松的体验。④表现为激动和平静，如激愤、狂喜、绝望或意志控制情感，处于稳定状态。⑤表现在程度上，这反映在从弱到强的两极状态，如从愉快到狂喜，从担心到恐惧等。

情绪与学习成绩有很大关系。当人们愉快时，可以积极、主动、有效地学习和研究问题。适度的紧张也可以促进思维，增强学习的意志和愿望。但是，如果过于兴奋、恐惧或悲哀，大脑就会产生思维障碍，回想不起来已经学过的知识，对问题反应迟钝，不能顺利地联想、推理和判断。

在学习活动中，适当的激情、良好的心境、饱满的热情是学习的重要心理品质；大学生在学习过程中，不仅要进行认识性的学习，而且也进行情感性的学习。如果两者相结合，则可以使学生在积极的情感气氛中，把智力与能力活动由最初发生的愉快，逐步发展为热情而紧张的智力过程，从而积极地提高学业成绩。

2. 动机 动机是由某种需要所引起的有意识的行动倾向。它是激励或推动人去行动以达到一定目标的内在动因。大学生学习动机是直接推动学习的内部力量，也是一种学习的需要，这种需要是社会和教育对学生学习的客观要求，在学生头脑中的反映。

具体来说：①动机决定着学习方向，学习动机是以学习目的为出发点的，是推动学生为达到一定的学习目的而努力学习的动力。没有明确的学习目标的学生自然不会产生动机力量，因此，动机首先要求学生懂得为什么学，朝着什么方向努力。②动机决定着学习过程，学生能否持之以恒，差异在学习动机。美国心理学家阿特金森发现"完成某项学习任务所需要的时间与对这项任务的动机水平为正相关"。③学习动机影响着学习效果。"耶基斯-多德森定律"是表示动机与工作效率的关系。它表明动机强度与工作效率之间的关系不是一种线性关系，而是倒U形曲线（图5-2）。各种活动都存在一个最佳的动机水平。动机的最佳水平随任务性质的不同而不同。在难度较大的任务中，较低的动机水平有利于任务的完成。一般情况下，中等强度的动机最有利于任务的完成。

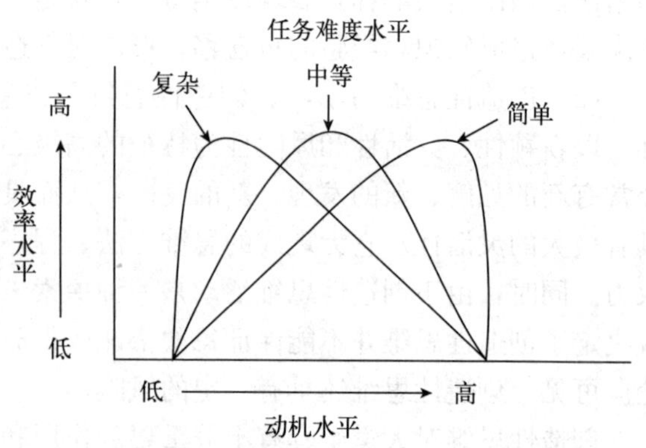

图5-2 "耶基斯-多德森定律"：倒U形曲线

3. 意志 意志是人自觉地确定目的，并支配行动，克服困难，实现目的的心理过程。即人的思维过程见之于行动的心理过程。意志最突出的特点有两个：一个是目的性；另一个是克服困难。意志的这两个特点使学习者在智力与能力中，既能促使认识更加具有目的性和方向性，又能排除学习活动中的各种困难和干扰，不断地调节、支配学习行为指向预定的目的。

意志不是与生俱来的，而是随着年龄的增长、体质的增强、知识的丰富、交往的扩大而逐步发展起来的。意志的发展逐步由简单到复杂、由软弱到坚强。简单与软弱性意志的体现是：①愿望不稳定，此所谓有志者，立长志，无志者，常立志；②容易冲动，不能克制自己；③易受暗示，容易模仿别人。学习是一项艰苦的脑力劳动。要使学习活动坚持下去并取得较好的效果，就必须有复杂而又坚强的意志参与。人是自己意志的创造者，大学生应有意识地培养和锻炼自己的意志。当然，意志的培养不是一蹴而就的，我们必须从最简单的事情入手，逐步学会不劳苦、持之以恒、勇于攀登的科学精神，只有这样才能成为一个意志坚定的人。

4. 兴趣 兴趣是一种带有情绪色彩的认识倾向，它以认识和探索某种事物的需要为基础，是学生学习中最活跃的因素。

兴趣使学习变成一种趣事。兴趣会在大脑皮层形成兴奋优势中心，此时，脑神经就会处于积极的工作状态，不会感到记忆是一种负担，反而会处于一种陶醉或享乐之中。自然，学习、记忆效率就高。众所周知，学习感兴趣的材料时，会忘记时间的流逝；而学习枯燥乏味的材料，感觉时间的漫长。

兴趣能引起学习者的认真观察和积极思考，问几个"为什么"，探究其所以然。细致的观察是记忆的基础，积极的思考对学习大有益处。兴趣会使学习者保持高度注意力。根据心理学实验，不同年龄的人保持注意力的时间是：7～10岁为20分钟，11～12岁为25分钟，12岁以上为30分钟。如果对学习材料发生浓厚兴趣，保持注意力的时间会大大延长。

人的兴趣不仅是在学习、活动中发生和发展起来的，而且又是认识和从事活动的巨大动力。有了学习兴趣，学生会在学习中产生很大的积极性，并产生某种肯定的、积极的情感体验。使学习者智力得到开放，知识得以丰富，眼界得到开阔，并使人善于适应环境，对生活充满热情。

5. 气质　气质是人的个性心理特征之一，它是指在人的认识、情感、言语、行动中，心理活动发生时力量的强弱、变化的快慢和均衡程度等稳定的动力特征。古希腊医生希波克拉底和罗马医生盖仑认为：人体内有四种体液，即血液、黏液、黄胆汁和黑胆汁。这四种体液的不同比例形成了人的相应的四种不同气质：多血质、黏液质、胆汁质和抑郁质。这种分类法虽缺乏科学根据，但日常生活中能见到其典型代表。

气质主要表现为人心理活动的动力。所谓心理活动的动力，是指心理过程的速度和稳定性（例如知觉的速度、思维的灵活程度、注意集中时间的长短）、心理过程的强度（例如，情绪的强弱、意志努力的程度）以及心理活动的指向性（有的人倾向于外部事物，从外界获得新印象，有的人倾向于内部，经常体验自己的情绪，分析自己的思想和印象）等。气质使得个体的整个心理活动表现都涂上个人独特的色彩。

客观事实证明，气质类型无好坏之分。任一种气质类型都有其积极和消极的两方面。任一种复杂的学习都是与大脑和整个神经系统复杂活动联系着的。学习的生理机制在于神经的冲动。由于人的高级神经活动的类型是可变的，所以人的气质也是可变的。每一种气质类型都是先天和后天影响的结果。虽然气质比较稳固，但还是可以改变的。虽然气质与一个人的学习好坏、工作成败没有必然的关系，但是，大学生可以针对自己的不同气质特点和由此产生的不同性格，扬其长避其短，有意识地克服自己不足。

第三节　大学生常见的学习心理问题与调适

大学生学习心理问题是指大学生围绕学业出现的，影响大学生正常学习行为和学习效能的心理状态或心理因素。研究发现，大学生在学习中常见的心理问题有以下几种：学习焦虑过度、学习动力缺乏、学习动机过强、注意力涣散、记忆力减退、考试焦虑等。

一、大学生常见的学习心理问题及其调适

（一）过度的学习焦虑

学习焦虑是指大学生由于不能达到预期目标或不能克服障碍的威胁，致使自尊心、自信心受挫，或失败感、内疚感增强而形成的一种紧张不安、带有恐惧的情绪状态。心理学研究表明，学生在学习过程中，保持适当的焦虑是必要的，它可以激发斗志、增强学习效果。但过度的学习焦虑却是有害的，会对学习产生非常不利的影响。

1. 学习焦虑的表现　学习压力大、精神长期高度紧张，思维迟钝，记忆力减退，注意力涣散，情绪烦躁，郁郁寡欢，精神恍惚，学习效率下降。

2. 学习焦虑的主要原因

（1）自信心不足。抱负水平高，超出自己的能力范围，对于能否达标自信心不足。

（2）学习偏科。对平时喜欢和学得好的课程表现得胸有成竹，而对那些不感兴趣或学得不好的课程表现得过分担忧，焦虑状态高。

（3）有些学生生活规律失常，造成身体不适，学习心理压力增大，导致学习焦虑。

（4）学生性格内向，自控力和应变力差，一遇到学习困难或考试就紧张。

3. 改善过度焦虑的方法 由于过度的焦虑给学生的学习和生活都会造成危害，因此应引起大学生的重视并采取积极的态度和有效的方法进行调适，具体可从以下几方面入手：

（1）产生学习焦虑时要尽量冷静。

（2）正确认识和评价自己的能力，确定合理的抱负水平。

（3）分析以前学习失败的原因，重新树立自信心。

（4）提高心理承受能力，正确对待挫折。

（5）调整对成功的看法，不把名次看得过重。

（6）改进学习方法，注意劳逸结合，保持情绪的稳定。

（7）如果自己无法调节，可向心理医生求助。

（二）缺乏学习动力

大二的学生江某，现就读工科专业，可他高中时，最发怵的就是物理、数学，选择该专业，完全是父母出于就业的考虑代他进行的选择。但是，入校以来，面对枯燥难懂的课程，他实在提不起学习的劲头，平时学习不用功，大一下学期考试有两门功课亮了红灯。大二开始了，面对一塌糊涂的学习成绩，他对学习产生了强烈的抵触情绪，逃课成了家常便饭，甚至打起了退学的念头。

学习动机是直接推动学生学习的内部动力。学习动力缺乏，是指大学生学习缺乏内在的驱动力量，没有学习兴趣，无知识需求，不想学习。也就是有的学生常讲的“学习没劲”。学习动力缺乏的学生通常学习目标不明确，学习态度不认真，对所学专业不感兴趣。

1. 大学生学习动力缺乏的主要表现

（1）无明确的学习目标。既无长远目标，也无近期目标，对自己在大学期间及每个学期究竟要达到什么要求，心中无数。

（2）学习无计划。每天的时间怎么安排，学习什么，学习多少内容，如何在多门课程中合理分配时间和精力，对这些问题不做打算，过一天是一天，做一天和尚撞一天钟。

（3）学习动机弱。无成就感，无抱负和理想，无求知欲和上进心，没有压力和紧迫感。既不羡慕那些学习成绩好的同学，也不为自己虚度年华而惭愧。不积极摸索和改进学习方法，难以适应紧张、繁忙的学习情境，对学习成绩不佳不以为然。

（4）学习无兴趣。厌倦学习，逃避学习。具体表现为在学习上得过且过，缺少抱负和期望；没有压力和紧迫感，没有学习计划，混一天算一天，上课无精打采，不积极思维，作业能拖则拖，最好不做，对考试成绩好坏也抱无所谓态度，把大量时间和精力放在打扑克、下棋、踢球、泡网吧和谈恋爱等与学习无关的活动上。

2. 大学生学习动力缺乏的主要原因 造成大学生学习动力缺乏的原因是多方面的，但主要包括以下几方面：

（1）社会因素。社会贫富差距的存在，人们的心理较为浮躁，功利意识较浓，实用主义、拜金主义盛行，使相当部分的大学生在潜移默化中受到影响；大学生择业机制尚不完善，就业中不合理、不公平的现象依然在一定程度上存在等。

（2）学校因素。学校专业设置过细、口径过窄，一定程度上脱离社会需要，导致大学生就业困难，学用脱节，用非所学；课程设置不合理，教学内容陈旧；教学管理不严，教学条件跟不上等，是造成大学生学习动力缺乏的直接原因。

（3）家庭因素。家长不恰当的期望，在学习上对学生过高或过低的要求是大学生学习动力缺乏的间接原因。如有的家长自认为今后能为孩子找一份理想的工作，因此，平时不注意了解和关心孩子的学习；还有的家长要求孩子“先学这个专业，混张文凭，毕业后不一定干这一行”，“送你出国去镀金”等，这些都大大削弱了学生的学习热情和动力。

（4）个性因素。就个体而言，大学生出现“理想间隙期”，学习目标不明确，学习驱动力下降，社会责任感不强，价值观念不健全，自我效能感缺乏，学习方法不当，学习毅力不强，对某一专业学习不感兴趣等，这是造成学习动力缺乏的主要原因。

3. 提高大学生学习动机的策略　由于造成每个大学生学习动力缺乏的原因是不同的，因此，具体到每一位大学生来说，首先应找准原因，对症下药。但总的来说，可以从以下几个方面入手：

（1）提高思想认识，消除影响学习动机的外部不良因素。社会、学校和家庭等一些外部不良因素，往往扰乱学生的思想，使他们对学习产生错误的看法。要把那些庸俗的、玩世不恭的、不负责任的、目光短浅的、贪图享受的看法驱逐出大脑，多接受正面的、积极上进的、严肃认真的、鼓励人积极奋斗的观点。无论如何，要建立这样一种基本的认识：学习者要做学习者的事情。

（2）主动调节自己的行为，坚持积极正确的做法。光有认识，缺乏行动是不行的。有了正确的认识，必须用这种认识调节自己的行动。如果原来自己有了一些积极的正确的做法，就应当下决心坚持，不为外来的错误思想和观念所左右，不能让错误的认识代替自己正确的认识，不能让错误的行动代替自己正确的行动。能主动调节自己的行动，才能说明自己是自己的主人，才能证明自己具有了独立的思想和观点。

（3）积极努力创造成功，增强对学习的自信心。学习的成功是积极努力创造获得的，不是不费吹灰之力等来的。成功会带来自信，自信会增强自己的学习动机，使自己精神焕发，挑战学习任务。人在克服困难完成挑战性任务中，会逐渐发现克服困难的乐趣，从中获得促使自己努力的原动力，使自己在学习中劲头十足。学习中的成功可以是较大的成功，也可以是较小的成功，但是较大的成功必须从一个一个较小的成功积累获得，不能好高骛远，冲动急躁，要懂得集腋成裘、“万丈高楼平地起”的道理。

（4）分析自己的需要，提高需要档次。心理学家马斯洛曾经把人的需要由低级到高级分成不同的层次：生理的需要、安全的需要、归属与爱的需要、尊重的需要、自我实现的需要。他认为，低级的需要获得满足以后，人就产生追求上一级需要的动机。根据马斯洛需要层次理论，有些学生如果把自己的需要仅仅定位在低层次水平上，只能说明他们的社会性不强，还没有能够社会化成高级的、社会性更强的人。

（三）学习动机过强

学习动机对学习活动起着发动、维护和推进作用，但并不意味着学习动机强度越大学习效果就越好。心理学研究认为，学习动机过强，不论是内部的抱负和期望过高，还是外部的奖惩诱因过强，都会使学生专注于自己的抱负和外部奖惩，而不是专注于学习，因而在实际上阻碍了学习。

1. 大学生学习动机过强的主要表现

（1）成就动机过强。有的大学生成就动机过强，急于取得成就并超过他人，所树立的抱负和期望远远超过自己的实际能力和潜力。只盼成功，担心失败，给心理上造成很大压力，以致欲速而不达。

（2）奖惩动机过强。对奖惩考虑过多，一心只想获得奖励，避免受到惩罚。奖惩动机过强的大学生大多是被动学习，以考试为中心，紧紧围着老师转，上课小心翼翼记笔记，下课认认真真对笔记，考前辛辛苦苦背笔记。这类大学生考试得分往往较高，但学得呆板，不能举一反三，灵活应变能力不强，知识面不够宽广。

（3）学习强度过大。有些大学生不会合理安排学习时间，每天用于学习的时间过长，不善于休息，常常处于过度疲劳状态。

2. 学习动机过强的原因

（1）成就动机过强，对自己的能力认识不足，估计过高，抱负水平和期望值远远大于自己的实际水平。

（2）自尊心过强，把学习成绩看作维护自尊、树立形象的唯一指标。

（3）补偿心理。这类大学生或家境贫寒，或相貌平平，或不善交际，或除学习外无其他特长与爱好，但又不甘心默默无闻，因此想从学习上得到补偿。

（4）学习动机过强与性格关系密切。性格内向、沉默寡言、不善于交际的大学生更容易引起学习动机过强。

3. 学习动机过强的调适

（1）客观评价自己的能力，确立适当的学习目标，不对自己过分苛求。

（2）淡化名利得失，克服虚荣心理，不好高骛远。

（3）调整心态，承认人各有长短，不盲目攀比。

（4）积极参加集体活动，培养广泛的兴趣爱好，注意综合素质的提高。

（四）注意力涣散

注意在学习过程中具有重要意义，有人把注意比喻为知识的窗口，没有它知识的阳光就照射不进来。注意力集中是大学生搞好学习的基本心理条件，反之，注意力涣散则影响学习的正常进行。

1. 大学生注意力涣散主要表现

（1）上课思想开小差，不能专心听课，或胡思乱想，目光呆滞，反应迟钝。

（2）或易受无关刺激影响，东张西望，心神不定。

（3）上自习时，心猿意马，坐不住，东翻翻西看看，不能专心做该做的功课。

（4）参加一项活动或因某事兴奋之后，长时间沉浸其中，不能及时把注意力转移到学习上来。

2. 造成注意力涣散的原因

（1）对注意力在学习活动中的重要作用认识不足，因而缺少集中注意力的自觉性。

（2）学习动机不强，缺乏学习兴趣，尤其对某些公共课不感兴趣。

（3）没有明确的学习目标，没有压力，没有紧迫感。

（4）学习没有计划，随心所欲，缺乏自控力，未形成好的学习习惯。

（5）与学习无关的活动过多牵扯时间和精力，造成中心兴趣转移。

此外，学生遭受意外事件打击，身体过度疲劳、疾病以及教师和环境等方面因素都会造成注意力涣散。

3. 克服注意力涣散的方法

（1）提高对注意力作用的认识，从而增强有意注意，降低无意注意。

（2）适当加强学习动机，保持一定的学习紧迫感和学习压力。

（3）保持不倦的好奇心，逐渐提高学习兴趣。巴甫洛夫说："好奇是专注的第一要素"。

（4）制订明确的学习目标和学习计划，培养自己抗干扰的能力，养成良好的学习习惯。

（5）以学习为中心，合理安排课余活动，保持旺盛的学习精力。

此外，选择合适的学习地点、劳逸结合以及进行集中注意力的心理练习等都有助于克服注意力的涣散。

（五）考试焦虑过度

王某是大学三年级的学生，在同学眼中她一直勤奋用功，知识稳重扎实，可每次考试，成绩总是差强人意，大家实在想不通，小王也很苦恼。因为他对考试很恐惧，平时提起考试都会心跳加快。每次离考试还有一个多月的时间，他就开始紧张。考试前一个晚上，总会失眠。考试时，浑身发抖，头脑一片空白，平时很简单的题也要很长时间才能解出来。

考试焦虑主要表现在考试前后精神紧张，心烦意乱，无精打采，肠胃不适，可能出现原因不明的腹泻、多汗、尿频、头痛、失眠、记忆力减退、注意力不集中、学习效率下降等。学生在考试过程中表现为心跳加快、呼吸急促、满脸通红、出汗、头昏、烦躁、恶心、软弱无力、记忆受阻、思维迟钝等，有时全身发抖、两眼发黑，甚至晕倒。

1. 考试焦虑产生的原因 考试焦虑是一种情绪反应，当学生意识到考试情境对自己具有某种潜在威胁时，就会产生这种紧张的内心体验。大学生过度考试焦虑的原因是有些大学生平时贪玩，对学过的内容不能及时复习巩固，一旦考试来临就着急，连续熬夜，导致生物钟紊乱。正常的睡眠、饮食、休息习惯受到破坏，使得心理压力增大，出现腹泻、头痛、失眠等现象。

2. 考试焦虑的调适 针对以上造成考试焦虑的生理和心理原因，可以从以下几个方面进行调适：

（1）考前做好准备，加强各科的技能训练和基础知识学习，适应考题变化的形式。

首先，要有思想上的准备，树立正确的考试态度，正确对待分数。放下思想包袱，积极乐观地对待考试，考试前，保持轻度兴奋，暗暗放松，跃跃欲试，心情稍有紧张。

其次，要认真做好复习。按照考试的要求，认真搞好复习，有了扎实的知识、技能，是减弱紧张程度、防止怯场的基本方法。

再次，要注意休息，劳逸结合，避免考前睡眠不足、疾病发作和疲劳过度。休息的方法有两种：一种是安静休息，即闭目养神或睡眠；一种是活动休息，如散步、做操、打球等。另外，变换脑力劳动的方式，也是一种很好的休息方式。避免临考前夕加班加点，拼命复习，甚至临考前几分钟还在看书，这样长时间不休息，必然造成大脑劳累过度，造成考试失误。

（2）培养自信心，充分估计自己的才能与知识。给自己鼓励，相信自己在考试中一定能够取胜，这样就能排除恐惧和自卑，顺利渡过这一关。

（3）讲究考试方法。由易到难是掌握知识的规律，考试时也不能违背这一规律。拿到试卷后，最先浏览考卷上的各种试题。答题时由易到难，先做会的，会给你带来成功的喜悦，以此来增强积极的情感体验，这样就会使大脑皮质处于良好的兴奋状态，从而有利于发挥出最佳的应考水平。

(4) 适应紧张，克服情绪大起大落。对于即将参加的考试，感到适度的紧张，这是正常的，这不仅不会妨碍考试，反而会提高考试效率，发挥出最佳水平。

(5) 考前做些放松训练。放松训练是通过使全身各部位的肌肉紧缩后再松弛，从而达到松弛大脑神经的目的。训练时遵循自下而上的原则，从脚部肌肉开始直到头部肌肉，完成一次训练。在做放松训练的同时，可以在头脑中预想考试的过程，想象自己如何进入考场，如何拿到考卷，如何填写考号和姓名，如何答卷宗、检查、交卷等过程，想象得越具体越好，边想象边体验全身心放松的感觉。这种训练可以在考试前一两周开始，每天训练一两次，每次进行 10～20 分钟即可。

（六）避免学习疲劳

贾某是一名大四的学生，正在全力以赴准备考研。每天早晨不到 6:00 就会起床。晚上很少零点以前睡觉，中午从来没有休息过。一天的时间都是在学习中度过。刚开始，他学习状态还不错。可没坚持多久，就明显感觉力不从心。每天总觉得睡眠不足，学上一会儿就眼球发困，腰酸背痛。记忆力也下降了，思维也变迟钝了，要识记的内容，半天背不下来。要理解的知识，需要花费很长时间梳理思路。眼看考研一天天临近，感觉心烦意乱、焦躁不安、苦闷易怒，对考研失去了信心。

学习疲劳是一种保护性抑制。一般来说，经过适当的休息即可得到恢复，对学生的身心发展不会造成什么影响。但如果长期处于疲劳状态，勉强让大脑的有关部位保持兴奋，就会导致大脑兴奋和抑制过程的失调，严重的还会引起神经衰弱等疾病，并可能引发身体器官的病变，从而影响学生的学习。因此要从根本上消除学习之后的心理疲劳，必须进行心理的自我调节，消除紧张和压力，达到充分的自我放松。具体方法如下：

1. 学会科学用脑 大脑有左右两半球，大脑左半球主要与抽象的智力活动（如数学计算、语言分析等逻辑思维活动）有关；大脑右半球则主要与音乐、色彩、图形、空间想象等形象化的思维活动有关。为了克服疲劳，就要使大脑左右两半球交替使用，把数学、哲学等需要高度抽象思维的活动与音乐、绘画、文娱体育活动交替进行，以利于克服疲劳，提高学习效率。

2. 注意劳逸结合 防止疲劳就要休息，休息有各种不同的形式：一是经过一天的学习之后，晚上要按时睡觉，并保证有足够的睡眠，以便第二天有充沛的精力继续学习。巴甫洛夫称“睡眠为大脑的救星”。二是经过一段较长时间的学习之后，去打球、散步、做课间操等体育锻炼，尽管时间不长，也会收到良好的效果。这是因为脑力劳动和体力劳动交替进行是一种积极的休息形式，它可以改善血液循环，有利于消除脑的疲劳，调节脑的机能。

3. 养成良好的生活习惯 养成良好的生活习惯，在大脑中建立起一个合理的“动力定势”，使脑神经的兴奋与抑制保持平衡。这时，大脑的兴奋和抑制就会有规律地进行，减少脑力和体力的消耗，从而有效地学习和工作。

4. 顺应生物钟的节律 按照人体生物活动的规律，7:00—10:00 机体的生物机能处于上升的状态，10:00 左右精力最充沛，是学习与工作的最佳状态，此后逐渐下降，至 17:00 后又再度上升，到 21:00 达到最佳状态。

5. 培养自己的学习兴趣 如果对学习兴趣浓厚，学习时心情愉快，则即使学习时间长也不易感到疲劳；反之，学习那些兴趣不大甚至厌烦的内容时，就会感到枯燥，很快进入疲劳状态。因此，培养自己的学习兴趣也是防治学习疲劳的重要方法。

（七）学习方法不恰当

学习方法是学生为提高其学习成绩在学习过程中所使用的方法。不妨采取以下方法学会学习。

1. 根据个性特点来选择学习方法 每个人都有自己独特的个性，个性不同，学习方法亦应不同。对性格外向的同学来说，他们活泼好动，注意力转换快，思维敏捷，反应迅速，但坚持性差。因此就不必强迫自己整天埋头复习，应用“交替学习法”，不断变换大脑优势兴奋中心，该玩时就玩得痛快淋漓，该学时就“两耳不闻窗外事”，必要时就用意志来约束自己。而内向型的同学则沉着稳重，感知事物细腻，思考问题有深度，学习认真能持久，但思路不宽，领会知识慢。这就应在发挥自己优势的同时，培养自己的发散性思维，开阔视野，拓宽思路，多与同学交流讨论。

2. 根据思维的状态来选择学习方法 人的思维状态在一天之中是有变化的，这些变化受时间、环境和情绪的影响，我们应根据变化特点，采取不同的学习方法和思维进入最佳学习状态时，就把最重要的功课或难题放在这段时间去复习、思考、背诵等。思维处在低潮时，可搞一些阅读、浏览、整理笔记、练习绘画等。

3. 根据记忆特点来选择学习方法 记忆方法是多种多样的，或是机械记忆法，或是形象记忆法，或是理解记忆法，但不管哪种方法，不管采用什么记忆形式，只要能记得牢，效果好，就要加以利用。但是如果记忆效果不佳，就应忍痛割爱，另择良法。

4. 根据不同学科来选择学习方法 各门学科都有其独特的规律，都有其基本的学科结构，因此在学习时要掌握各门学科的基本的知识结构，各个结构又有些什么内容，怎样把它们联系起来。总之，方法的选择要因学科而异。

二、大学生健康学习心理的培养

大学生在学习中表现出来的各种心理问题，不仅会严重影响学习效果，而且也不利于大学生身心的健康发展，因而必须有针对性地进行调节和疏导，培养大学生健康的学习心理。

1. 树立正确的学习观 观念是意识的先导，意识支配行动。一个大学生没有正确的学习观念，是不可能有健康的学习心理的。学习观就是人们对学习的认识和如何学习的看法。事实上，学习观直接涉及大学生在校期间乃至终身学什么和怎样学的问题。就是说，无论是学习态度的形成、学习内容的选择，还是学习方法的改进，都直接与有什么样的学习观密切相关。

当代大学生首先要树立全面学习观，正确处理德与才、通与专、知识能力与素质、全面发展与个性发展等方面的关系。当代大学生要建立自主创新学习观，增强学习的自主性、能动性、创造性，在受教育过程中发挥主动性、积极性和创造性，学会独立自主地获取各种知识，完善认知结构，增强发现和解决问题的能力，形成健全的人格。当代大学生还要确立终身学习观，通过终身学习去建立一个不断演进的知识体系。

2. 建立明确的学习目标 学习目标是人们从事学习活动所要达到的标准和预期结果。它具有导向、启动、激励、凝聚、调控、制约等心理作用。建立明确的学习目标，是大学生进行学习活动的战略前提，是提高学习积极性、自觉性和效率的关键。有人打过形象的比喻：没有目标的学习像是饭后散步，有明确目标的学习像是运动会上赛跑。科学研究也表明，完成同样的学习任务，如果学习者学习目标明确比没有目标可以节省60%的时间。中外大学生的学习实践都证明，有无目标和目标明确与否在学生学习活动安排、动力机制、学业成绩、个人价值实现程度等方面表现出明显的差异。

大学生要客观地认识学习目标的重要性，以对自己和社会认真负责的态度建立科学合理的学习目标。学习目标不能凭空建立，也不能想当然随意杜撰，而是要建立在正确的原则和充分可靠的科学依据之上。大学生建立学习目标，要着重考虑学习目标必须适应社会和自己个性发展的需要，学习目标要有超前性和超越性，学习目标要切实可行。学习目标确定后，并非一成不变，还必须根据变化了的情况适当地进行修正和调整。修正和调整过程中，使学习目标不断地具体化、个性化、阶段化、层次化、可视化。

3. 掌握科学的学习方法 从某种意义上说，学会学习就是学会学习的方法。人们常把方法比作路、比作桥、比作工具，这是十分生动而恰当的。法国杰出的哲学家、数学家笛卡儿有句名言："最有价值的知识是方法的知识。"掌握科学而适合自己的学习方法，是大学生学会学习的关键。

大学生的学习过程虽然受多种因素的影响，但主要取决于学什么和怎样学，也就是说影响学习过程的主要因素有二：一是学习内容，二是学习方式。无论是对学习内容的摄取、储存，还是对学习方式的选择、运用，都涉及一个学习方法问题。学习方法就是学生认识世界的方法，也就是学生学习时所采用的方式、手段、途径和技巧。科学的学习方法是学习活动经验的总结，是学习过程客观规律的反映。它不仅有助于大学生在学习过程中少走弯路，避免或减少心理问题，而且有利于大学生提高各种能力和学习效率，还是有益于大学生攀登学习高峰、学有成就所必不可少的重要因素。

4. 培养良好的学习品格 成功的、高效率的学习，除了解决"怎样学"之外，还必须解决"肯不肯学""爱不爱学""以什么态度学"的问题，也就是说，还必须具备良好的学习品格。如果说学习方法是学习过程中操作系统的话，那么，学习品格则是学习过程中的动力系统，它对操作系统具有助动和调节作用。因此，在学习过程中只有将两者结合起来，既肯学、爱学又会学，才能高质量，高效率地完成学习任务。

大学生应具备的良好学习品格是多方面的，主要包括：崇高远大的学习理想、热烈浓厚的学习兴趣、勤奋向上的进取精神、严谨求实的治学态度、坚韧不拔的钻研精神、热情饱满的学习情绪和谦虚谨慎的学习风尚等。它们融会在一起，就形成强大的内在力量，这种内在力量对完成学习任务、实现学习目标是一种有力的保证。

心理测评量表

考试焦虑自我检查表

指导语：为了帮助你准确地把握自己在考试焦虑方面存在的问题，我们准备了这份考试焦虑自我检查表。请你仔细阅读每一道题目，看看它是否反映出你在应试时的真实情况。如果是的话，就在该题目旁边上记"是"；如果不是，记"否"。一定要如实作答，不要花太长时间思考，要尽量按你看完题目后的第一印象来回答。

1. 我希望不用参加考试便能取得成功。

2. 在一次考试中取得的好成绩，似乎不能增加我在其他考试中的自信心。

3. 人们（家人、朋友等）都期待我在考试中取得成功。

4. 考试期间，有时我会产生许多对答题毫无帮助的莫名其妙的想法。

5. 重大考试前后，我不想吃东西。

6. 对喜欢以“突然袭击”方式组织考试的教师，我总是感到害怕。

7. 在我看来，考试过程似乎不应搞得太正规，因为那样容易使人紧张。

8. 一般来说，考试成绩好的人，将来必定在社会上取得更好的地位。

9. 重大考试之前或考试期间，我常常会想到，其他应试者比自己强得多。

10. 如果我考糟了，即使自己不会老是记挂着它，也会担心别人对自己的评价。

11. 对考试结果的担忧，在考试前妨碍我准备，在考试中干扰我答题。

12. 面临一次必须参加的重大考试，我会紧张得睡不好觉。

13. 考试时，如果监考人员来回走动注视着我，我便无法答卷。

14. 如果考试被废除，我想我的功课实际上会学得更好。

15. 当了解到考试结果将在一定程度上影响我的前途时，我会心烦意乱。

16. 我知道，如果自己能集中精力，考试时便能超过大多数人。

17. 如果我考得不好，人们将对我的能力产生怀疑。

18. 我似乎从来没有对应试进行过充分的准备。

19. 考试前，我的身体不能放松。

20. 面对重大考试，我的大脑好像凝固了一样。

21. 考场中的噪声（如日光灯的响声、暖气或冷气发出的声音、其他应试者的动静等）使我烦恼。

22. 考试之前，我有一种空虚、不安的感觉。

23. 考试使我对能否达到自己的目标产生了怀疑。

24. 考试实际上并不能反映一个人对知识掌握得究竟如何。

25. 如果考试得了低分，我不愿把自己的分数确切地告诉别人。

26. 考试前，我常常感到还需要再充实一些知识。

27. 重大考试之前，我的胃不舒服。

28. 有时，在参加一次重要考试的时候，一想起某些消极的东西，我似乎觉得就要垮了。

29. 在即将得知考试结果之前，我会感到十分焦虑或不安。

30. 但愿我能找到一个不需要考试便能被录用的工作。

31. 假如在这次考试中我考得不好，我想那就意味着自己并不像原来所想的那样聪明。

32. 如果我的考试分数低，我的父母将会感到非常失望。

33. 对考试的焦虑简直使我不想认真准备了，这种想法又使自己更加焦虑。

34. 应试时我常常发现，自己的手指在哆嗦，或双腿在打战。

35. 考试过后，我常常感到自己本来应考得更好一些。

36. 考试时，我情绪紧张，注意力不集中。

37. 在某些试题上我考虑得越多，脑子也就越乱。

38. 如果我考糟了，且不说别人可能对我有看法，就连我自己也会失去信心。

39. 考试时，我身上某些部位的肌肉很紧张。

40. 考试前，我感到缺乏信心，精神紧张。

41. 如果我的考试分数低，我的朋友们将会对我感到失望。

42. 考试之前，我所存在的问题之一就是不能确知自己是否做好了准备。

43. 当我必须参加一次确实很重要的考试时，我常常感到十分恐慌。

44. 我希望主考人能够察觉，参加考试的某些人比另一些人更为紧张，我还希望主考人在评价考试结果的时候，能对此加以考虑。

45. 我宁愿写一篇论文，也不愿参加考试。

46. 公布我的考分之前，我很想知道别人考得怎么样。

47. 如果我得了低分，我认识的某些人将会感到快活，这使我心烦意乱。

48. 我想，如果能为我单独举行考试，或者没有时限压力的话，我的成绩将会好得多。

49. 考试成绩直接关系到我的前途和命运。

50. 考试期间，有时我非常紧张，以至于忘记了自己本来知道的东西。

考试焦虑自我检查表的内容归类与所属题目序号

类别	测查内容	题目序号
考试焦虑来源	1. 担心他人对自己的评价	3、10、17、25、32、41、46、47
	2. 担心对个人自我意象增加威胁	2、9、16、24、31、38、40
	3. 担心未来的前途	1、8、15、23、30、49
	4. 担心对应试准备不足	6、11、18、26、33、42
考试焦虑表现	1. 身体反应	5、12、19、27、34、39、43
	2. 思维阻抑	4、13、20、21、28、35、36、37、48、50
其他	一般性的考试焦虑	7、14、22、29、44、45

气 质 问 卷

指导语：下面的60道题可以帮助你大致确定自己的气质类型。在回答这些问题时，认为很符合自己情况的，记2分；比较符合的，记1分；介于符合与不符合之间的，记0分；比较不符合的，记—1分；完全不符合的，记—2分。

1. 做事力求稳妥，不做无把握的事。

2. 遇到可气的事就怒不可遏，想把心里话全说出来才痛快。

3. 宁肯一个人干事，不愿很多人在一起。

4. 到一个新环境很快就能适应。

5. 厌恶那些强烈的刺激，如尖叫、噪声、危险的情境等。

6. 和人争吵时，总是先发制人，喜欢挑衅。

7. 喜欢安静的环境。

8. 善于和人交往。

9. 羡慕那种善于克制自己感情的人。

10. 生活有规律，很少违反作息制度。

11. 在多数情况下，情绪是乐观的。

12. 碰到陌生人觉得很拘束。

13. 遇到令人气愤的事，能很好地自我克制。
14. 做事总是有旺盛的精力。
15. 遇到问题常常举棋不定，优柔寡断
16. 在人群中从不觉得过分拘束。
17. 情绪高昂时，觉得干什么都有趣；情绪低落时，又觉得什么都没意思。
18. 当注意力集中于一事物时，别的事很难使我分心。
19. 理解问题总比别人快。
20. 碰到危险情景，常有一种极度恐怖感。
21. 对学习、工作、事业怀有很高的热情。
22. 能够长时间做枯燥、单调的工作。
23. 符合兴趣的事情，干起来劲头十足，否则就不想干。
24. 一点小事就能引起情绪波动。
25. 讨厌做那种需要耐心、细致的工作。
26. 与人交往不卑不亢。
27. 喜欢参加热烈的活动。
28. 爱看感情细腻、描写人物内心活动的文学作品。
29. 工作学习时间长了，常感到厌倦。
30. 不喜欢长时间谈论一个问题，愿意实际动手干。
31. 宁愿侃侃而谈，不愿窃窃私语。
32. 别人说我总是闷闷不乐。
33. 理解问题常比别人慢些。
34. 疲倦时只要短暂的休息就能精神抖擞，重新投入工作。
35. 心里有话宁愿自己想，不愿说出来。
36. 认准一个目标就希望尽快实现，不达目的，誓不罢休。
37. 学习、工作同样长的时间后，常比别人更疲倦。
38. 做事有些莽撞，常常不考虑后果。
39. 老师讲授新知识时，总希望他讲慢些，多重复几遍。
40. 能够很快地忘记那些不愉快的事情。
41. 做作业或做一件事情，总比别人花的时间多。
42. 喜欢运动量大的剧烈体育活动，或参加各种文艺活动。
43. 不能很快地把注意力从一件事情转移到另一件事情上去。
44. 接受一个任务后，就希望把它迅速解决。
45. 认为墨守成规比冒风险要强一些。
46. 能够同时注意几件事物。
47. 当我烦闷的时候，别人很难使我高兴。
48. 爱看情节起伏跌宕、激动人心的小说。
49. 对工作抱认真严谨、始终一贯的态度。
50. 和周围人们的关系总是相处不好。
51. 喜欢复习学过的知识，重复做已经掌握的工作。

52. 希望做变化大、花样多的工作。
53. 小时候会背的诗歌，我似乎比别人记得清楚。
54. 别人说我“出语伤人”，可我并不觉得这样。
55. 在体育活动中，常因反应慢而落后。
56. 反应敏捷，头脑机智。
57. 喜欢有条理而不甚麻烦的工作。
58. 兴奋的事常使我失眠。
59. 老师讲新概念，常常听不懂，但是弄懂以后就难忘记。
60. 假如工作枯燥无味，马上就会情绪低落。

气质类型记分表

胆汁质	2、6、9、14、17、21、27、31、36、38、42、48、50、54、58
多血质	4、8、11、16、19、23、25、29、34、40、44、46、52、56、60
黏液质	1、7、10、13、18、22、26、30、33、39、43、45、49、55、57
抑郁质	3、5、12、15、20、24、28、32、35、37、41、47、51、53、59

计分：将上述每种气质类型所对应题目的得分相加，算出每种气质类型的总分。

解释：如果某一种气质类型的得分明显地高出其他三种（均高了4分以上），则可定为该种气质；如果两种气质的得分接近（差异低于3分），而又明显地高于其他两种（高出4分以上），则可定为两种气质的混合型；如果三种气质的得分接近，但均高于第四种，则为三种气质的混合型。

胆汁质：直率，热情，精力旺盛，勇敢积极，有魄力，坚韧不拔，敢于承担责任，但情绪容易激动，脾气暴躁，表情明显外露，过分自信，有时独断专行，影响人际交往。（不可抑制型）

多血质：活泼好动，敏感，表情外露，反应迅速，善于交往，适应性强，但注意力容易转移，兴趣容易变换，做事缺乏持久性。（活泼型）

黏液质：安静，稳重，沉着，善于忍耐，但沉默寡言，情绪不易外露，反应较慢，不够灵活，因而比较固执，不容易接受新生事物，不能迅速适应变化的环境。（安静型）

抑郁质：细心，谨慎，感情细腻深刻，想象丰富，善于觉察到别人不易觉察到的事物，但较孤僻，多忧思，心地狭窄，疑虑重重，行动迟缓，缺乏果断，经不起强烈的刺激和猛烈的打击。（抑郁型）

复习思考题

1. 人的机体和心理受生物节律和环境节律的影响，根据自己的“生物钟”特点制订一份科学详尽的学习时刻表。内容包括学习时间、娱乐时间、睡眠时间和主动休息时间，主动休息时间要短而灵活。这样可以让你事半功倍，劳逸结合，取得最佳的学习效果。

2. 所学专业与自己兴趣爱好发生冲突，这是不少学生都存在的学习问题和心理问题。某男同学不喜欢自己的专业，非常喜欢计算机，认为下功夫把计算机学好了，照样能找到好工作。于是，把精力全部放在自学计算机上，荒废了自己的专业。结果由于挂课太多，被学校勒令退学。你觉得他的行为妥当吗？为什么？你如果面临同样问题如何解决？

3. 记忆力是学习的基础，良好的情绪状态、科学的记忆方法、最佳的记忆时间都会影响记忆效果。遵循科学规律进行学习活动，将会大大提高学习效果。请根据艾宾浩斯的遗忘曲线制定自己的复习计划表。

4. 柴某现在已经大二了，平时学得很刻苦，可是学习成绩在班里排名倒数。原来，他还是沿用高中时期的学习方法。你作为他的同学，请结合实际总结自己的学习方法，想想：自己哪些学习方法是有效的？哪些学习方法是有待改进的？然后有针对性地进行矫正，提高自己的学习效率。

5. 钱某大一时“挂科”了，对于高中一直成绩优异的她来说，自信心倍受打击。从那以后，对学习产生了畏难心理，认为自己怎么学也学不好，学习没有劲头，每次考试都是勉强及格。虽然很想改变现状，但就是没有信心把成绩搞上去。针对钱某这种情况，你如何帮助她重树学习的自信？

第六章

大学生人际交往与心理健康

案 例

小李从南方来到北方的省城大学读书，临行前父亲反复告诫他，在大学里首先要和寝室的同学搞好关系，这样生活环境才会愉快，大学四年心理才有归属感。进校后，小李时刻告诉自己，父亲的话肯定有一定的道理，但是逐渐地矛盾还是出现了。开始是和同寝室的一名北方的同学在对爱情的看法上相差甚远，经常斗嘴，后来由于彼此不服气，导致互相看不起，矛盾逐渐升级。而那位同学可能是比小李更会处理人际关系，到最后同寝室的其他同学都站到了小李的对立面，小李逐渐和整个寝室的同学的关系都紧张起来，他觉得大家都不理解他，甚至有的同学奚落他。小李也开始对他们充满怨恨和不信任，进而猜疑和反感，只要有两位同学当着自己的面嘀咕几句，他就认为那是在说自己的坏话，心理十分苦闷；而那位北方同学却好像整天都过得很开心、很快乐，看到这一切，小李感到无能为力的同时又十分伤心，心胸开始变得狭窄，一度产生了退学的念头。

专家点评

小李的问题可能是很多大学生所面临的普遍问题。进入大学后，来自祖国各地的同学住在一个寝室里，形成了一个新的团体。在这个新团体里，由于大家的生活习惯、卫生习惯、作息时间以及人生观、价值观、宗教信仰等方面存在的差异，不可避免地会产生一些矛盾和冲突。如同小李在与室友们的相处过程中，就逐渐发现，每个人看待问题的角度和立场不同，每个人形成的做事风格和行为习惯也不同，这本来是可以在相互交往中磨合的。但是，可能由于自身性格的原因，加上缺乏人际交往的经验，小李没能与室友进行良好的沟通，与室友之间不断发生摩擦，最后被大家孤立。小李同学面对这些矛盾时，并没有考虑如何去解决，而是一心想要逃避引发矛盾的环境，这种做法显然是不可取的。人际交往是大学生身心发展的需要。对于大学生来说，大学校园是一个全新的生活环境。他们远离了父母、亲人和朋友，来到一个陌生的生活环境，而这种陌生的环境增加了他们对人际交往的需求。同时，随着个体身体和心理的发育成熟，大学生的自我意识得到了迅速的发展。他们在发展自己内心世界的同时，对自己以及周围环境也有了新的认识和理解。个体自我意识的发展不但带来了独立意识的增强，而且使学生逐步摆脱了对父母、老师的依赖，但是对同龄人的依赖却有所增长。因此，大学生普遍需要在新的环境中获得同伴的友谊和帮助。大学毕业后就要走向社会，大学生人际交往的需要还要从大学扩展到社会生活之中。这就需要大学生在大学生活里不仅要学好文化课，而且更要学会如何与他人相处，如何与他人沟通。因此，人际交往是大学生活中的一门必修课。

第一节　人际交往概述

一、人际交往的含义

人际交往是指人与人之间的相互往来，它是人们社会活动的一种基本行为方式。人际交往也称人际关系，是人与人之间心理上的关系。人际交往通常表现为人与人之间的心理距离，反映着人们寻求满足需要的心理状态。人际交往一般包含两方面的含义：从动态上讲，是指在社会活动过程中，人与人之间的信息传递、情感交流、思想沟通以及相互间施加影响等心理联系过程和物质交换过程，即人与人之间一切直接或间接的相互作用；从静态上讲，是指人与人之间形成的关系，亦通常所说的人际关系，即人与人之间通过动态的相互作用形成的情感联系。

二、人际交往的特点

（一）人际交往的普遍特点

1. 人际交往的联系性　人际交往是一个动态变化的过程，而且时时刻刻都存在。人际交往是不断变化的、持续发展的一系列活动，每一次交往只是一系列活动中的一部分，每一次交往也必然与之前的一些活动的相关情况有着密切的联系。

2. 人际交往的复杂性　人际交往是个复杂的过程，并且需要个体全身心的投入。交往的复杂性，是因为交往是一种难于观察的心理活动。人们在交往过程中，既要感知自己的行为，同时又要感知对方的行为。这种对心理行为感知的准确性，就取决于交往双方的身心投入程度。

3. 人际交往的相互作用性　人际交往是相互作用的过程，交往双方既要关心自己向他人发出的信息，还应该了解、注意对方在接收信息后做出的反应。然后根据他人反馈的信息，来改变和修正自己的想法，再做出下一步反应。这种相互作用的效果，会不断引发新的反应。

（二）大学生人际交往的特点

1. 渴求交往　人与人之间的交往是个体的心理需要之一。正常的交往需要如果能够得到满足，就会形成向心力，对工作和学习会起积极的促进作用；反之，正常的交往需要如果没有得到满足，就会使人产生空虚感和烦恼，甚至会影响到个人的健康发展。很多大学生远离家乡和亲人、朋友，很容易产生失落感、孤独感，所以非常渴求得到周围同学的关心、体贴、爱护、信任和理解。特别是对于那些年龄小、独立生活能力差的学生，当他们进入大学后尤其渴望结交新朋友。

2. 希望与异性交往　大学生正处于青年期，这也是性心理的成熟时期。通过与异性之间的正常交往，他们希望能够了解异性，得到异性的理解、尊重和爱慕。正确引导大学生与异性的交往，不但有利于他们个性的全面发展，加深其对异性的理解和尊重，而且有利于令他们更加自尊、自爱、自重，增强其用理智控制情绪、情感和欲望的能力。

3. 理想色彩浓重 大学生的人生经历比较单一，大部分大学生从小学到大学，没有深入接触过社会，对社会知之甚少，思想比较单纯和简单。他们对社会充满了好奇和幻想，对未来充满了憧憬和希望，因而大学生对人际关系也有着比较高的期望。他们崇尚高雅、真诚、纯洁的友谊，而较少带有功利色彩。他们认为朋友应该是志趣相投、互相关心、互相帮助、共同进步的，真正的朋友更是无话不说、坦诚相见的，一旦出现不如意的情况，则会认为是对方不够朋友。正是因为对人际关系的期望过于理想化，在现实生活中的很多大学生对人际关系感到不满意，无法接受人际关系中存在的不和谐。

4. 交往对象单一 大学虽然有“小社会”之称，但是毕竟与真正的社会有很大差异。大学生的学习、生活基本上都是在校园里展开的，吃住等日常生活都在校园里，这就导致了大学生的生活范围比较狭窄，交往对象也比较为单一。一般来说，大学生交往的对象主要是老师和同学，特别是与同寝室、同班级的老师和同学，交往要更加密切。

5. 关系简单但比较稳定 大学生的交往空间有限，主要都集中在校园里，交往的对象也比较单一，他们都是同一年龄、同一层次的大学生。因而相对于社会而言，大学里的人际关系要简单得多。大学生交往的主要目的就是交流思想、联络感情、探讨人生。因此大学生的人际交往就相对比较简单。当然，大学生由于年轻、交往经验不足等，在交往过程中也会出现这样或那样的矛盾和冲突。但是他们之间并没有涉及根本利益的矛盾冲突，因而当出现问题后，只要双方积极主动地去协调，还是比较容易解决的。近年来，由于社会竞争的加剧，在一定程度上导致大学生人际关系问题频繁发生，尽管如此，大学生人际关系相对于社会中的人际关系，还是比较纯洁、稳定的。

6. 交往方式更趋向于多样化 当今社会经济飞速发展的同时，人们的生活节奏也越来越快。快节奏的生活方式也在潜移默化中影响着大学生的交往方式。相比于以往，当代大学生采用丰富的方式加强彼此之间的沟通和交流。除了较为传统的约会见面、电话交流、书信传递之外，网络语音视频聊天、手机短信、电子邮件等成为主要沟通方式。高效率、多元化的交流方式无疑在一定程度上拓宽了大学生人际交往的范围。

7. 希望与社会交往，扩大交往面 随着社会开放和物质文化生活水平的提高，大学生们对精神生活有着更高、更迫切的要求，学生渴望走出校园，在与社会人群的交往中满足这方面的需要。这是一种积极的社会心理倾向，它是学生走向社会、开阔视野的原动力之一。但是值得注意的是，如果管理不当，就会对校园的组织纪律和正常的生活秩序有一定的不良影响。

三、人际交往的功能

1. 协同合作的功能 人们通过交往过程，形成了某种特定的社会关系。为了维护这种特定的社会关系，协调共同活动的需要，避免社会成员之间的各种矛盾和冲突，开展有秩序的生活，人们在交往团体中制定了一系列团体规范和社会行为准则。人们通过人际交往活动，把信息传达给社会中的每个成员，促进人们行为保持一致并且使规范和准则得以实施。人际交往既有利于个体之间的信息交流，又有利于个体自身的情绪调节，进而促进团体成员的共同协作。

2. 信息交流的功能　随着经济的飞速发展，当今社会已经成为一个高度信息化的社会，因此人际交往的过程，实际上就是信息交换和流通的过程。在人际交往中，人们相互交流彼此的思想和经验，相互取长补短。通过与他人的交流沟通，个体能够获得他人对自己的评价和建议，从而促进自我完善。大学生积极主动和周围的同学、老师交往，能获取更多的有价值的信息，更能从中认识到自己的不足，有利于自身能力的提高和身心的健康发展。

3. 心理保健的功能　人际交往对个体的心理健康有着极为重要的作用。和他人的交往是人类最基本的社会需要之一，同时也是人们同外界保持联系的重要途径。通过人际交往，既保证了个体的安全感，又增强了人与人之间的亲密感。同样，人也有归属的需要，通过彼此之间的交往，可以诉说个人的喜怒哀乐，从他人处获得支持与帮助。这样就增进了彼此之间的思想、情感的交流，更容易产生依恋之情，增强归属感。

4. 认识自我的功能　如果将他人的评价作为参照，反观每个人的人际交往状况，往往会发现，人们可能是因为肯定、尊重一个人而乐意与他交往，也可能是因为否定、厌恶一个人而疏远他。这也就是说，大学生在人际交往过程中，通过他人对自己的态度和信息反馈，可以更深入地了解自我、认识自我。

四、人际交往的形成机制

1. 人际交往的形成过程　人际交往的形成过程是动态的、变化的过程，交往的双方经历了从无关到有关、从无关紧要到关系密切等一系列不同程度的相互关联状态。心理学家勒温格等人认为，人际关系的发展有三个阶段：第一阶段是单向注意阶段，对方之间没有互动；第二阶段是表面接触阶段，双方有初步的、浅层的互动，但是还没有相互卷入，即没有走进彼此的自我领域；第三阶段是相互卷入阶段，双方向对方开放自我，共同分享信息和情感。

2. 人际交往的发展过程　人际交往的发展过程是一个交往双方相互认识、交往由浅入深的过程。心理学家阿特曼等人认为，人际交往主要包括两个方面的内容：一是交往的广度，即交往的范围；二是交往的深度，即交往的亲密水平。人际交往发展的过程是由较窄范围内的表层交往，向较广范围的密切交往发展。按照社会渗透理论，良好的人际关系的发展一般要经历四个阶段：定向阶段、情感探索阶段、情感交流阶段和稳定交往阶段。

五、人际交往的类型

1. 需求型　需求型是大学生人际交往中最普遍的一种类型。因为大学生思维活跃、精力充沛、兴趣广泛、活泼好动，所以他们对人际交往的需要比其他人更加迫切。有的大学生是由于产生了孤独感，希望找到归属感而去结交朋友；有的大学生是由于脱离了原来熟悉的环境，又对高校特定环境产生了不安全感，希望有人能够提供经验而去交友；有的大学生是由于自我意识的成熟，希望得到他人的尊敬和认可而去交友；有的大学生是由于希望拓展自己的生活圈，需要丰富自己的大学生活而去交友。大学生常常希望通过交友拓展自己的视野，获得同伴的认可、接受、尊重、信任，从而满足自己多方面的心理需要。

2. 邻近型　邻近性是指人与人交往是注重彼此在空间上的相近性，这是人际交往的特性之一。人与人之间关系的建立总是以彼此的相互接触为前提，空间上的邻近性就为人提供了交往的机会，使他们可以在交往过程中相互认识，相互交流彼此的体验。大学生由于生活环境较为简单，就造成了大学生的交往对象主要是生活中比较熟悉的人，包括同寝室的室友、同班级或同院系的同学等。

3. 同龄型 一般来说，青年人寻找情感支柱时往往首先倾向于同龄人。因而，当大学生出现了学习上的压力、心理上的矛盾和情感上的困惑时，这种种难以压抑的苦恼大多都不愿意向父母长辈倾诉，而是愿意向同龄人一吐为快，通过彼此的交流沟通，从年龄相近的同学或者朋友中得到支持和慰藉。

4. 志趣型 志趣因素是导致人际吸引、结成良好人际关系的重要因素。大学生都乐于同与自己志趣相似的人进行交往，建立和发展良好的人际关系。交往双方在志趣方面的相似性，会使彼此在交往过程中对所交流的信息和共同接收的信息有相同或相似的理解、相同的情绪体验。在这一过程中，彼此的思想、感情和行为得到强化，从而产生情感上的共鸣，导致彼此之间的相互吸引。

5. 互补型 个体之间需要的互补是将不同个体联系在一起的重要纽带，互补型吸引是非常强有力的人际吸引力，这是在现实社会中最普遍、最基本的人际吸引模式之一。互补型吸引主要表现在两个方面：一方面是个性特征上的互补，具有不同气质、能力、性格和人际行为模式的人之间往往具有相互吸引的倾向；另一方面是社会需要上的互补，具有不同社会需要的人们在交往过程中，彼此之间的需要得到了相互满足，人际关系也更趋向于稳定发展。

六、人际交往与心理健康的关系

在社会中生活的人都有合群的需求，也都有归属感和安全感的需要。人们通过相互交往，诉说彼此心中的喜怒哀乐，增进彼此之间的思想、情感的交流。在这一基础上，就会产生友爱、互助、欢乐、依恋之情，满足其归属与安全的需要。一旦个体的心理需要得到满足，内心的愿望得到了他人的理解与赞许，个体就会从中吸取力量、得到鼓舞，体会到生活的意义与价值，从而对生活充满信心。大学的生活充满阳光和欢乐，通过和他人的交往能够获得更多快乐的情绪体验。大学生积极地拓展人际交往的渠道，在交往过程中消除苦闷、排解烦恼，有利于其心理的健康发展。

如果一个人长期缺乏与他人的积极交往，缺乏稳定良好人际关系，那么这个人极有可能存在明显的性格缺陷，而且他的心理健康状况也不容乐观。在心理健康教育实践中发现，绝大多数大学生的心理危机是与缺乏正常的人际交往和良好的人际关系相联系的。在寝室中，室友之间的心理交往状况，往往决定了一个大学生对大学生活感到满意的程度。那些生活在没有形成友好、合作、融洽的人际关系的寝室中的大学生，更多显现出压抑、敏感、自我防卫、难于合作的特点，情绪的满意程度较低；而在融洽的寝室里生活的大学生，情绪状态更为积极，乐于与人交往、帮助他人。可见，大学生的心理健康水平和生活状态，受到其人际交往状况的直接影响。

第二节 人际交往障碍及产生的原因

人际交往是人们社会生活中的重要内容之一。自我的发展、心理的调适、信息的沟通、人际关系的协调等，都离不开人际交往。在现代社会，一个人的成功需要良好的人际关系来支持，心理学把人际关系紧张看作社会适应不良的一个重要指标，人际交往障碍给人们的工作、学习和生活带来不少烦恼。一般来讲，造成大学生人际交往障碍的原因主要有以下几个方面。

一、环境因素

环境因素是影响大学生人际交往的重要因素。个体的生活环境对其成长有着极为重要的意义，它在很大程度上影响个体的生活习惯、性格爱好等的养成。我们国家幅员辽阔，不同地域、不同民族人们的生活习惯、文化习惯往往存在着很大差异，大多数大学生远离家乡、远离父母来到大学，在共同的学习生活中会慢慢发现，彼此的家庭情况、性格、兴趣、爱好、为人处世的方式都有所不同。这种情况下，难免会发生一些矛盾和冲突。除此之外，社会环境中的一些消极思想也会渗透到校园中，对大学生的人际交往产生不良影响。

二、认知因素

大学生的生活经历较为单一，缺乏社会阅历，心理也不够成熟，这往往令他们无法全面地了解一个人，对他人的认知往往带有片面性。这在很大程度上给大学生的人际交往带来影响，主要表现在以下几个方面。

1. 首因效应　首因效应也称为第一印象效应，是指最先映入认知者视野中的信息在形成印象时占有优势。第一印象一旦建立，就会对其后的信息理解、信息组织有较强的定向作用。在初次交往中，交往的双方会根据对方的年龄、体态、姿势、谈吐、面部表情、衣着打扮等形成第一印象。在双方今后的交往中，第一印象常常会先入为主，忽视、否定出现的新信息，对他们交往的正常开展产生较大的影响。

2. 近因效应　近因效应是指最近的信息对人的认识具有强烈的影响，即最后留下的印象比较深刻。在双方交往的过程中，经过一段时间的接触，可能对对方形成了一个较为稳定的印象。但是随着双方交往的深入，最近发生的事情也给双方带来一定的影响，让已经形成的印象发生改变。近因效应和首因效应是一个问题的两个方面。一般来说，在对陌生人的认知过程中，首因效应比较明显，然而在对熟人的认知中，近因效应所起的作用更为明显。

3. 光环效应　光环效应也称为晕轮效应，是指个体对某人的品质一旦形成某种倾向性的印象（好或坏、喜欢或不喜欢），就会用它作为标准来评价对方的其他品质。个体对其他人最初形成的倾向性印象就像光环一样套在上面，让这个人的其他品质也因光环的影响而反射出类似的色彩。例如，如果对某人的印象不好，就会觉得此人一无是处；反之，如果对某人印象好，就会觉得他一好百好，以点概面、以偏概全。这种从已知推未知、由片面看全面的认知方式，往往会歪曲一个人的形象，导致人际交往发生障碍。

4. 刻板印象　刻板印象是指人们会根据自己的经验形成对某类人较为固定的看法，并把自己对该类群体的习惯化认知推及交往的对象身上。例如，人们通常认为北方人热情豪爽、南方人精明仔细，男生坚强刚毅、女生温柔内向等。虽然在陌生的情境中，刻板印象会具有积极的认知作用。但是，有的时候它也会让人对交往的对象产生偏见、成见，从而影响人际交往的顺利进行。

5. 自我投射　自我投射是指以己度人，把自己的感受和希望强加于人，认为他人也如自己所想所希望的一样。当然，由于不同个体在习惯、性格、爱好等方面存在着很大的差异，个体之间的感受和希望也千差万别。自我投射的结果往往造成对他人的情感、意向做出错误评价，歪曲了他人意图，这显然会对人际交往造成一定的障碍。

6. 自我评价不当 当人们面对新环境时，自我评价对人际交往的影响较为突出。每个人到了一个新的环境，都面临着重新认识自己，重新为自己定位的问题。但是往往由于信息和客观环境的限制，使个体的自我评价失之偏颇。有的人把自己看得高人一等，而有的人把自己看得过低。前者对他人的肯定性评价较低，从而轻视、看不起他人；后者则易导致自卑，从而轻视、看不起自己。这些不当的自我评价会使人际交往不能顺利进行。

三、人格因素

人格是指人在各种心理过程中经常、稳定地表现出来的心理特点。由于生理遗传、社会环境、教育程度等不同，人与人之间存在着个性差别，这些差别在一定程度上影响人际交往的正常进行。社会心理学的研究发现，在人际交往中颇受好评的人格特点有乐观、聪明、有个性、独立性强、坦诚、有幽默感、能为他人着想、充满活力等；而不太受欢迎的人格特点有自私、心眼小、斤斤计较、孤傲、依赖性、自我中心、虚伪自卑、没有个性等。人格因素的影响具体包含以下方面。

（一）气质类型因素

气质本身并没有好坏之分，但是不同的气质类型具有不同的特点，这些特点对心理活动的产生和人际交往的开展有很大的影响。生活中常见的气质类型有即胆汁质（直率热情、好动、脾气急等）、黏液质（安静稳重、反应慢、沉默寡言等）、多血质（外向、敏感、反应快、情绪不稳等）、抑郁质（细腻、反应迟缓、多愁善感等）。

（二）性格差异因素

性格是指一个人面对现实生活较稳定的态度和与之相应的习惯化的行为方式，它反映了人们对现实和周围世界的态度，对自己、对他人、对其他事物的态度。通常当人们与性格相投的人相处时，会感到心情愉悦；而当与性格不合的人相处时，则会感到情绪低落。性格一般分为外向型和内向型。外向型的人活泼好动，处事不拘小节，善于交际，但缺乏细心，做事草率，比较急躁；内向型的人感情含蓄，处事谨慎，仔细认真，不轻易流露内心情绪，不善交际，比较温和。

（三）人格缺陷因素

人格缺陷是指人格发展的内在不协调性。人格存在缺陷的人往往自以为是，缺乏自知之明，不愿意信任他人，自己内心时常充满矛盾，行为反复无常，别人对他难以理解，他也难以与人相处。人格缺陷常见的有以下几种类型：

1. 偏执型人格 偏执型人格者表现为极度敏感，思想行为十分顽固，对自己的估计过高，而对他人要求过多，不相信他人，习惯将责任归咎于他人。由于固执己见，这类人思考问题的方式容易与现实脱节，既不能被现实所容，又直接影响了他的人际交往。

2. 自私型人格 自私型人格者表现为高度自我，以自我为中心，很少关心他人的体验。这类人在与人交往的过程中常常把自己放在最为重要的位置，考虑问题时都从自己的角度出发，只关心个人利益。

3. 自我封闭型人格 自我封闭型人格者表现为不愿与人沟通，独来独往，将自己与外界隔绝开来，很少有社会活动甚至害怕社交活动。

4. 自恋型人格　自恋型人格者表现为过分关注自我，不接受他人的批评和建议，喜欢指使他人，喜欢自吹自擂，十分善变。

5. 强迫型人格　强迫型人格者表现为过分的自我约束和自制，对人对事死板，不灵活，谨小慎微，顾虑过多，常要求他人与自己一样做事。

6. 冲动型人格　冲动型人格者表现为对人对事都是爆发式的反应，易冲动、发怒，有不可测的反复无常的心境。

第三节　人际交往常见的问题及调适

戴尔·卡耐基曾说过："一个人事业的成功，只有15%是由他的专业技术决定的，另外的85%，则要靠人际关系。"美国哈佛大学就业指导小组对几千名被解雇的男女雇员进行综合调查，发现：人际关系不好的比不称职的人高出两倍多，每年调动人员中因人际关系不好而无法施展个人才能的占90%以上。因此，大学生了解人际交往中常见的心理问题和调适方法，掌握人际交往的原则和技巧，提高人际交往能力，建立和谐的人际关系，不仅有利于个性完善，有利于身心健康，有利于顺利完成学业，更有助于社会化进程，为今后的成功事业奠定基础。

一、人际交往心理常见的问题及调适

在大学生人际交往中，总是伴随着种种心理因素的影响。在这些因素中，有些对人际交往有着积极促进的作用，如对自我和他人的正确认识、开朗乐观的性格、宽容大度的胸怀等；有些对人际交往起阻碍作用，如羞怯、猜疑、不信任他人等。只有了解阻碍人际交往的心理因素产生的原因，并自觉消除这些心理障碍，才能更加有效地进行人际交往。

（一）自卑心理及其调适

1. 自卑心理　自卑是个体由于某些生理缺陷、心理缺陷或其他原因而产生的轻视自己、认为自己在某个方面不如他人的情绪体验。自我认识不足、过低的自我期望是形成自卑心理的最主要原因，内向型的性格也是形成自卑心理的一个重要因素，曾经经历的挫折与不恰当的归因更会导致自卑心理的形成。大学生的自卑心理具有如下特点：①泛化性，即全盘否定自己；②敏感性，即对他人态度、评价等特别敏感；③掩饰性，即对自己主观上认为的缺点总是设法掩饰，生怕别人知道。自卑是影响大学生人际交往的严重心理障碍，自卑的学生常常缺乏自信，在社交场合表现拘谨，不敢抛头露面，生怕当众出丑。

2. 自卑心理调适

（1）正确评价。每个人都要善于发现自己的长处，积极肯定自己的成绩。同时也要学会同他人进行合理的比较，正确看待他人、认识自己，在看到他人有长处的同时，也要学会看到自身的优势，以提高自己的自尊心和自信心，提高自我期望。

（2）进行积极暗示。在进行社交活动时，要积极地进行自我暗示，例如经常告诉自己"我能行""我是最棒的"，以此来增强自信心。

（3）正确对待挫折。在学习、生活中遇到挫折时，要正确地加以对待；要学会总结经验，吸取教训，振作精神；要及时从挫折的阴影中解脱出来，不要形成精神负担。

（二）自负心理及其调适

1. 自负心理 自负的人只关心自己的需要，强调自己的感受，在人际交往中常常表现为自视过高，看不起他人，过度防卫，有明显的嫉妒心理。自负心理形成的原因在于对自身缺乏正确的认识和客观的评价。

2. 自负心理调适 虚心接受他人的批评是根治自负的最佳办法。自负者的致命弱点是不愿意改变自己的态度、不愿意接受他人的观点，接受批评即是针对这一弱点的有效解决方法。接受批评并不意味着让自负者完全服从于他人，只是要求他们能接受他人的正确观点，通过虚心接受他人的批评，抛弃过去固执己见、唯我独尊的形象。

（三）妒忌心理及其调适

1. 妒忌心理 妒忌是对与自己有联系的而强过自己的人的一种不服、不悦、失落、仇视甚至带有某种破坏性的危险情感，是通过把自己与他人进行对比，而产生的一种消极心态。当看到与自己有某种联系的人取得了比自己优越的地位或成绩，便产生一种忌恨心理；然而，当对方面临或陷入灾难时，就觉得幸灾乐祸，甚至借助造谣、中伤、刁难等手段贬低他人，安慰自己。妒忌心理不仅严重影响大学生良好人际关系的建立，而且也会给妒忌者本身带来痛苦，严重影响个体的身心健康。

2. 妒忌心理调适

（1）学会转化。大学生要学会正确对待竞争者，将消极的妒忌情绪转化为奋发进取、积极向上的动力。

（2）正确的人生态度。要勇于承认对方在某些方面比自己强，从而重新认识自己，对自己有正确的定位，督促自己更加努力。

（3）主动交往。有些妒忌心理是由某种误会而产生的，妒忌者误认为对方会对自己有所伤害，从而耿耿于怀。所以，要主动接近他人，加强心理沟通，避免发生误会。

（四）猜疑心理及其调适

1. 猜疑心理 猜疑是一种完全由主观猜测产生的不信任的复杂情感体验心理，是一种负性的心理反应。猜疑心理使大学生之间的关系变得松散，产生隔阂，甚至对立。多疑的人常常会使自己陷入自我封闭和自卑的境地，对身心发展极为不利。猜疑心理产生的原因可以归结为以下几点：①错误的认知方式和不合理的归因；②自信和他信的缺乏；③缺乏自我安全感；④不恰当的心理防御。

2. 猜疑心理调适

（1）正确认识他人。对陌生人产生怀疑是一种正常的防备心理，但是注意不要经常疑神疑鬼，这往往会使人际交往陷入僵局。应该学会正确认识他人，这样才能避免猜疑，避免胡乱猜想。

（2）要学会宽容。同学之间的交往应该坦诚相处，对他人不要过分苛求，只有对他人的宽容才能迎来他人对自己的宽容。

（3）要培养开放性的思维。对于周围的人或事，必须善于观察，以客观冷静的态度进行分析。另外，要保持一个积极快乐的心态，人在心情愉悦的时候，也可以避免猜疑心理的产生。

（五）孤独心理及其调适

1. 孤独心理 孤独是因为缺乏人际交往而产生的寂寞与失落感，是宁可独处也不与他人交往所产生的一种心理。孤独是一种主观的心理感受，而不一定是与外在行为表现相一致。

2. 孤独心理调适

（1）增强自信心。建立起自信心要求个体相信自己是有价值的人。在日常的生活中，多帮助他人，积极展示自己，让他人从你的实际行动中了解你、尊重你。

（2）参加集体活动。积极投入到集体活动中，而不必希望要求立即获得回报。参与集体活动的主要价值在于学习社会交往能力，并寻找机会让他人认识并了解你。要敢于冲破自我封闭，克服自身的羞怯，通过广泛的交流提高自身能力。

（3）练习自我表达能力。自我表达不但包括朋友之间的感情表达，还应包括个人意见的表达、自身才能的展现。个体在交流过程中可以学习到恰当的、不容易引起他人误会的表达方式。

（4）练习听取他人的意见。听取他人的意见并不是指无条件服从他人的一切要求，而是正确吸取他人的合理意见，尊重大家所一致认可的决定。只有先做到与他人和谐共处，然后才有可能培养出感情。

（六）羞怯心理及其调适

1. 羞怯心理　羞怯是指一个人过多地约束自己的行为，导致无法充分表达自己的思想感情，阻碍了正常的人际交往。羞怯心理的产生有以下原因：①由于青春期生理变化引起的感应性反应；②自卑等心理的影响；③成长中的环境影响。羞怯心理不但影响大学生的正常交往和心理健康，而且不利于发展自身的聪明才智，阻碍其将来更好地适应社会环境。

2. 羞怯心理调适

（1）培养交往的自信心。自信心表现在各个方面，如果总认为自己缺乏交往能力、口才没有他人好、气质风度比他人差、见世面比他人少，那么在集体活动中，就会畏首畏尾，说话行事瞻前顾后，学习讨论羞于开口，使自身的能力得不到有效的发挥，影响同学间的正常交往。因而，克服羞怯心理就要努力增强交往的自信心，要看到自己的长处，而不必为自己的某些短处而自惭形秽，相信自己身上总有吸引别人的地方，从而摆脱与他人交往的自卑阴影。

（2）努力丰富自身的知识。俗话说“艺高人胆大”，有了丰富的知识储备、娴熟的交往技巧，在交往中自然就会应对自如。知识可以拓宽人的视野，增添人的魅力，提升人的气质，这也是克服羞怯心理的良药。大学生应当勤奋学习，努力拓宽知识面，掌握一些社交知识和技巧，通过知识的积累，增强交往的勇气。

（3）加强交往能力的锻炼。大学生处身在校园，应该积极争取表现自我的机会，多与他人交往，使自己的交往能力得到逐步发展。平时在各种场合要为自己多创造一些交往的机会，多鼓励自己大胆发言，勇于沟通。

（七）恐惧心理及其调适

1. 恐惧心理　有的大学生与人交往时（尤其是在大庭广众之下），会不由自主地感到紧张、害怕，以至于手足无措，语无伦次，严重的甚至害怕与人接触。其中有些大学生的社交恐惧主要表现为与异性交往时的恐惧。

2. 恐惧心理调适　大学生交往恐惧心理的调适策略主要有两点：①应当明确认识到，人际交往是增长才干、了解人生和社会的有效途径，同时与他人进行良好的交流沟通也是当代大学生不可缺少的生活技能，必须积极主动与他人展开交往，在交往的过程中锻炼自己；②要调整心态，努力克服自身的羞怯自卑心理，多进行自我暗示，告诉自己能行，鼓励自己摆正好心态，积极主动参加团体活动，必要时可以进行一些放松训练。

二、人际交往的原则

1. 平等原则 这是人际交往的基本原则。尽管人与人在气质、性格、能力、知识等方面存在差异，但在人格上是平等的。无论何时何地，大学生都应该自觉做到平等待人，否则就会脱离集体，造成心理上的孤独感。

2. 尊重原则 尊重包括自尊和尊重他人两个方面。每个人都有自己的人格尊严，并期望在各种场合得到他人的尊重。只有尊重他人的人，才能获得他人的尊重。大学生首先必须学会尊重他人，这样才能开展良好的人际沟通。同时，大学生也应该形成积极的自尊，只有自己尊重自己，才能赢得他人的尊重。

3. 真诚原则 真诚是人性的第一美德。真诚待人通常被认为是人际交往中最有价值、最重要的原则。人无信不立，失信于人，就显示其人品行不端。在人际交往中，只有彼此心诚意善，才能相互理解、相互接纳，进而引起感情上的共鸣。

4. 宽容原则 宽容表现在对非原则性的问题不斤斤计较，能够大度容人，宽以待人，求同存异，以德报怨。宽容不仅体现了个人良好情操和修养，也是人际交往活动中的润滑剂。宽容有助于扩大人际空间，滋润人际关系，消除人际间的紧张和矛盾。

5. 谦逊原则 谦逊是一种美德。谦逊好学的人，人们总是乐于与他交往的。反之，如果一个人狂妄自负、目无他人，人们往往避而远之。大学生在人际交往中若能保持谦逊的态度，诚恳地对待他人，就能获得他人的好感，展开良好的人际沟通。

6. 理解原则 相互理解是人际沟通、相互交流的前提条件。大学生在交往中，一定要耳聪目明，善解人意，处处理解和关心他人，相信他人。就人际交往而言，不仅要求个体细心了解他人的处境、心情、特性、好恶、需求等，还要根据彼此的情况，主动调整或约束自己的行为，尽量给他人关心、帮助和方便，多为他人着想，处处体恤他人。

7. 互利原则 人际关系，实际上是人与人之间心理上的关系，反映了个人或群体寻求满足其社会需要的心理状态，因此人际关系的变化与发展决定于双方社会需要的满足程度。如果双方在相互交往中都获得了各自的社会需要的满足，相互之间才能发生并保持亲密的心理关系。不同层次的人际关系反映了人和人之间相互需要、吸引的程度。

8. 激励原则 大学生在人际交往中要善于发现对方的优点和长处，学会赞扬、鼓励对方，使对方更充分地认识自我价值，产生被人尊重和信赖的感觉。这样更有利于加深彼此之间的了解，稳固二人之间的友谊。

三、人际交往的一般技巧

人际交往是在复杂的社会环境中进行的，搞好人际交往就要遵循人际交往的基本规律，依据人际交往的一般原则，讲究人际交往的方式方法。概括地说，大学生人际交往的一般技巧集中表现为十六个字，即知己知彼、交往有度、重视初交、展示魅力。

1. 知己知彼 知己知彼是人际交往的前提和基础。可以这样说，如果交往的双方不能做到知己知彼，就不可能有成功的交往活动。与人交往贵在有知人之明。不认识对方，不了解对方，也就根本谈不上与之交往。当然，要真正认识和了解一个人是很困难的。

与人交往还要做到有自知之明。一个人认识他人、了解他人难，认识自己、了解自己就更难。然而，我们要成功地与人交往就不能不去认识自己、了解自己。正是从这个意义上说，自知之明更为可贵。因此，当代大学生都应该养成反躬自省的习惯，学会剖析自己，力求准确地把握自己的长处和短处，这样才能在交往过程中扬长避短。

2. 交往有度　一般来讲，交往的度包含三个方面的内容，即交往的向度、广度、深度。向度即交往的方向性，指的是同哪些人交往，为什么目的进行交往。盲目的交往是一种无效的交往，不可能产生任何实际意义。广度即交往的范围，包括交往的人数、交往的时间、交往的范围等。深度即交往的程度，指的是交往双方的情感状态，以及交往所形成的人际关系的层次类型。

而交往有度是指人际交往要注意适度。适度有两个方面的含义：①是指处理好人际交往活动与其他社会活动的关系，如处理好与学习、工作的关系。②是指处理好不同的交往对象之间的关系，如处理好一般异性朋友与恋人的关系等。这个度掌握得不好，就可能引来很多不必要的烦恼，这是我们在交往中要特别注意的。

3. 重视初交　在人际交往中，如果交往双方都能给对方留下一个良好的第一印象，交往的成功也就有了一半的希望。那么，怎样才能给对方留下一个良好的第一印象呢？

（1）注意表情和举止。与人初次见面，一定要表情自然，面带笑容，给人一种亲切感，而不要板着面孔，或装腔作势；一定要举止大方，站有站相，坐有坐相，使人感到有修养，而不要举止拘谨，手足无措。否则，就会给人留下缺乏社交经验、不成熟、不诚恳的印象。

（2）注意仪表和风度。仪表展现了一个人的整体精神风貌，在人际交往中起着极为重要的作用。不修边幅、衣衫不整的人，是不可能具有吸引力的。当然，如果想要拥有长期的吸引力，这就需要一个人有良好的风度。而要展示自己的风度，最根本的是要注意培养自己的内在气质。

（3）注意礼节和态度。初次与人交往，一定要注意礼节。例如，拜访他人要事先约定，见面时先做一番自我介绍等；交往时的态度要谦虚、诚恳，如尊重他人的习惯，不可无端地占用他人的时间等。

（4）注意谈话的艺术。初次交谈一定要言语简练，努力做到既能清晰明了地表达意图，又不令人生厌。切不可信口开河，无休止地高谈阔论。

4. 展示魅力　在人际交往过程中，展示魅力主要是通过构成魅力的因素来实现的。一般说来，可以从以下几个方面去努力。

（1）尽量展示你的能力。人们都愿意与有能力的人交往，展示个人能力可以引起对方的尊敬和钦佩，魅力便自然增强。必须要指出的是，展示能力不是自吹自擂、自我炫耀，而主要是依靠自身在社会生活中实际显示的能力。

（2）尽量展示你的语言。准确的语言，可以给人以启迪，充分显示自己的学识和水平；幽默的谈吐，可以给人以享受，充分体现自己的情趣和修养；简洁的表达，可以给人以深思，充分反映自己的个性和作风。

（3）尽量展示你的感情。从一定意义上说，人际交往在分享相互之间的经验的同时，也是为了引起对方在情感上的共鸣。

（4）尽量展示你的情操。人格的力量是巨大的，情操的感染是无穷的。一个关心他人、乐于助人的人，人们必定喜爱他；一个为人正派、作风严谨的人，人们必定尊敬他；一个勤奋刻苦、踏实肯干的人，人们必定信任他。

四、人际交往心理适应训练

1. 给人留下良好的第一印象 第一印象是初次交往时所留下的印象。第一印象在人际交往中具有特别重要的意义。它决定着交往意愿，是愿意继续交往还是不愿意继续交往；也决定着交往态度，是喜欢交往对象，还是不喜欢交往对象。

2. 讲究交谈艺术 大学生在人际交往过程中要注意提高交谈的能力，应该具备与良好沟通相关的技能，如语言表达能力、沉着的应变能力、敏捷的思维能力等。在交谈艺术中，保持适度的幽默感是一个重要的方面。

3. 赞美他人 心理学家认为，赞扬能释放一个人身上的能量，调动人的积极性。“赞扬能使羸弱的身体变得强壮，能给恐怖的内心以平静与依赖，能让受伤的神经得到休息和力量，能给身处逆境的人以务求成功的决心”。

4. 尊重他人的价值观 人是复杂的，个人价值取向也会各不相同，所以很难也没有必要千人一律。尊重对方的价值观是交友中很重要的一个方面。学会理解他人，在人际交往中一定要提醒自己不要做个让人反感的人。

5. 站在对方的角度来考虑，努力理解对方的苦心 当大家观点不一致时，应想办法心平气和地向他们讲明你的想法，增进相互理解，使彼此间的感情融洽。切记不可粗鲁、顶撞，那样会伤害周围朋友的自尊心。凡事多从他人利益着想，自己有错时应主动承认、道歉，对同学的缺点也要给予宽容。

6. 关心他人 下面列举了关心他人的6种方法：

（1）他人生日的时候送上一份祝福。

（2）他人生病的时候给予温暖的问候。

（3）他人遇到困难的时候提供有力的支持。

（4）正确理解他人的需求。

（5）帮助他人实现愿望。

（6）用心聆听他人的倾诉。

心理测评量表

人际关系自我诊断问卷

请仔细阅读下面16个问题。在每一个问题后面，有A、B、C三种答案，请按照自己的真实情况任选其一。

1. 在人际关系中，我的信条是（　）。

A. 大多数人是友善的，可与之为友

B. 人群中有一半是狡诈的，一半是善良的，我选择善良者为友

C. 大多数人是狡诈、虚伪的，不可与之为友

2. 最近我新交了一批朋友，这是（　）。

A. 因为我需要他们

B. 因为他们喜欢我

C. 因为我发现他们很有意思，令人感兴趣

3. 外出旅游时，我总是（　　）。

A. 很容易交上新朋友

B. 喜欢一人独处

C. 想交朋友，但又感到困难

4. 我已经约定要去看望一位朋友，但因为太累而失约了。在这种情况下，我感到（　　）。

A. 这是无所谓的，对方肯定会谅解我

B. 有些不安，但又总是在自我安慰

C. 我很想了解对方是否对自己有不满的情绪

5. 我结交朋友的时间通常是（　　）。

A. 数年之久

B. 不一定，合得来的朋友能长久相处

C. 时间不长，经常更换

6. 一位朋友告诉我一件很有趣的个人私事，我是（　　）。

A. 尽量为其保密

B. 根本没有考虑过要继续扩大宣传此事

C. 当朋友刚一离去，随即与他人议论此事

7. 当我遇到困难时，我（　　）。

A. 通常是靠朋友解决的

B. 找自己信赖的朋友商量此事

C. 不到万不得已不求人

8. 当朋友遇到困难时，我觉得（　　）。

A. 他们大多喜欢来找我帮忙

B. 只有那些与我关系密切的朋友才来找我商量

C. 一般都不愿意来麻烦我

9. 我交朋友的一般途径是（　　）。

A. 经过熟人介绍

B. 在各种社交场合

C. 必须经过相当长的时间，并且还相当困难

10. 我认为选择朋友的最重要的品质是（　　）。

A. 具有能吸引我的才华

B. 可以信赖

C. 对方对我感兴趣

11. 我给人们的印象是（　　）。

A. 经常会引人发笑

B. 经常会启发人们去思考

C. 和我相处时人会感到舒服

12. 在晚会上，如果有人提议让我表演或唱歌时，我会（　　）。

A. 婉言谢绝

B. 欣然接受

C. 直截了当地拒绝

13. 对于朋友的优缺点，我喜欢（　　）。

A. 诚心诚意地当面赞扬他的优点

B. 会诚实地对他提出批评意见

C. 既不奉承也不批评

14. 我所结交的朋友（　　）。

A. 只能是那些与我的利益密切相关的人

B. 通常能和任何人相处

C. 有时愿与同自己趣味相投的人和睦相处

15. 如果朋友们和我开玩笑（恶作剧），我总是（　　）。

A. 和大家一起笑

B. 很生气并有所表示

C. 有时高兴，有时生气，依自己当时的情绪和情况而定

16. 当别人信赖我的时候，我是这样想的（　　）。

A. 我不在乎，但我自己却喜欢独立于朋友之中

B. 这很好，我喜欢别人信赖于我

C. 要小心点，我愿意对一切事物的稳妥可靠持冷静、清醒的态度

计分方法：用下面的分数表，对照你的每一题的答案，得出你的总分：

题号	A	B	C
1	3	2	1
2	1	2	3
3	3	2	1
4	1	3	2
5	3	2	1
6	2	3	1
7	1	2	3
8	3	2	1
9	2	3	1
10	3	2	1
11	2	1	3
12	2	3	1
13	3	1	2
14	1	3	2
15	3	1	2
16	2	3	1

评分方法：

38～48：你的人际关系是很融洽的，在广泛的交往中很受众人的喜欢。

28～37：你的人际关系不稳定，有相当数量的人不喜欢你，如果想受人爱戴，还得做出很大的努力。

16～27：你的人际关系是不融洽的，交往圈子实在太小了，很有必要扩大你的交往范围。

复习思考题

1. 你在班级中的人际关系如何？如何能够更好地加以改善？
2. 你认为对你的人际交往影响最大的问题是什么？
3. 设想你的身边有一位在人际交往中有困难的同学，你将如何帮助他？
4. 请分享一下你认为最成功和失败的一段交往经历，并且进行讨论。
5. 请与10个陌生人打招呼，并记录你的体会。

第七章

大学生恋爱心理与心理健康

案例

孙某，21岁，大学二年级，是个内向安静的男生，本学期初，遇到一个让自己怦然心动的女孩。由于害羞又怕被拒绝，没敢当面向对方表白，于是费尽心思编辑了一条示爱短信，怀着忐忑不安的心情发送给了对方，紧张又充满期望的等待对方的回复，结果好多天过去了，短信犹如石沉大海。后来，又给对方发短信，对方还是不理。前几天，在校园里看见她跟另一个男生手牵手，才知道原来对方已经有男朋友了。可他又忘不了她，一想起她和她男朋友亲密的样子，他心里就非常不是滋味。内心特别压抑，压抑得透不过气来，认为自己很无能很失败，痛苦的感觉如影随形，挥之不去。

专家点评

困扰这位学生的是单恋，即单相思，又叫爱情错觉。单恋一般表现为单方面爱恋着对方，而对方毫不知情或者对方根本不爱自己，但当事人却陷入这种虚幻的爱河中不能自拔。单恋者一般性格内向固执，认定对方就是自己的理想伴侣但又拙于表达自己的情感；富于幻想，受对方言谈举止的影响，错误地认为对方对自己有情有义；自卑感强，爱恋无果往往认为自己没有魅力，对异性没有吸引力，常常陷入自责。

第一节　大学生恋爱心理概述

一、爱的内涵

马克思说："真正的爱情是表现恋人对他的偶像采取含蓄、谦恭甚至羞涩的态度，而绝不是表现在随意流露热情的过早的亲昵。如果你以人同人以及人同世界的关系是一种充满人性的关系为先决条件，那你只能以爱去换取爱，以信任换取信任，如果你想欣赏艺术，你必须是一个有艺术修养的人，如果你想对他人施加影响，你必须是一个能促进和鼓舞他人的人。你同人及自然的每一种关系必须是你真正的个人生活的一种特定的、符合你的意志对象的体现，如果你在爱别人，但却没唤起他人的爱，也就是你的爱作为一种爱情并不能使对方产生爱情，如果作为一个正在爱的人你不能把自己变成一个被人爱的人，那么你的爱情是软弱无力的，是一种不幸。”

人本主义心理学家卡尔？罗杰斯说：“爱是深深的理解和接受”。

马斯洛认为：“爱的需要涉及给予和接受爱，我们必须懂得爱，必须能教会爱、创造爱、预测爱。”

弗洛姆认为：“爱是我们对所爱者生命与成长的主动关切，没有这种关切就没有爱。”

心理学家海德说：“爱是深度的喜爱。”

心理学中爱情是指：一对男女基于一定的客观物质基础和生活，在各自内心形成的对另一异性的最真挚的仰慕并渴望对方成为自己终身伴侣的强烈的、持久的、专业的情感。简言之，爱情是“人们彼此间以相互仰慕为基础的关系”。

综上所述，爱情是以性爱为基础但不能完全归结于性爱的情感活动。性爱是爱情产生的自然前提和生理基础，是爱情的原动力。正是因为两性的生理差异，才会产生相互吸引，仰慕并渴望结为伴侣的感情需要。爱情不等于性爱，它具有社会属性的内容，必须在一定的伦理道德约束下满足人的性欲。

二、大学生恋爱心理的形成与发展

恋爱心理的形成与发展，大体分三个阶段，即萌芽阶段、充分发展阶段和完善成熟阶段。进一步细化又可分为五个时期，即异性敏感时期、异性吸引时期、异性向往时期、尝试择偶期和恋爱择偶期，贯穿初中、高中、大学三个时代。大学生的恋爱意识是从初中时代就开始的，初中时恋爱意识朦胧，高中时开始有恋爱的意向而且有恋爱的思考，进入大学，恋爱意识进一步发展，进入择偶尝试和恋爱择偶，之后恋爱意识逐渐成熟。

1. 异性敏感期　刚步入青春期的青年人，由于身体的迅速发育，引起了男女性别的不同生理和心理的急剧变化。尤其第二性特征的出现和性意识的觉醒，对异性之间的性别差异非常敏感，在异性面前时常会感到羞怯和不安。此阶段中，往往男女学生界限分明，彼此疏远，相互回避。

2. 异性吸引期　对异性产生好感与爱慕，女孩一般发生在12～13岁以后。这个时期女孩开始注意修饰打扮，以引起男孩的注意和喜欢；男孩也开始好好表现自己，以赢得女孩的好感。男女相互接近的渴望使他们乐于参加与异性一起的集体活动。

3. 异性向往期　随着性生理上的发育成熟，性心理开始发展，男女彼此吸引。处于此阶段的青年人，特别注意自己言谈举止，以引起异性注意为豪。关心爱情的所有问题，常以与同龄人谈论爱情为乐，扩大交际圈子，增加与异性接触的机会。递纸条、写情书，向对方表白的事情并不少见。这个阶段的青年人，其生理和自我意识的不成熟性，决定了恋爱心理的泛化性、不稳定性、缺乏专一性及不成熟性。所以，此阶段又称为泛爱期。

4. 尝试择偶期　高中毕业进入大学的青少年，已经进入青春中后期。此时的青年显然比青春期更为成熟。对异性的爱慕和向往有了明确的目标，对爱的内容和要求也比较清晰和强烈。他们开始有目的地选择交往对象，并尝试与之建立长久而亲密的关系。

5. 恋爱择偶期　这一阶段男女青年心理已逐渐成熟，社会阅历也不断丰富，恋爱观开始形成，能全面考虑择偶标准及现实的可能性，恋爱有分寸，对恋爱的责任与义务有相当的认识，此阶段为理想完善的择偶选择期，多为大学高年级或毕业生走向社会（或进入研究生）阶段。

大学生，年龄介于18～23岁之间，处于异性向往期与恋爱择偶期的过渡时期。而这个时期，也正是恋爱心理形成并趋向成熟的重要时期。

第二节　大学生恋爱心理问题及调适

甜蜜爱情如美酒，可喝多了就会上瘾，往往“沉醉不知归路”。青年男女，耳鬓厮磨，一日不见，如隔三秋。一旦恋人不在身边，就坐立不安，茶饭不思，夜不成眠，精神恍惚，严重影响正常的学习和生活。可大家不要忘了自己是学生，你学的并不是爱情专业。

一、大学生恋爱的特点

1. 现象普及化　恋爱在大学生中已成为较为普遍的现象，甚至有发展成为时尚的趋向，有超过半数的大学生对谈恋爱持赞同态度。当前，在高校校园里看到大学生成双结对地出现已不再是稀罕事，大学生选择恋爱是毋庸置疑的。

2. 年龄低龄化　过去谈恋爱是大学高年级的事情，而现在很多低年级的学生也纷纷加入恋爱的大军，甚至有的大学生刚入校就结束了“单身生活”。

3. 方式公开化　过去，大学生谈恋爱还处于“地下活动”状态，而现在大学生谈恋爱成为一种时尚，已经完全不避讳这个十年前还极其敏感的话题，甚至有学生呈现出生怕别人不知道，故意让别人知道自己在谈恋爱的心理。

4. 动机简单化　许多大学生谈恋爱是重过程轻结果的，他们通常是出于因吸引而喜欢，或因需要爱和需要被爱等简单的原因而投入到恋爱关系中，至于将来是否会结婚并不在他们考虑的主要范围内。该恋爱思想动机单纯，有利于双方增进心理相容，但不重视恋爱发展和结果是缺乏恋爱责任意识的体现，这种现象反映出当今大学生恋爱心理的不成熟。

5. 观念开放化　随着时代的发展，受新兴社交媒体以及网络小时等媒介的影响，当代大学生的恋爱观念普遍开放，表现为大胆追求心仪对象、在公开场合亲密等行为。甚至有些大学生不能够理智处理恋爱与性之间的关系，在体验甜蜜爱情的同时做出冲动、不负责任的性行为，这可能导致产生许多后续问题。

二、大学生恋爱的心理原因

大学生恋爱，心态各异，大体表现在以下几个方面。

1. 从众心理　所谓从众心理，是指个人的认知或行为会不知不觉地迫于所处群体的无形压力，而不由自主地与多数人保持一致的心理现象。社会心理学理论认为，人在群体中生活容易出现从众心理。大学生是一个特殊的社会群体，他们具有相同文化背景，年龄和经历比较相似，因此行为模式上更容易出现从众现象，在恋爱问题上亦是如此。

2. 情感需求　大学生都是经过十几年的寒窗苦读才进入大学的，在高中阶段，由于升学的压力而暂时压抑了自己丰富的情感，而在大学期间，这种情感像火山一样爆发出来，同时提高自己的自信心，所以一些大学生渴望情感需要的满足，恋爱的欲望非常强烈。

3. 功利心理　当代大学生处于一个竞争激烈的社会环境中，有些学生从功利思想出发，为了使自己以后不用那么辛苦地为工作和生活奔波，会在大学时代就为自己找好以后的“靠山”，希望从所爱的人那里得到社会和经济上的帮助，为自己将来就业和发展打下基础。

4. 虚荣心理　部分大学生视恋爱为能力和魅力的象征。为了证明自己的魅力，为了表明自己与众不同，他们努力“找人爱”，希望“被人爱”，因为如果找不到异性朋友，就极可能被瞧不起，被认为无能。有句歌词“女孩没人追，多可悲”就折射出这种心理。自习室的课桌也经常可以看到“红花好看还需绿叶扶持”等恋爱打油诗。虚荣心理，导致了大学生恋爱的随意性和轻率性。他们会努力寻找恋爱对象，创造恋爱机会。

5. 求异心理　大学生正直人生的黄金时代，大学期间是大学生心理和生理日趋成熟的时期。任何人在性成熟时都有追求异性并与异性实现生理结合的欲望和需求，因而对异性产生的爱慕和追求是大学生恋爱的正常的心理现象。调查表明，大学生恋爱以不再是禁忌的话题，几乎没有同学反对。大学生恋爱持赞成态度的占 29%，认为应该因势利导的占 12%，认为应顺其自然的占 59%。由此可见，正直青春期的大学生对爱情的需要，是由主客观规律所决定的正常的自然现象。

6. 孤独心理　因为失落，孤独和寂寞。而以恋爱方式来弥补内心空虚、打发多余的时光、慰藉心灵的大学生不在少数。特别是刚刚步入大学校园的一部分低年级学生，常常表现出心理上的不平衡，如有远离亲人的寂寞与孤独，有高考拼搏后的极度松懈与不适，有奋进中的苦恼与惆怅，有人际关系中的失意与苦涩。这些都使他们在情感上失去依托，产生孤独感和挫折感，尤其节假日。于是恋爱关系的建立，成为他们消除寂寞、摆脱孤独的一种方式。

7. 好奇心理　好奇心理主要是由于生理发育成熟而产生的。在高中阶段，每个人都被禁止谈恋爱，所以爱情是神秘的，大学校园就为探索这神秘的领土提供了很好的平台，再加上大众传媒、小说、杂志对爱情的渲染，对没有爱情经历的大学生来说，恋爱是刺激的，充满诱惑力。大学生又处于探索世界和自我的年龄阶段，所以好奇心会促使他们去寻找恋爱机会，尝试恋爱。尚处于青春朦胧期的大学生来说，爱情是甜蜜而又陌生神秘的，越是神秘的东西，越会令人产生一种强烈的好奇心，正是在这种好奇心理的驱使下，不少大学生抱着一种尝试的态度去寻找，体会那种心灵碰撞的感觉。

三、错误的恋爱观

1. 思想盲目幼稚，互相攀比跟风　有的大学生一踏进校园便制订了“一年级看，二年级找，三年级挑，四年级定”的四年规划，认为没有爱情的大学，是失败的大学；奉行的是爱情至上，在他们眼里爱与被爱是唯一的幸福，是人生第一大目标，可洒热血，抛头颅，唯独爱情不可少。一旦爱情受挫，就像进入世界末日，悲观厌世，寻死觅活，高校中因失恋自杀的案件屡见不鲜。而有的学生是“主观学业第一，客观爱情至上”，据有关调查显示，41.8%的大学生原是抱定在校刻苦学习，心无旁骛，可受环境影响，想要做到“出淤泥而不染”实在难，于是也匆匆加入了恋爱大军。

2. 轻视恋爱结果，注重恋爱过程　现在大学生中流传着一句顺口溜“不求天长地久，只求曾经拥有”。一些大学生把恋爱当作一种感情体验，及时行乐，借以寻求刺激，满足精神享受；一些大学生是为了充实课余生活，解除寂寞，填补空虚，把恋爱当作消遣。这种不是建立在责任感与真诚基础上的感情，犹如小孩过家家，一旦毕业便快刀斩乱麻，各奔前程。有些大学生认为恋爱是你情我愿，不用负责；更有甚者，抱着及时行乐，游戏人生的态度谈恋爱，以恋爱为幌子，多角恋爱，玩弄感情，从中作乐，换恋人犹如换衣服。注重恋爱过程，轻视恋爱结果，实质上是只强调爱的权利，而否认了爱的责任。

3. 目的功利世俗，重利益轻感情 有的学生以爱情为砝码，做人生的跳板，“学得好，不如嫁得好”是他们的人生法则。非有钱人不谈，非有权人不嫁，非有势人不娶，金钱、名誉、地位和享受是他们的追求。为了毕业留在都市，千方百计与都市人谈恋爱；为了找个好工作，处心积虑与有权有势人谈恋爱；为了吃穿玩乐，满足虚荣心，费尽心思傍大款。某报纸上曾有《大学校园里的宝马香车》这样一篇文章，讲的就是一些女大学生为了达到自己的某种特殊目标而不惜以爱情作为交换条件，她们还口口声声说人就要现实一些……

4. 摆脱孤独寂寞，填补心灵空白 我们都有过孤独、寂寞、苦闷的情绪体验。时空拉开了我们与父母长辈的距离，而身边知音难求，情感需要抚慰，内心渴望理解，期待有人分担苦恼，再加上学习枯燥乏味，精神空虚，于是就借恋爱消磨时光，丰富自己的生活。寻找感情寄托既是大学生恋爱的一种心理现象，也是一部分大学生的恋爱观。为数不少的学生为了弥补内心的空虚与失意而投入恋爱，一旦寂寞感消失，恋爱关系也就中断了。这种恋爱观既不负责任，也不讲义务，是十分有害的。

5. 恋爱观念开放，传统道德淡化 随着时代的发展，当代一部分大学生的恋爱观念日益开放，传统道德逐渐淡化。中国传统文化及伦理道德观虽对大学生影响较深，但随着对外开放的范围不断扩大，国外近些年的“试婚”“同居”等不正之风冲击着大学生，使得学生常常处于理智与感情矛盾的漩涡中，在理性认识上觉得应该保持贞操，应该遵守传统的伦理道德观，但在爱的激情下，又不愿再受传统观念的束缚，恋爱方式公开化，光明正大，洒脱热烈，不再搞“地下工作”，甚至一些大学生在公共场所、大庭广众之下，竟旁若无人，做出过分亲密的不乏其人。

四、恋爱心理的调适

爱情的神圣与庄严，神秘与美好，引无数青年男女竞折腰。有的学者说：“有青年人的地方就会有爱。”但是，大学校园里的爱情并非都是完满的、甜蜜的，并非都闪动着幸福的光芒，并非每个爱情的追求者都能品尝到甘甜的爱情之羹。

1. 失恋 失恋是指恋爱过程的中断。失恋使当事人带来悲伤、痛苦、忧郁、焦虑等情绪体验，具体到不同的个体，常常出现以下消极心态：一是“从此无心爱良衣，任他明月下西楼”。失恋者陷入自卑和迷茫，心灰意冷，走向怯懦封闭，甚至绝望、轻生，出现悲剧。二是“不见去年人，泪湿春衫袖”。失恋者对抛弃自己的人一往情深，对爱情生活充满了美好的回忆和幻想，否认失恋的存在，陷入单相思的泥潭。三是“阁道凌峰，似我回肠恨怎平”。失恋者或因失恋而失去理智，产生报复心理，造成毁坏性的结局；或从此嫉俗厌世，怀疑一切；或从此玩世不恭，寻求刺激。四是“横眉冷对秋波，俯首甘为寡人”，对爱情彻底失去兴趣，很长时期不再涉足感情。种种不良心态会严重影响青少年的身心健康，甚至会导致一系列社会问题。

曾经有位心理学教授上课调侃：“我知道，你们嘴里冒出‘郁闷’两个字无非三种情况：失恋、找工作、评奖学金。”可以看出，失恋确实是大学生遭受的最严重的挫折之一，会引起一系列的心理反应，如悲伤、无助、绝望等。

莎士比亚说过：“爱是一种甜蜜的痛苦。真诚的爱情不是走一条平坦的道路。”爱情是生活中美好的事情，但在恋爱中遭遇挫折是常有的事。在处理失恋的问题上，正确的态度是做到失恋不失德，失恋不失态，失恋不失志。

失恋者要积极主动地调节，尽快走出阴影，周围的人也要给予温暖和友爱，使失恋者摆脱不良情绪。失恋的人心理脆弱，郁郁寡欢中又容易让人失去自信，他们容易脱离集体变得更加冷漠孤独，甚至感情用事，拒人于千里之外。作为教育工作者、他们的亲人和朋友，应体谅关怀他们，使其早日走出失恋的阴影，摆脱不良情绪，帮助他们建立正确的恋爱观和人生观。

要教育引导大学生处理好失恋问题。一是要有对待失恋的正确态度。爱情是以互爱为前提的，任一方都不能强求另一方。失恋不等于失败，更不等于失德、失态。因此，遭遇失恋应坦然面对，相信自己只要有优良的学业、良好的品德、较高的素质，自然会得到异性的青睐。二是学会转移，摆脱痛苦。如听自己喜爱的音乐、参加体育活动和社会实践活动等，转移注意力，从消极情绪中尽快摆脱出来。三是认真反省，总结教训。实事求是地分析失恋的原因，如果失恋是因为自己某方面不足或经验缺乏造成的，就把失恋看作人生的一次体验和学习的过程，及时总结经验和教训，努力完善和提高自己。

总之，失恋者要恢复心理平衡，做好感情转移和空间转移，做到失恋不失德、失恋不失命、失恋不失职、失恋不失志。

2. 单恋　单恋又叫单相思。指异性关系中的一方倾心于另一方，却不知道对方是否在心理上认同，甚至于一方明明知道对方不爱自己，还一味追求单方面的“畸形感情”。单相思的特点是爱慕情感的单向投注性，它仿佛是从内部烧尽了个人的精神力量，给人造成看不见的深刻伤痕，对健康有极大的损害。单恋多是感情误会，是“爱情错觉”的产物。而爱情错觉是指在异性间正常的交往中，一方错误地把另一方正常的行为理解为对自己有感觉，从而错误地认为爱情已经到来的一种感受。于是“落花无意”变成“落花有意”，这是假“双向”，真“单向”。

单恋较多地出现在性格内向、敏感、富于幻想、自卑感强者身上。首先是自己爱上了对方，于是也希望得到对方的爱，在这种具有弥散心理的作用下，就会把对方的亲切和蔼、热情大方当作爱的表示并坚信不已，从而陷入单恋的深渊不能自拔。单恋者固然能体验到一种深刻的快乐，但更多体验到情感的压抑，因为他们无法正常地向自己所钟爱的异性倾诉柔情，更不能感受到对方爱意的温馨。

大学生要培养健康的恋爱心理，要自觉地调适和克服单恋。首先是要能避免“恋爱错觉”，学会准确地观察和分析对方表情，用心明辨；要视其反复性，某种信息的经常出现可能意义很深，而一两次就不足为凭了；不要强化内心中形成的一见钟情式的浪漫爱情。一旦单恋已然发生，要鼓足勇气，克服羞怯的心理，大胆地表达自己的感情，如果被接纳，爱的快乐就取代了等待的痛苦；如果是“落花有意，流水无情”，则应该面对现实，勇敢地抛弃幻想，用理智主宰感情进行转移，通过思想感情的转换和升华来获取心理平衡。其次当向对方表达遭到拒绝时，要用理智克制自己的情感，爱情一定是两心相悦的，强扭的瓜不甜，这种理性、客观、冷静的考虑也是自身未来幸福快乐的源泉。

3. 多角恋　多角恋指一个人同时跟两个或两个以上的异性相处，并分别确立恋爱关系。多角恋的人周旋于不同恋人之间，早上陪A书声琅琅，中午陪B习文弄舞，晚上陪C轻歌曼舞，恨不得自己会七十二变。

谈多角恋的同学，往往具有以下特点：择偶动机不纯，以能周旋于不同恋人之中、玩弄异性为荣为乐；择偶标准不明，对异性缺少了解，采取全面出击，在恋爱中摸索的心态；虚荣心作祟，认为恋人越多，说明能力越强，自己越有价值。

恋爱是严肃的，来不得半点随便；恋爱是专一的，来不得一丝游戏。可是一些大学生，自以为自己相貌靓丽标致，气质魅力俱佳，能耐本事并存，能赢得异性同学的吸引和爱慕，以“自由恋爱”为名，情不专一，朝三暮四，见异思迁，频繁地更换恋爱对象，在他们心目中，没有什么忠贞的恋情而只是寻欢作乐。有的大学生以追求自己的人多而感到自豪，以恋爱为游戏，玩弄他人的情感；有的大学生出于争强好胜、爱慕虚荣等心态，同时与几个人相恋，扮演“多角恋”的角色。其结果，不但在同学之间造成了情感纷争，也极易由于争风吃醋而发生冲突，酿成更大悲剧。

大学生要正确认识多角恋的危害。首先，多角恋的结局除了给多方带来痛苦，没有一个是完满地结局。国内有位教育家曾说“爱之酒，甜而苦，二人喝，是甘露；三人喝，酸如醋；随便喝，毒中毒。”其次，多角恋是不道德的，为社会所不齿的，应建立正确的恋爱观。爱是一种权力，更是一种责任，必须以高度负责的态度去对待恋爱，始终保持一种对爱情专一、对他人和自己感情负责的态度。任何不负责、游戏人生的恋爱带来的只能是不尽的痛苦和悲惨的结局。

4. 婚外恋 婚外恋主要表现为两种形式：一种傍大款，作情人；一种是第三者插足。婚外恋的现象在大学生中不多见，但近些年来时有发生。婚外恋多发生在女生群体，她们有的因仰慕已婚者的才华，深陷其中不能自拔；有的则被功利思想所毒化，想不择手段达到某个目的。

婚外恋是爱情道德观淡薄、自私自利的表现，更是害人又害己的卑鄙行为。陷入婚外恋的泥沼中，不能自拔者，首先必须认识其危险性，利用理性果断地结束这种畸形恋，从这种不光彩、不道德的阴影中走出来；其次是树立正确的恋爱观，自尊、自爱并自重；最后要不断加强自身的文化素养，提高自己的恋爱品味。

5. 中止恋爱 恋爱双方在交往中，随着交往的频度的增加与卷入深度的加强，如果一方发现对方不是自己心中想找的人时，能够理智地分析恋爱的走向，并提出分手，分手对双方都不是一件非常愉快的事，特别是确立恋人时间较长、具有较为稳定恋爱关系的人。提出分手的一方，要注意以下几点：一是选择恰当的时机；二是使用策略；三是艺术地说明原因；四是不逃避责任；五是不拖泥带水。被动的一方，要注意控制自己的情绪，不可自暴自弃，也不可死打硬缠，更不可意气用事，寻求报复。值得注意的是，中止恋爱关系不要给对方留有余地，比如“以兄妹相称”，“再相处一段试试看”等，特别是两性恋爱关系中止后，都需要一段时间认真冷静地面对这段感情。

第三节 大学生性心理健康

一、性心理的含义

1. 关于性的定位 英国性心理学家爱理士在《性心理学》中指出：“性是一个通体的现象，我们说一个人浑身是性也不为过，一个人的性的素质是融贯他全部素质的一部分，分不开的。”

今天，大多数学者研究认为，人类的性包含着生理、心理和社会三层含义。从生理的角度看，性是人类最基本的生物学特征之一，性的需要，就如人需要饮食、呼吸一样，都是人的一种自然本能；从社会的角度说，性是人类得以繁衍、进化之本，性活动则是人类社会生活的基本内容之一，无论何时何地，人类的性观念和性行为都受制于一定的社会意识形态和道德规范，而不完全是两个人的私事；从心理的角度分析，性的基本意思是指与“性”有关的一切心理现象，它不仅包括性交、性爱抚等所有直接的性活动，还包括人们对性的情感、态度、价值观以及性方面的喜好等心理方面的表现。尤其是，它不仅指人们普遍认为“正常”的性活动，也包括所有被认为是“反常”或“不像话”的性行为。

2. 性心理的内容　性心理就是围绕着性征、性欲和性行为而展开的思维与想象，它是一个动态的过程，大致包括以下几方面的内容：

（1）性感情，指因性而生的两性之间微妙感情关系，正是这种性感情促使两性之间具有充分吸引力。

（2）性意识，是对性的言语水平的觉知，主要包括是男是女的性别意识和青春期后萌发的性欲意识。

（3）性知识，是经耳闻目睹获得的有关性问题的知识内容。

（4）性经验，是经身体力行获得的关于性的实际感受和体验。

（5）性观念，指对有关性问题的较为稳定的看法和持有的态度评价。

3. 性心理健康概念　1974 年，世界卫生组织（WHO）在一次关于性问题的研究会上，对性健康的概念做了如下论述：“所谓健康的性（sexual health），它融合了有关性的生理面、情绪面、知识面及社会面，可以此提升人格发展、人际沟通和爱等。”由此可见，性心理健康是指个体具有正常的性欲望，能够正确认识性的有关问题，并且具有较强的性适应能力，能和异性进行恰当的交往，在免受性问题困扰的同时，还能使之增进自身人格和完善，促进自身身心健康的发展。

4. 性心理健康的标准　根据性心理健康的内涵，个体的性心理健康应该符合以下标准：

（1）能够正确认识自我，愉快地接纳自己的性别。一个性心理健康的人，能够正视自己性生理的发育、性心理的变化，会自觉地把自己融于社会这个大背景下认识自我，能客观地评价自己和他人，并乐于承担相应的性别角色。

（2）具有正常的性欲望。性欲是能够获得性爱和性生活的重要条件。因此，具有正常的性心理首先就得具有性欲望，一个人如果没有性欲望，就不会有和谐的性生活，性心理健康就无从谈起。但性欲望并非就是正常的性欲望，正常性欲望的标志是指性欲望的对象是指向成熟的异性而不是同性或其他物品等替代物。

（3）个体性心理特点和性行为符合相应的性心理发展年龄特征。在生命发展的不同年龄阶段，人的心理发展表现出不同的质的特征，性心理的发展也同样呈现出阶段性的特点。如果一个人的性心理与大多数同龄人格格不入，就绝不是健康的性心理。

（4）性心理健康的人具有较强的性适应能力。性适应是指个体在生长和发育过程中，性生活（包括性欲、性意识、性观念及相应的情感、品质和性行为）和所处的社会环境与文化形态之间形成的一种和谐关系，也就是性生理、性心理、性社会的三要素在性生活过程中交互作用而显示出的一种协调状态。性适应能力的获得是一个漫长的复杂的过程，它是伴随着个体的性生理从不成熟到成熟的过程而逐渐建立的。它表现为个体性的自我同一性的建立；能够正确对待性生理成熟所带来的一系列身心变化；在出现性冲动后，能够正确地释放、控制、调节性冲动，使之符合社会规范的要求等。

(5) 性心理健康的人能和异性保持和谐的人际关系。随着性生理和性心理的发展与成熟，希望与异性交往，并能保持良好的关系，是个体自然而正常的要求。性心理健康的个体，能够在日常的学习生活中，与异性进行自然的、符合社会规范要求的交往，在彼此的交往过程中，保持独立而完整的人格，有自知之明，不卑不亢，做到相互尊重、相互信任。

(6) 性心理健康的人其性行为能增进社会风尚的文明。性心理健康的人具有一定的性知识和性道德修养，能自觉去分辨性文化的精华与糟粕、淫秽与纯洁、庸俗与高雅、谬误与真理，自觉抵制腐朽没落性文化的侵蚀，并以自己文明的性行为、性形象去为整个社会的性文明构筑一道亮丽的风景线。所以，健康的性心理不仅表现为个体身心健康，也表现为在健康性心理作用下的性行为的健康，从而构建整个社会的性心理健康。

二、大学生性心理的发展

1. 大学生性意识的发展 所谓性意识，是指个体对性的理解、体验与态度。心理学家研究发现，大学生性意识的发展大致经历了四个阶段：

(1) 疏远异性的反感期。刚刚步入青春期的少男、少女们突然感到自己的身体在变化，并且隐隐约约地感到一股从未体验过的情感和冲动在萌发，并强烈地意识到性别的差异。他们对第二性征的出现感到兴奋、不安、羞涩和恐慌，对日益强烈的性冲动感到手足无措。他们对自己生理上的急剧变化较为关注，而对异性则采取回避、提防的态度，有的还对异性表现出厌恶和反感。这种疏远对立现象一般要持续半年到一年，此期又称为性反感期。

(2) 憧憬、崇拜异性长者期。在这一时期，她们容易对某个异性长者产生憧憬和崇拜，这些异性长者可以是老师、明星、父母、学长等，渴望自己的一言一行像他们一样。这种憧憬和崇拜对缓解内心的焦虑和负罪感会产生一定作用。这段时期她们对异性的感情倾向于理想化和偶像化，因而往往对异性长者给予特别关注。她们不是把性冲动当成一种具有欲望的爱情表现，而是将异性长者当作自己的精神恋人而偶像化。

(3) 渴望异性的狂热期。经过对长者的崇拜期后，他们逐渐接受并认同自己的性别角色，这个阶段不再用排斥的方法对待异性。异性之间出现了一种微妙的态度，即愿意和异性相处，与异性伙伴一起觉得心情愉快、兴奋和舒畅。这一时期，他们虽然有强烈的与异性交往的愿望，但受过“性反感期”和崇拜长者的“牛犊期”的影响，一般不懂得如何与异性交往，显得有些笨拙。由于不能在适当的场合用适当的方式表达自己的感情，只好采用向对方捣乱或搞恶作剧的愚蠢方式吸引异性的注意力。这个时期往有以下特点：追求的异性对象具有不确定性；异性交往大多数通过群体性的活动进行；交往的目的仅仅是与异性相处；这个时期会有一些“初恋”，但很难与同一个异性朋友保持长久关系，容易更换对象。这个时期是性意识发展的最重要阶段。他们通过与异性交往的尝试，使自己的异性观念开始形成。大学期间正是这一阶段的发展期。大学生通过与异性的交往，了解异性、健全自我、发展自我，这对他们的心理健康发展具有重要意义。

(4) 浪漫的恋爱期。大学生们的性意识随着与异性交往的增多会逐渐发展成明确的恋爱，即对异性的欲望集中到某一个人身上。他们开始脱离各自的群体活动而单独进行约会。大学生在恋爱过程中，自我会得到对方承认，自我形象会不断明确并达到较高的自我同一性。此时的性意识不再只局限于生理需求，而进一步追求彼此精神上的需求，二者的不断统一，最终达到双方人格的相互融合。可见，恋爱的过程就是性意识与恋人双方的人格和谐统一发展的过程。此时，健全的性意识也就随之建立起来了。

2. 大学生性心理的特征　当今大学生性心理特征主要表现在以下几个方面：

（1）本能性与朦胧性。对异性产生浓厚的兴趣、好感和爱慕，当心理要求得不到满足时，便借助影视、图书、网络等，力图对性知识有一个明确、系统的了解。由于受传统伦理观念的影响，性的问题一直被蒙上神秘的面纱，加上我国很少在大学生中开展系统的性教育，大学生一直难以获得系统、完整、科学的性生理、性心理、性道德等方面的知识。因此，她们这种生理变化带来的性意识的萌动还披着一层朦胧的轻纱，也就在朦胧纷乱的心理变化中，性意识将逐渐强烈并日趋成熟。

（2）隐蔽性与文饰性。大学生随着性机能的成熟，在青春期出现的性欲望和性迫切冲动此时会表现得更加强烈，这是身体发育中的正常生理和心理现象。他们希望接近异性，迫切希望和异性交往，以渴望得到最直接的性的生物性需求的满足。相关资料表明，在大学生中，77.4％看过爱文艺作品，70.1％看过性文艺作品，51.5％看过异性裸体图像，47.4％看过描写性交的科学材料，61.9％看过描写性交的文艺材料，31.9％看过描述性交的图像材料。

（3）压抑性和放荡性。对于性，尤其是健康的性心理、性与情的关系，很多大学生仍然知之甚少，甚至少得可怜。再加上性的社会性、道德性要求的约束，这些都使大学生性心理的发展处于多种矛盾的相互作用之中，并出现分化。一部分大学生对性冲动持否定、抵制的态度，采取压抑的方式；还有一小部分大学生对性持无所谓或放纵的态度，采取放荡的方式。多性伴侣、网恋、一夜情等行为被部分学生所接受，以致精神空虚，情趣低下，沉湎于谈情说爱之中甚至发生性过失、性犯罪。

（4）性别的差异性。青年的性心理往往因性别不同而有所差异。在对异性感情的流露上，女大学生往往表现得含蓄和深沉，而男大学生表现得较为外显和热烈；在内心体验上，女大学生常常是惊慌羞涩和不知所措，男大学生更多的是新奇、喜悦和神秘；在表达方式上，一般是女大学生往往采取暗示的方式，男大学生则较为主动；此外，女大学生容易在听觉、触觉刺激下引起性兴奋，男大学生的性冲动则易被性视觉刺激唤起。所谓的“男人是视觉动物，女人是听觉动物”就源于此。

3. 精神分析对性的观点　弗洛伊德把性心理发展分为以下5个发展阶段：

（1）口唇期。出生至一岁左右为口唇期，这时儿童主要通过吃奶和吸吮等口唇动作来获得满足快感。

（2）肛门期。肛门期在2～3岁之间。弗洛伊德认为，这时幼儿以肛门的忍、排便行为为快感来源。这时也正是对儿童进行便溺训练的时期。

（3）生殖器期。大约4岁左右，儿童进入生殖器期，以生殖器为快感的主要来源。弗洛伊德认为，在这个时期，出现一种特殊的现象：儿童恋慕父母中异性的一方，男孩子恋母，，女孩子恋父，通过对父母中同性一方“认同”，即在行为、思想和体验上以父母中的同性为榜样，与榜样相一致，来解决矛盾。这样，一方面可以“取代”同性一方而获得异性一方的情感，一方面可以因效仿同性一方而得到赏识而不是惩罚。

（4）潜伏期。从七八岁左右开始一直到青春期前，儿童进入潜伏期，这时，儿童的兴趣转向外部，注意发展各种为应付环境所需要的知识和技能。

(5) 生殖期。这一阶段起于青春期贯穿于整个成年期。如果前面的几个心理—性欲阶段发展顺利，这时就可建立持久的性爱关系。这时，虽然快乐源仍指向生殖区，但人们不只是寻求自我满足，而是考虑他人的需要，在性爱的基础上建立爱情关系。

三、大学生性心理困扰的表现

1. 性认知偏差 受传统社会愚昧、保守"性"观念的影响，一些大学生对"性"仍持有某些不正确的认知，把性看成不道德、难以启齿、肮脏、低级、见不得人的东西。这种性认知往往导致过敏、禁忌、矛盾等不良性心理，进而导致不正确的自我评价，出现焦虑、恐惧、厌恶、自责等情绪。一部分受性困扰严重的学生，出现失眠、抑郁、拒绝与异性交往，大大影响了他们的学习生活，阻碍了自我的正常发展。

2. 性自卑 几乎所有的大学生都关注与自己性别相关的体形特征。大学生都希望自己美丽或者潇洒。如果认为自己长相平凡等，就会感到苦恼。比如有的女大学生对自己乳房大小十分关注和担忧，有的男生因为长得不够英武，缺少男子汉气概而自卑。个别大学生过于在意自己的外形特征，若遇到被拒绝、被歧视或恋爱挫折，容易引起性心理严重适应不良，极个别甚至会走上自杀轻生道路。

3. 性幻想困扰 李某，大学二年级了，跟班里的女同学很少接触。远远看到女生或听到女生说话，他都要绕着走，给生活和学习带来很大困扰。原来他一见到异性就紧张，不敢跟对方目光接触，怕女生看出自己盯着她们的胸部看。他总觉得自己看异性时，目光不由自主地要瞟对方的胸部。虽然觉得自己很"下流"，很"肮脏"，努力要控制，但越控制越糟糕，内心痛苦不堪。

这是一个典型的性幻想个案。性幻想是人在觉醒状态时，通过幻想的方式获得性快感的一种相当普遍的正常的性心理现象。在性幻想中，性意念都是按照潜意识所希望的方式展开，自编带有性色彩的连续故事和含有性内容的幻想，它具有自我满足的功能。作为一种替代，或目标不能实现的寄托安慰和补偿，它在一定程度上可以缓解性生活上的挫折。

性幻想是指在某种特定因素的诱导下，自编、自导、自演与性交内容有关的心理活动过程。它又称爱欲性白日梦。这是青春期常见的一种自慰行为，是一种正常的、普遍的性心理反应。随着性心理的成熟和性能力的发展，使得大学生有着强烈的与异性交往的愿望，对异性的爱慕也十分强烈，但由于社会环境的约束，不可能满足这方面的欲望。于是，便把自己在电影、电视、网络、小说及生活中看到、听到的恋爱故事，经过大脑的重新组合而编成自己的性故事。通过这种自编自演、不受时空限制的幻想来满足自己对性的心理欲求。性幻想的内容因人而异，它与每个人的经历、爱好、思想意识或近期内阅读的书籍、观看的电影电视等有关。

4. 性梦焦虑 性梦是指在睡眠状态中所做的以性内容为主的与异性交合的梦境，又称爱欲性睡梦。这是一种无意识或潜意识的性心理活动。大多数心理学家认为，性梦是自慰行为的一种形式。一个人有了性的欲望和冲动，如果客观现实不允许其实现这种欲望，就必须加以克制。这种欲望虽在意识层中被压抑了，却会在潜意识中显露出来，以性梦的形式来表现。因此，性梦是正常的生理心理现象，是一种不由行为人自控的潜意识的性行为，故又称为非意志性的性行为。比如有的学生会在梦中跟自己的意中人谈恋爱，醒来后莫名兴奋，激动不已。性梦给大学生带来一定程度的心理压力，他们中有的人认为这是一种淫欲，是不道德的，其实适当的性梦有利于缓解性压力，只有严重者才会对自身的生理、心理健康带来负面影响，也对她们与异性的正常交往带来了障碍。

5. 性自慰焦虑 手淫是指性欲冲动时，用手或其他物品摩擦、玩弄生殖器等性器官以引起快感、获得性满足的行为，是一种自娱自慰的性行为。手淫是人到了青春期后产生了性要求和一时不能满足此要求的矛盾的产物。只要自然的性活动受到限制，手淫就很容易出现。当有了社会性的性行为，就可能抛弃这种方式。研究表明，性自慰时所产生的生理变化，相当于性交时的生理变化，它是消除性饥渴和性烦恼的一种手段。通过性自慰或手淫，可获得性欲的满足，缓解性的冲动和张力。某大学对693名大学生性心理和性行为的调查显示，有85.9%的大学生有手淫行为。因手淫而产生心理压力的大学生也占有一定比例。据调查，产生心理压力的主要原因在于对手淫的错误认识。为了获得手淫的快感，在手淫时假想或再现记忆中性爱的情节，事后，感觉自己低级、庸俗。每次手淫前后精神高度紧张、恐惧、焦虑、羞愧、耻辱甚至罪恶感，从而背上沉重的思想包袱。

6. 性变态 导致性变态的原因目前尚不明确，它们包括生物遗传方面、心理学方面、环境和社会等方面因素的影响。性变态的异常性行为使其本人体验到极端矛盾和痛苦，这种痛苦使性欲和社会道德标准之间的冲突或本人认识到给他人带来了侵害，出现心理上的自责和内疚。由于性变态的异常性行为可能使性对象遭受到侵害，常常被视为危害社会性道德的行为，引起法律问题，但不是流氓犯罪行为，对性变态的异常性行为所造成的他人侵害应承担相应的社会责任。

7. 边缘性行为 李某是个家教很严，思想很传统的女生。最近心仪的男生跟她表白了，她开始了跟他的约会，可最近一次约会他动手动脚，突然紧紧抱住她要亲吻，这叫她很害怕也很难为情，她情急之下一巴掌打在了对方的脸上，两个人不欢而散。

性行为是一个很广泛的概念，并不专指性交行为。人类的性行为包含着很丰富的内容，除了目的性性行为（指性交）外，还有其他一系列行为，如亲吻、拥抱、触摸和爱抚等外延性行为，称为边缘性行为。边缘性行为是一种初级的性行为，它能给恋爱中的双方带来浪漫的诗意，能够使他们达到情感高潮，并在很大程度上消除性紧张。

热恋之中的大学生，在合适的情景下的接吻、拥抱行动已经很常见了。发生这种行为是情侣间情深意笃、感情外露的真实表现，是合乎自然、近乎人情的，只要注意场合、举止有度，则完全不必要为之羞耻，甚至苦恼。不过，对于大学生在公开场合的边缘性行为，近两年来引发了很多争议，如北方工业大学食堂前的橱窗以“校园不文明现象大曝光”为主题展示了情侣们搂抱在一起的图片；成都某高校对一对在教室拥抱、接吻的情侣做出了勒令退学的处分；中国农业大学成立的“校园文明督察小组”；等等。

据一项对大学生的问卷调查显示，63%的同学表示他们希望校方进行正确恋爱观的引导教育，建议学校加强异性交往的教育，希望能限制恋人们在公开场合做过分亲密的动作，理解和尊重同学和异性的友谊，多组织一些男女学生交流活动，多开展一些讲座、普及性教育等。

8. 婚前性行为 林某大一开始恋爱了，她跟他在一起感觉非常快乐，认为终于找到了自己的终身伴侣。随着两个人感情不断升温，他提出租房过夜的要求，刚开始她没有同意，他很不高兴，说她并不是真心爱他。看着他伤心的样子，加上对性的好奇，她最终妥协了。

虽然最初她也很后悔很自责，但到后来也就无所谓了，大二后半学期两个人索性租房同居了。

婚前性行为是指男女双方在恋爱期间发生的性交行为，其特点是双方自愿进行，不存在暴力逼迫；没有法律保证，不存在夫妻之间应有的义务和责任；容易产生一些纠纷和严重后果。现代社会，婚前性行为已是事实。由于社会对性问题依然讳莫如深，加之青春期教育又很欠缺，为此，大学生仍然被性冲动和性苦闷长时间地困扰着。可以这样做一个概括：当代大学生既不像他们的先辈们那样单纯无知，也不完全像西方国家 20 世纪 60 年代的年轻人那样，毫无顾忌地追求性解放，他们只能在夹缝中苦苦煎熬。

大学生的性行为是一个屡见不鲜的社会现象，社会学家对此有许多不同看法。有的认为求学时期要专心读书，以期学业有成，故对性采取苛求态度，反对谈恋爱，更反对发生婚前性行为。有的认为婚前性行为会影响身心健康、导致精神疾病，容易得癌症和不育症，若不慎怀孕会影响学习，增加个人和家庭负担，在学校名声不好，所以应当压制性欲。

还有一些学者认为，婚前“性”或“不性”取决于当事人自己的决定，而不能简单地回答“是”或“非”。大学生虽是人群中的佼佼者，但对性的浓厚兴趣是天经地义的事，何况正处于青春期的性旺盛时期，性的需要不比任何人低。但大学生千万要避免“未经准备”而发生的婚前性行为。所谓的“准备”是具有良好的性知识。有些人不知道怎么会怀孕，如何避孕或如何预防性病，就有了性行为，在初尝禁果之后必然会有担忧与悔恨，甚至引起生理的变化。这样的经历给今后的人生所带来的只有苦涩，而绝不会是值得回味的美好经验。

大学生婚前性行为背后的原因有很多，例如：沐浴爱河，情不自禁；牢固恋爱关系，加深了解；好奇心使然；等等。但是，有一点是毋庸置疑的，婚前性行为毕竟还是不为社会所赞同的，由于婚前性行为所酿成的各种悲剧也屡见不鲜。爱情是神圣的，大学生对婚前性行为应慎重考虑，爱和信任并非由确立性关系来表达的。那么，应该怎样用理智来平息热恋中的性冲动呢?

男生在这方面负有很大的责任，调查发现，大多数的婚前性行为是由男性发起的，男性自重有助于对方的自持。而女性切勿为了爱而忍让对方任何过分亲热的举动，应在关键时刻学会说“不”，为自己赢得对方的尊重与自尊自爱，千万别被四周浪漫的气氛和对方的甜言蜜语弄得丧失理智。

热恋中的大学生应尽量。避免两人一起观赏一些带有性刺激的刊物和录影带，女性也应尽量避免穿超短裙以及低胸的薄、露、透的穿着，以免男性想入非非，忍受不了视觉刺激而鲁莽行事。避免去一些情侣密集且公然拥抱、亲吻的场所，如酒吧、舞厅、夜总会之类。不要用挑逗性的语言和行为，尊重别人也是尊重自己，同时也要留意自己被性欲挑逗的危险。

四、增强大学生性健康的方法

1. 掌握科学性知识 性是一门综合性的科学。它包括性生理学、性心理学、性社会学、性伦理学、性美学等。大学生们应当努力学习和掌握性科学知识，避免性无知，消除把性仅仅看作生物本能的片面认识。

2. 增强自我调节 性欲是正常的、健康的，并且是可以控制的。

(1) 正确调控性冲动。性冲动，可以适度控制。主要采取符合社会规范的方式，通过一些积极的、富于建设性的活动来转移或消除性冲动。通过专注学习，埋头工作、热衷体育活动等多种有效途径来调控。尽量避免接触网络上的黄色性信息，自觉抵制黄色书刊、低俗影视等不良刺激，积极陶冶个人高尚情操。

（2）克服遗精恐惧、月经焦虑。遗精和月经都是生理的正常现象。男生正确对待遗精，须做到经常清洗床单被罩、内衣内裤和性器官，保持个人卫生；女生应主动了解月经相关知识、经期规律，做好经期自我保护，避免不良刺激，积极调整心态，愉快度过经期。

（3）正确对待手淫、性幻想、性梦。适度手淫对身体无害，但是，过度沉溺于手淫，靠频繁的手淫来缓解性紧张是不易于健康的。一般通过正常的异性交往，丰富多彩的精神生活来平衡。青春期的大学生，出现性幻想和性梦不必担心。为自己确立高尚目标，通过追求理想，来转移或升华性能量，达到性心理的目的，从而减少性幻想和性梦。

3. 异性交往文明适度　满足青年期性心理的需求，缓解性压抑，异性交往文明适度是途径。异性交往有益于满足人的交往需要，获取更多的社会资源，建立更牢固的社会支持体系，有益于维护大学生的心理健康。但在异性交往时要注意：分寸要把握，场合要注意，行为要规范，举止要庄重，友情爱情要分清。

4. 加强自我保护，免除性骚扰　首先，要自尊、自爱、自重，做到举止得体、作风正派、衣着朴素。其次，尤其是女生晚上尽量不要单独外出，更不要单独在男性家中过夜。最后，面对异性的非分要求，要勇敢地说“不”。

5. 求助心理咨询　性在公共场合难于启齿，到了心理咨询中心，大家可以畅所欲言，尽情宣泄心头不快。在高校的咨询案例中，恋爱等性心理问题占据了一半以上的比例，当遇到性困惑时，坦然寻求心理咨询是很多学生的首选。

心理测评量表

大学生的恋爱观测试

本测试由15道题组成，每道题有4个备选答案。根据实际情况选择一个最符合自己心理状态的答案。不要在一道题上花费太多时间，第一反应的答案最准确。此测试用于测量恋爱观。

1. 我对爱情的幻想是（　　）。

A. 满足自己人生神秘的欲望和需求

B. 令人心花怒放，充满无限欢乐和诗意

C. 实现自己远大理想的阶梯，使人振奋向上

D. 没有想过

2. 我希望我开始谈恋爱是（　　）。

A. 由于一次偶然的相遇结下了一段微妙的因缘，彼此就追求

B. 由于两人青梅竹马，情深意长，最终成为爱情

C. 由于在工作和学习中产生爱情

D. 无法回答

3. 我认为爱情是（　　）。

A. 男女间的性爱

B. 男女间的一种最纯洁的感情

C. 异性间的相互爱慕，渴望对方成为自己伴侣的感情

D. 不清楚

4. 我希望我的恋人（　　）。

A. 待人和蔼可亲，较漂亮，有权有势

B. 有漂亮的容貌，健美的身体，待人接物周到，举止优雅

C. 长相一般，用心体贴自己，为人忠厚老实

D. 无法回答

5. 我喜欢我爱人在三美之中的是（　　）。

A. 外貌美

B. 姿势、仪表、发式美

C. 心灵美

D. 拒绝回答

6. 我想象中的小家庭的业余时间是这样度过的（　　）。

A. 各人干各人的事，互不干涉

B. 有共同事业，互相商讨，共同进取

C. 虽然自己对某事没兴趣，但还是愿意陪对方消磨时间

D. 不想回答

7. 我对爱情的字面解释是（　　）。

A. 爱情、性爱是男女之间友谊的高级形式

B. 有爱并不一定有情，而有情必定有爱

C. 爱情两字是不能拆开的，本身是男女之间的感情

D. 没想过

8. 我喜欢的爱情格言是（　　）。

A. 爱情，这疯狂的字眼，为了你还有什么不能办到呢？

B. 生命诚可贵，爱情价更高。若为自由故，两者皆可抛

C. 痛苦中最高尚、最纯洁的和最无私的乃是爱情的痛苦

D. 都有点喜欢

9. 恋爱后自己有一位异性朋友时（　　）。

A. 没有必要告诉对方，这是自己的自由权利

B. 让对方知道，但不允许对方干涉自己

C. 让对方知道，并且在对方同意的条件下才与他交往

D. 不能回答

10. 我认为幸福的爱情是（　　）。

A. 一切故事和传说中，美好的婚姻都是幸福的

B. 以共同的情操、思想和社会活动作为基础

C. 互相尊重对方，包括尊重对方的感情

D. 无法回答

11. 我认为追求和对付高傲的异性的办法是（　　）。

A. 若无其事，完全做出一些与自己意志相反动作

B. 大献殷勤，作对方要求做的一些事情

C. 自己也变得很高傲

D. 不愿意回答

12. 我认为（　　）。

A. 人是因为美才可爱

B. 美与可爱是同时产生的

C. 人不是因为美而可爱，而是因为可爱才美丽

D. 没想过

13. 一旦发现我的恋人变心时（　　）。

A. 我会把爱转变成恨

B. 无所谓，只当自己看错了人

C. 认为是幸运的，从中可以吸取教训

D. 不知如何是好

14. 下面我最喜欢的是（　　）。

A. 郎才女貌，爱如鱼水

B. 形影不离，心心相印

C. 志同道合，忠贞不渝

D. 不知道

15. 我对离婚的看法是（　　）。

A. 认为很平常，一旦发现更值得爱的人就抛弃原来的

B. 感到很惊讶，坚信自己的婚姻不会这样

C. 认为离婚很正常，不过离婚者的爱情是不幸的

D. 不知如何回答

评分标准：

选 A 得 1 分，选 B 得 3 分，选 C 得 3 分，选 D 得 0 分。然后累计，得出总分。

分数解释：

总分在 35 分以上者，说明恋爱观正确；在 25～35 分之间说明恋爱观基本正确，有需调整之处；在 25 分以下者，说明恋爱观存在问题，应树立健康正确的恋爱观。如果所选答案为 D 的个数在 6 个以上，说明恋爱观还没确定。

复习思考题

1. 有位女同学，前男友因为移情别恋跟自己分手了。一直默默喜欢她但她并不喜欢的男同学又一次向自己表白，这次她接受了。因为她想通过再次恋爱尽快摆脱失恋的痛苦。

你赞同把恋爱当作止痛药吗？你觉得正确的恋爱动机是什么？

2. 某男同学喜欢同班一女生，多次表白多次被拒绝，但就是不死心，于是在开班会时，当着全班同学的面，划破自己的手指，立血书表决心。

你如何看待这种行为？遭遇恋爱挫折时你会如何面对？

3. 某男生高中时就经常去网吧看黄色录像，到了大学更是变本加厉，逃课上网是家常

便饭，上网只有一个内容，即上淫秽网站，看黄色视频，读黄色小说，甚至还网上裸聊。该男生每天淫秽镜头在脑海里萦绕，加上晚上手淫频繁，导致失眠乏力、精神不振，上课注意力不集中、成绩一落千丈。

如果你同学存在同样的问题，你如何帮助他转移对性的过度关注？

4. 弗洛姆曾说过："人对自己生命、幸福、成长、自由的确定，同样根植于其爱的能力，也就是说根植于关心、尊重、责任和认识。如果一个人有能力产生爱，他也就爱他自己，如果他仅爱其他人，他就根本不能爱。"

对于正在恋爱或准备恋爱的你，你觉得自己具备爱的能力吗？并谈谈怎样才能培养爱的能力。

5. 大学生谈恋爱是选修课还是必修课？

大学生是否可以谈恋爱已是无须讨论的话题。现在的热门话题为，大学生谈恋爱是选修课还是必修课。有人认为，上大学谈恋爱可以增进人生阅历，有助于成长，对今后走向社会乃至步入婚姻家庭都有好处，是一门必修课。也有人认为，谈恋爱要讲缘分，大学生的各方面准备还不成熟，目的性太强，反而有害，应该是一门选修课。结合所学知识，谈谈你的看法。

第八章

大学生职业生涯规划与心理健康

案例

小张是一名大四学生，在大四第一学期时决心要考研。他不仅利用课余时间参加了英语和政治补习班，同时也开始刻苦钻研专业课，就像其他准备考研的同学一样，每天早起晚归，过着课堂、食堂、寝室三点一线的生活。时间一点点过去，即将期末的时候，各高校迎来了招聘高峰期。

和小张同寝室的其他同学都准备找工作，因此他们每天回寝室所谈论的往往都是找工作的事情。当谈到谁谁签了一份月薪 5 000 元的工作、谁谁签了大型国企之后，小张都会很心动，于是他又决定先找工作。就这样，小张又开始奔波于各个招聘会，但是由于他准备不充分或其他原因并没有找到让他满意的工作。于是他又回过头来继续准备考研，但是此时距离考试已经没有多少时间了。其结果也可想而知，考研失利了。

他来到咨询室，向接待的老师倾诉了心中的苦闷，不知道自己以后该如何是好。

专家点评

从案例来看，这是典型的职业生涯规划的问题。小张并没有很好地规划自己的人生道路，他只是盲目地跟着自己左右摇摆的想法前进。他没有坚持自己考研的决定，也没有坚定自己找工作的决心，这就使他既不能安心复习准备考研，也不能全心全意地求职应聘，因而造成了工作考研“两都误”的结局。

这一案例也提示了我们大学生职业生涯规划的必要性。对于现代大学生而言，考研深造、求职择业，是人生的必经之路。但是如何能够更好地规划自己的未来，如何能够更好地选择合适自己发展的道路，这一直是困扰大学生的问题。因此，通过本章的学习，可以学会大学生职业生涯规划的基本方法，学会如何调整自己的心理状态，学会在自己人生道路上把握住机会，让自己未来的道路少些荆棘、多些阳光。

第一节　职业生涯规划概述

选择职业，是大学生迈向社会的重要一步，职业选择关系到我们以后的发展和生活，是人生的一次重要转折。为顺利完成这次转折，在未来的工作岗位上做出成绩，在校期间应充分做好择业的心理准备，正视社会现实，客观分析自我，善于抓住机遇，善于迎接挑战。所以，了解职业生涯规划、拥有健康心理状态是我们在校大学生十分重要的任务。

一、职业生涯规划

（一）概念

职业生涯规划简称生涯规划，是指个人与组织相结合，在对一个人职业生涯的主客观条件进行测定、分析、总结的基础上，对自己的兴趣、爱好、能力、特点进行综合分析与权衡，结合时代特点，根据自己的职业倾向，确定其最佳的职业奋斗目标，并为实现这一目标做出行之有效的安排。

生涯设计的目的绝不仅是帮助个人按照自己的资历条件找到一份合适的工作，达到与实现个人目标，更重要的是帮助个人真正了解自己，为自己定下事业大计，筹划未来，拟定一生的发展方向，根据主客观条件设计出合理且可行的职业生涯发展方向。

（二）生涯规划的分类

按照时间的长短来分类，可分为人生规划、长期规划、中期规划与短期规划四种类型。

人生规划：整个职业生涯的规划，时间长至 40 年左右，设定整个人生的发展目标。

长期规划：5～10 年的规划，主要设定较长远的目标。如规划 30 岁时成为一家中型公司的部门经理，规划 40 岁时成为一家大型公司副总经理等。

中期规划：一般为 3～5 年内的目标与任务。如规划到不同业务部门做经理，规划从大型公司部门经理到小公司做总经理等。

短期规划：3 年以内的规划，主要是确定近期目标，规划近期完成的任务。如对专业知识的学习，掌握哪些业务知识等。

（三）生涯规划的主要影响因素

我们都知道，人一生的职业历程有着种种不同的可能，影响职业生涯设计的因素是多方面的，这些因素相互关联、相互依靠，对于某些人来说，他们所喜欢的职业或许正好需要一些他们并不具备的能力；对于某些人来说，他们所受的教育、所学的专业并非自己的兴趣爱好所在；对于某些人来说，他们的健康状况束缚了自己的职业选择……因此在进行职业生涯规划时要仔细考虑影响自己职业生涯的每一个因素。

1. 健康 健康对于职业选择特别重要，几乎所有的职业都需要健康的身心。因此，无论我们的职业生涯目标到底是什么，都必须要重视健康身心的维护，曾经出现的“中关村”现象就给我们敲响了警钟，决不能忽视身体锻炼。

2. 教育 教育是赋予一个人才能，塑造人格，从而促进个人发展的活动。获得不同教育程度的人，在个人职业选择或被选择时，具有不同能量。一般来说，接受过较高水平教育的人，在就业以后会有较大的发展；在职业不如意时，再次进行职业选择的能力和竞争力也较强。另外，人们所接受教育的专业、学科门类、对职业生涯起着决定性作用。受教育程度是事业成功中不可缺少的因素。教育是改变社会地位的主要动力。但很多时候聘用者往往对录用者能干什么有更大的兴趣，而不仅仅看他们所具备的教育资格。一般来说，他们要找的是既受过正规教育又具备某些没有固定规范的个人发展潜力的人。

3. 家庭因素 这也是我们在进行职业生涯设计时不能忽视的重要因素，是留在繁华的大都市还是去中小城市，是深造留学还是参加工作等，这些生涯目标的设定都应该考虑到家庭因素。

4. 性别　虽然男女平等的观念已普遍被现代社会所接受，但“性别因素”仍然扮演着重要的角色。事实上，很少有人能完全不考虑性别问题。因此，我们每个人（尤其是女性）都必须找出自己的理想，以便充分发展自己的性别特色，并使自己能够扮演成功。

5. 社会环境因素　主要是指社会的政治体制、经济体制、人才市场的管理体制、社会文化习俗、职业的社会评价等。社会环境因素决定了人们对不同职业岗位的接受、赞誉或贬低的程度，决定了个人步入职业生涯的基本方式和开始职业生涯后的基本态度，以及由此引起的个人职业生涯的变化。

6. 机遇　机遇是影响职业生涯的偶然因素，但是对个人的职业生涯而言，有时又具有决定性的作用。机遇本身是客观存在的，但机遇只垂青那些有准备的人。个人的能动性会导致寻求到新的发展机会，或者自己创造机会，许多事业上成功的人，不是靠家庭、亲友的帮助，也不依赖社会给予的现成机会，而是靠自己的努力奋斗和开拓进取。

二、职业生涯规划的黄金准则

1. 准则一，择己所爱　从事一项喜欢的工作，工作本身就能给人以一种满足感，职业生涯也会从此将变得妙趣横生。兴趣是最好的老师，是最初的动力，兴趣是成功之母。众多调查结果一再表明，兴趣与成功概率有着明显的正相关性。因此，在设计职业生涯时务必注意，考虑自身的特点，珍惜自己的兴趣，择己所爱，选择自己喜欢的职业。

2. 准则二，择己所长　尺有所短，寸有所长。一个人也许兴趣广泛，掌握多种技能，但所有技能中，总有一个长项。有些人善于与人打交道，有些人则更适于管理机器物品。在设计自己的职业生涯中时，千万要注意，选择最有利于发挥自己优势的职业，即择己所长。

比较优势原理同样适用于职业生涯设计。当觉得自身长处较多时，不妨观察一下周围人群，研究一下别人的长短，如果你的长处也正是别人的长处，不妨放弃这种选择，尽量寻找一个自己非常拿手，而别人却感到棘手的职业。这种选择往往让人平步青云，因为在这一领域，你自身的优势相对于其他人更加明显。

3. 准则三，择世所需　社会的需求不断演化着，旧的需求不断消灭，同时新的需求不断产生。昨天的抢手货今天会变得无人问津，生活处于不断的变化之中。在设计自己的职业生涯时，一定要分析社会需求，择世之所需，与时俱进，否则，就会落后于时代的需求。

4. 准则四，择己所利　职业生涯设计，首先考虑的是自己的预期收益，这种预期收益要求个体实现最大化的幸福，也就是使收益最大化。马斯洛将这种需求按先后次序排列成五个层次：生理需求、安全需求、爱的需求、自尊需求以及自我实现的需求。个人预期收益在于使这些由低到高的基本需求得到最大的满足，而衡量其满足程度的指标表现于收入、社会地位、职业生涯稳定感与挑战性等，不同的人有不同的偏好，每个人都会尽可能满足其所有的需求。通过在职业领域的奋斗造福社会，社会则赐给个体由收入、地位、自我实现等等调制而成、贴上幸福标签的美酒。只不过有人喜欢甘甜，有人偏爱干烈，众口不一罢了。

三、大学生生涯规划与人生发展

由于扩招，目前我们的大学生面临的就业压力越来越大，在这种情况下，生涯规划就显得非常重要。正如有人请教曾面试过7.5万名求职者的索科尼石油公司人事经理保罗·波恩顿：“今天的年轻人求职时，最容易犯的错误是什么?”他回答说：“不知道自己想要什么”。

职业生涯活动将伴随我们的大半生，拥有成功的职业生涯才能实现完美人生，不能“不知道自己要什么”。因此，职业生涯规划具有特别重要的意义，尤其是对于大学生来说，在选择合适的职业之前，生涯规划对每个人的意义更加重大。

1. 职业生涯规划可以发掘自我潜能，增强个人实力 一份行之有效的职业生涯规划将会引导我们正确认识自身的个性特质、现有与潜在的资源优势，帮助大家重新对自己的价值进行定位并使其持续增值；引导我们对自己的综合优势与劣势进行对比分析；使我们树立明确的职业发展目标与职业理想；引导我们评估个人目标与现实之间的差距；引导我们前瞻与实际相结合的职业定位，搜索或发现新的或有潜力的职业机会；使我们学会如何运用科学的方法采取可行的步骤与措施，不断增强自己的职业竞争力，实现自己的职业目标与理想。

2. 职业生涯规划可以增强发展的目的性与计划性，提升成功的机会 生涯发展要有计划、有目的，不可盲目地“撞大运”，很多时候我们的职业生涯受挫就是由于生涯规划没有做好。好的计划是成功的开始。

3. 职业生涯规划可以提升应对竞争的能力 当今社会到处充满着激烈的竞争，职业领域的竞争也非常突出。要想在这场激烈的竞争中脱颖而出并保持立于不败之地，必须设计好自己的职业生涯规划。这样才能做到心中有数，不打无准备之仗。而不少应届大学毕业生不是首先坐下来做好自己的职业生涯规划，而是拿着简历与求职书到处乱跑，总想会撞到好运气找到好工作，结果浪费了大量的时间、精力与资金，到头来感叹招聘单位是有眼无珠，叹息自己英雄无用武之地。这部分大学毕业生没有充分认识到职业生涯规划的意义与重要性，认为找到理想的工作靠的是学识、业绩、耐心、关系、口才等，认为职业生涯规划纯属纸上谈兵，简直是耽误时间。这是一种错误的理念，实际上未雨绸缪，先做好职业生涯规划，磨刀不误砍柴工，有了清晰的认识与明确的目标之后再把求职活动付诸实践，这样的效果要好得多。

第二节 大学生的职业生涯规划

大学阶段是迈向成人的关键时期。这一时期的人生任务就在于合理地进行生涯规划，选择好自己的人生之路。对于正在摆脱依赖、迫切要求自主自立的大学生而言，今后职业的选择对他们的成长十分重要，它将影响着每个学生在校期间的生活、学习重心及发展。

一、当前大学生择业的心理特点分析

择业心理是大学生在择业时，对择业过程中可能出现的各种情况所做出的估计和评价，以及为解决这些问题而建立的某种思想观念和强化某些心理品质的心理活动。大学生在择业时，心理变化较为复杂，主要表现出以下一些特点。

1. 择业热情高涨 大学生从上幼儿园起，一直到上大学，都在家长和老师的关怀下成长，没有真正地面对社会，因此对即将走向社会充满好奇，非常渴望工作。加之一直以来都没有独立的经济来源，全由父母做主，按计划消费，感觉受尽了约束。因此，对马上能自己上班挣钱，自己做主做喜欢的事充满向往，认为从此可以放开手脚了，从他们不厌其烦地修

改和整理自荐材料上就可看出这种热情。但是，由于这个年龄的大学生还不是非常成熟，对其高涨的热情要加以适当引导，才能使火热的激情换来圆满的结果。

2. 对未来充满憧憬　大学生血气方刚，追求理想，面临毕业，胸中都有一幅宏伟蓝图，既想成就一番事业，又能为国家做出贡献，并希望把二者协调起来，做到尽善尽美。这是学生自己的愿望，也是国家的愿望。美好的蓝图如何去绘就，大学生需要有充分的能力作保证，并且善于把握机遇，创造条件，克服困难，相信只要心中有远大的目标，就不怕前面的道路有多曲折，并有能力跨过去。

3. 乐于接受竞争　现在的社会就是竞争的社会，各行各业都充满竞争，当代大学生出生在改革开放之后，从小就接受了这种教育，都愿意在公平的竞争环境中施展自己的才华，实现优胜劣汰。只要是同类专业中的优秀者，就应该敢于竞争，并且善于竞争，在众多的就业岗位中必能占得一席之地；如果自身的竞争能力不够，那也要接受这种机制，因为这已是大势所趋，不能逆转。

4. 崇尚双向选择　目前，双向选择的就业机制为大学生求职拓展了择业空间，被广大毕业生所肯定。在调查部分学生时有这样一个问题："如果让你去一个你不喜欢或不适合的工作单位，你如何想？"绝大多数同学认为，那将是一件十分痛苦的事情，这表明，大学生择业的自主意识增强了。毕竟，兴趣才是最好的老师，做一件自己喜欢的事，与做一件自己不喜欢的事，其结果可能是天壤之别。大学生乐于参与选择和被选择，就不仅要爱一行干一行，还要干一行爱一行，全方位分析自己，最终实现远大的抱负。

5. 择业易冲动　大学生因为年龄的原因，容易受社会热点因素的影响，在择业过程中难免感情冲动。每个时期都有每个时期的职业热点，它随着社会的变化而变化，比如曾经的外企热、机关热、高校热等，随之引起大学生中的经商热、从政热、从教热。在社会因素的影响下，大学生择业的冲动性就更加突出，此时，理智成分减少，功利成分增加，以前是哪里困难到哪里去，现在是哪里热门到哪里去，这种盲从带来的隐患要及早认识和克服，避免一时冲动而留下后患。

6. 心理容易受打击　在择业阶段，大学生经受的考验和磨难比以往任何时候都多。他们面对的不再是熟悉的校园、亲切的师长和同学，而是一个完全陌生的社会，那里既有热情的欢迎，也有冷漠的拒绝。由于他们社会阅历浅，经历的磨难少，缺乏相应的自我调整能力，在不如意的时候，心理容易不冷静，从择业初的豪情万丈，到后来的一蹶不振，这在很多的毕业生身上都有所体现。

7. 保守和风险意识并存　当前，仍有一部分毕业生在择业时，缺乏创新意识，害怕冒险，想端"铁饭碗"，每年的公务员报考热就可见一斑，这明显是受传统观念的影响，过于保守。相比而言，绝大多数毕业生的风险意识在增强，一些个性突出、具有一定知识和技能、社会生存能力强的人，开始进入自由职业者的行列中来。自由职业作为一种新的社会现象，以其特有的弹性方式，弥补了传统职业结构的空缺，发挥着独特的功能。

8. 机会和实惠心理并重　今日的大学生更讲求实惠，据一项对毕业生的调查显示，有90%的人把经济收入放在择业的第一位来考虑。同时，能否有足够的发展机会，也成为大学生择业考虑的重点，"我能得到重用和提拔吗？""自身的潜能可以发挥吗？""自己的价值能够实现吗？"从这些问题可以看出，职业不再仅仅是谋生手段，其实现自我价值的作用日益突出起来，成为支配人们择业的又一动因。

二、大学生职业生涯规划的基本步骤

大学生职业生涯规划的基本步骤包括自我评估、外部环境分析、目标确立、策略实施、反馈修正五个环节。

1. 自我评估 对于大学生来说，主要是了解兴趣、学识、技能、性格、情商、价值观等与大学生本人相关的所有因素。自我评估的结果可以通过自我剖析、职业测试以及角色建议等方法获得。

2. 外部环境分析 对大学生而言，外部环境主要是市场与用人单位等因素，尤其是近年来经济高速发展，科技日新月异，市场竞争加剧，用人单位的要求越来越高，这些因素对个人的发展产生了很大的影响。因此，在制定个人的职业生涯规划时，大学生要分析环境条件的特点、环境的发展变化情况、自己与环境的关系、自己在这个环境的地位、环境对自己提出的要求以及环境对自己有利条件和不利条件等。

3. 目标确立 这是职业生涯规划的核心内容。在自我评估、外部环境分析的基础上，选择自己的职业方向，确立职业生涯发展目标。通常包括职业早期、中期、晚期的各阶段目标和总体目标。大学生在做近期规划时，主要是确立初次择业的职业方向和阶段目标。

4. 策略实施 行动计划由长期和短期两部分组成，长期计划的实现有众多不确定因素，因此大学生要根据自身实际情况和社会发展趋势，不断地设定新的可操作的短期目标。

比如我们在大学期间，应该如何设定自己的行动计划呢？一年级初探期，我们的短期行动可以包括多和师哥师姐们进行交流，尤其是大四的毕业生，如询问就业情况等，由于此阶段学习任务不重，可多参加学校活动，增加交流技巧，学习计算机知识，争取通过计算机和网络辅助自己学习。

二年级为定向期。应考虑清楚未来是否深造，了解相关的应有活动，并以提高自身的基本素质为主，通过参加学生会或社团等组织，锻炼自己的各种能力，同时检验自己的知识技能；可以开始尝试兼职、社会实践活动，并要具有坚持性，最好能在课余时间后长时间从事与自己未来职业或本专业有关的工作，提高自己的责任感、主动性和受挫能力，增强培训口语能力，增强计算机应用能力，通过英语和计算机的相关证书考试，并开始有选择地辅修其他专业的知识充实自己。

三年级为强化期。因为临近毕业，所以目标应锁定在提高求职技能、搜集公司信息，并确定自己是否要考研上。在撰写专业学术文章时，可大胆提出自己的见解，锻炼自己的独立解决问题的能力和创造性；参加和专业有关的暑期工作，和同学交流求职工作心得体会，学习写简历、求职信，了解搜集工作信息的渠道，并积极尝试，加入校友网络，多和已经毕业的校友、师哥师姐联系了解往年的求职情况；希望出国留学的学生，可多接触留学顾问，参与留学系列活动，注意留学考试信息，向相关教育部门索取简章参考。

四年级为分化期。找工作的找工作、考研的考研、出国的出国，不能再犹豫不决，大部分学生的目标应该锁定在找工作及成功就业上。这时，首先检验自己已确立的职业目标是否明确，前三年的准备是否已充分；然后，开始毕业后工作的寻找，积极参加招聘活动，在实践中校验自己的积累和准备。

总之，大学生要利用各种在校的机会锻炼自己，掌握与自己预期的职业目标相一致的知识和技能，就像本章开头的案例一样，在大学中不能只顾着书本知识的学习，而不重视自己的方向。

5. 反馈修正　为使职业生涯规划行之有效，需要结合实际情况不断对职业生涯规划的内容进行评估与修正。对大学生来说，反馈修正的主要内容包括职业方向的重新选择、各阶段目标的修正、实施措施与计划的变更等。

例如，下面是根据以上步骤制定的较为详细的职业生涯规划书。我们每个大学生在开始职业之前也应该制定这样一份规划。

×××的职业生涯规划书

一、×××大学毕业后的十年规划

(2008—2018 年，20～30 岁)

美好愿望：事业有成，家庭幸福

方向：企业高级管理人员

总体目标：完成硕士、博士的学习，进入××著名外资企业，成为高层管理者。

已进行情况：读完硕士，进入一家外资企业，想继续攻读博士学位。

二、社会环境规划和职业分析（十年规划）

1. 社会一般环境　中国政治稳定，经济持续发展。在全球经济一体化环境中扮演着重要角色。

2. 管理职业特殊社会环境　由于中国的管理科学发展较晚，管理知识大部分源于国外，中国的企业管理还有许多不完善的地方。中国急需管理人才，尤其是经过系统培训的高级管理人才。因此企业管理职业市场广阔。

要在中国发展企业，必须适合中国的国情，这就要求管理的科学性与艺术性和环境动态适应相结合。因此，受中国市场吸引进入的大批外资企业都面临着本土化改造的任务。这就为准备去外企做管理工作的人员提供了很多机会。

三、行业环境分析和企业分析

1. 行业分析　本人所在××公司为跨国性会计师事务所。属管理咨询类企业。由于国内企业经营也逐步与国际惯例接轨，因此这类企业在近年来引进中国后得到迅猛的发展。

2. 企业分析　××公司是全球四大会计师事务所，属股份制企业，企业领导层风格稳健，稳步在全球推广业务，目前在全球 10 余个国家、地区设有分支机构。

…………

四、个人分析与角色建议

1. 个人分析

(1) 自身现状。英语水平出众，能流利沟通；法律专业扎实，精通经贸知识；具有较强的人际沟通能力；思维敏捷，表达流畅；在大学期间长期担任学生干部，有较强的组织协调能力；有很强的学习愿望和能力。

(2) 测评结果（略）。

2. 角色建议

父亲：“要不断学习，能力要强”；“工作要努力，要在大城市，方便我们退休后搬来一起居住生活。”

母亲："工作要上进，婚姻不要误。"

…………

五、职业目标分解与组合

职业目标：著名外资企业高级管理人员。

1. 2008—2011 年

成果目标：通过实践学习，总结出适合当代中国国情的企业管理理论。

学历目标：硕士研究生毕业，取得硕士学位；取得律师从业资格、通过 GRE 和英语高级口译考试。

职务目标：外企企业商务助理。

能力目标：具备在经济领域从事具体法律工作的理论基础，通过实习具有一定的实践经验；接触了解涉外商务活动；英语应用能力具备权威资格认证；有一定的科研能力，发表 5 篇以上论文。

经济目标：在校期间兼职，年收入 1 万元；商务助理年薪 5 万元。

2. 2008—2014 年 ……

…………

六、成功标准

我的成功标准是个人事务、职业生涯、家庭生活的协调发展。

只要自己尽心尽力，能力也得到了发挥，每个阶段都有了切实的自我提高，即使目标没有实现（特别是收入目标）我也不会觉得失败，给自己太多的压力本身就是一件失败的事情。

为了家庭牺牲职业目标的实现，我认为是可以理解的。在 28 岁之前一定要有自己的家庭。

七、职业生涯规划实施方案

差距：①跨国企业先进的管理理念和丰富的管理经验；②作为高级职业经理人所必备的技能、创新能力；③快速适应能力欠缺；④身体适应能力有差距；⑤社交圈太窄。

八、缩小差距的方法

1. 教育培训方法

（1）充分利用硕士研究生毕业前在校学习的时间，为自己补充所需的知识和技能。包括参与社会团体活动、广泛阅读相关书籍、选修、旁听相关课程、报考技能资格证书等。时间：2011 年 7 月以前。

（2）充分利用公司给员工提供的培训机会，争取更多的培训机会。时间：长期。

（3）攻读管理学博士学位。时间：五年以内。

2. 讨论交流方法

（1）在校期间多和老师、同学讨论交流，毕业后选择和其中某些人经常进行交流。

（2）在工作中积极与直接上司沟通、加深了解；利用校友众多的优势，参加校友联谊活动。

3. 实践锻炼方法

（1）锻炼自己的注意力，在嘈杂的环境里也能思考问题，正常工作。在大而嘈杂的办公室里有意识地进行自我训练。

（2）养成良好的锻炼、饮食、生活习惯。每天保证睡眠6～8小时，每周锻炼3次以上。

（3）充分利用自身的工作条件扩大社交圈，重视同学交际圈，重视和每个人的交往，不论身份贵贱和亲疏程度。

三、个性心理特征与生涯

1. 气质与职业的联系　气质是指人们心理活动的速度、强度、稳定性和灵活性等方面的心理特征，是神经类型特征在人的行为上的表现。认清自己的气质对择业至关重要，是我们在选择职业时应该考虑的一个因素。一般来说，把气质分为胆汁质、多血质、黏液质和抑郁质四种类型。每一种气质都有它的积极方面和消极方面，对职业和工作效率有一定的影响。

胆汁质的人精力旺盛，热情直率，激动暴躁，情绪体验强烈，神经活动具有很强的兴奋性，反应速度快却不灵活。他们能以极大的热情去工作，克服工作中的困难，但若对工作失去信心，情绪即会低沉。此类人适宜竞争激烈、冒险性、风险意识强的职业，如探险、地质勘探、登山、体育运动等。

多血质的人活泼好动，性情活跃，反应敏捷，易适应环境，善于交际。这类人工作能力较强、情绪丰富且易兴奋，但注意力不稳定，兴趣易转移；对职业有较广的选择范围和机会，适合于从事要求迅速灵活反应的工作，如导游、外交、公安、军官等，不适宜从事单调机械的工作和要求细致的工作。

黏液质的人情绪兴奋性低，安静沉稳；内倾明显，外部表现少，反应慢，但稳定性强，偏固执、冷漠；比较刻板，有较强的自我克制能力，能埋头苦干，态度稳重，不易分心，对新职业适应慢，善于忍耐。这类人适合于从事要求稳定、细致、持久性的活动，如会计、法官、管理人员、外科医生等，但不适宜从事具有冒险性的工作。

抑郁质的人敏感，行动缓慢，情感体验深刻，观察力敏锐，易感觉到别人不易觉察的细小事物，易疲倦、孤僻，工作耐受性差，做事审慎小心，易产生惊慌失措的情绪，往往是多愁善感的人。他们适合于要求精细、敏锐的工作，如哲学、理论研究、应用科学等。

事实上，大多数人总是以某种气质为主，又附有其他气质。而且，气质与职业也并非绝对，任何气质的人在任何工作领域都有可能取得成功。只是我们在能够了解自己气质类型的基础上选择的职业可能工作起来更得心应手，所以，在职业选择时，可以测试一下自己的气质类型。

2. 性格与职业的选择　性格是个人对现实的稳定态度和与之相适应的习惯化了的行为方式中表现出来的个性心理特征。在求职中，性格是构成相识和吸引的重要因素，与职业选择的关系也较为密切，既彼此制约，又相互促进。

一般说来，开朗、活泼、热情、温和的性格，比较适合从事外贸、涉外、文体、教育、服务等方面的工作，以及其他同人交往的职业；多疑、好问、倔强的性格，比较适合从事科研、治学方面的工作；深沉、严谨、认真的性格，比较适合做人事、行政、党务工作；勇敢、沉着、果断与坚定是新型企业家和管理者不可缺少的性格。

3. 兴趣与职业　兴趣是个体积极探究事物的认识倾向，这种倾向带有稳定、主动、持久等特征。如果一个人对某种工作产生兴趣，在工作中就会具有高度的自觉性和积极性，就容易做出成绩。反之，则会影响积极性的发展，有可能一事无成。兴趣是努力的原动力，是成功之母。走自己的路，做自己喜欢的事情，选择自己感兴趣的职业，是当今社会最具有典型性的择业观念。

一般来说，兴趣是在后天生活实践中形成，但兴趣有相对的稳定性，它与一个人的个性有内在的联系。因此，大学生在择业过程中应适当考虑自己的兴趣和爱好，不能为了暂时的眼前利益而选择不适合自己兴趣的职业，这样不仅不能充分施展自己的才能，而且会贻误终生。但兴趣爱好在职业选择中，有时也是一种耗散力，给大学生带来职业选择的困惑，如有的学生对什么都感兴趣，但没有形成自我特色，在择业时就没有竞争优势；有的学生兴趣面太窄，以至于不能满足社会需要；还有的学生因种种客观因素，个人兴趣与所学专业不一致，也不可避免地造成职业选择的困难。所以，即将毕业的大学生，要对自己的兴趣有一客观的分析，同时还要树立正确的人生志向，调整自己的兴趣爱好，适应社会的需要，争取找到适合自己兴趣的职业，使自己的才智最大限度地发挥。

4. 能力和职业的关系 能力是指才干、技能或能胜任某项工作的主观条件，人们成功地完成某种活动所必须具备的个性心理特征，是人们在社会实践中所表现出的身心力量。一个人的能力高低会影响他掌握各种活动的成绩，影响一个人的活动效果。

能力与择业的关系十分紧密，是择业的最重要依据，是求职者开启职业大门的钥匙。我国近代职业教育的倡导者黄炎培先生说："一个人职业和才能相不相当，相差很大，用经济眼光看起来，要是相当，不晓得增加多少效能，要是不相当，不晓得埋没了多少人才；就个人论起来，相当，不晓得有多少快乐，不相当，不晓得有多少怨苦。"因此，大学生对自己的能力要有一个自我评价，在择业时，大学生应根据自己的能力，扬长避短，选准与自己职业能力倾向相同的职业，在强手如林的竞争中立于不败之地。

正确认识自我是大学生直面人生，发展自我的第一步。客观分析自我，对自己的气质、性格、兴趣、能力等个性心理特征有一个比较正确的认识，不仅对职业选择十分必要，而且与心理健康有重要联系。所谓客观分析自我，就是能清醒地发现自己的长处和短处，不因优点而自喜，亦不因缺点而自卑。对自我的评价不客观，就会出现评价过高或过低的现象，这可能导致择业失败或失误，可能产生心理困扰。

第三节 大学生择业的心理问题

严峻的就业形势对大学生所具备的心理素质提出了严峻的挑战，一部分大学生产生了巨大的心理压力，甚至出现一系列的心理问题。因此，加强大学生择业的心理辅导，培养大学生健康的择业心理非常重要。

一、大学生职业生涯选择中的心理误区

大学生由于经验不足、自我调节能力较弱及自我期望值过高等特点，面对日益激烈的市场竞争与复杂的择业环境，不可避免地会产生困惑和不适应，从而导致心理误区。具体表现如下。

1. 自我认知不完整，职业需求模糊 自我认知是指前面我们提到的个体对自己的性格、

气质、兴趣、能力、价值观等个性心理特征的全面认识和把握。部分大学生由于自身成长条件所限造成自我认知不全面，表现为对自身气质类型、个性倾向等了解不充分，尤其对与自己个性心理特征相符合的职业取向认识更缺乏。这就导致在找工作时没有既定的目标和方向，就盲目地看哪个单位的牌子大，哪个单位的地方好，哪家单位待遇高，而并没有考虑到自身的发展问题，很多学生到了单位之后才发现对自己要做的工作没有了解，工作起来吃力，感觉不到未来和希望。

因此，在大学期间我们就应该反思自己，了解自己对我们做任何选择都是有利的。必须能够冷静地思考，个性化地制定自己的生涯规划，合适于别人的未必对自己一定合适。我们从小到大在父母、老师的搀扶下走过来，很多人生的重要决定是父母、老师代做的。现在对于个体一生非常重要的择业问题，要能够辨清方向。

2. 自我评价不准确，职业期望过高　大学本科生只是潜人才，是“毛坯”，要培养成适销对路的产品还需要时间的磨炼，我们的学生普遍存在这样的误区：对自己的估计过高或过低。

自我评价过高的学生习惯性地将用人单位的门槛放得很低，将自己看得较高，比如，大学生经常会问用人单位：“你们提供什么样的待遇给我?”“你们单位是否有利于我的发展?”“能为我提供什么样的发展平台?”“收入如何?”……很少有学生会讲我能为你们做些什么。事实上，一个单位选择大学生主要是考虑你能为单位创造什么样的效益。如果职业期望太高，不仅对择业不利，就是将来工作了，也会有很强的失落感，职业满意度会下降，因为自己心中的期望太高。还有的大学生对职业起点要求偏高。很多大学生认为，一个人的起点非常重要，如果毕业时站位不合适，那么将来调整起来就非常困难。有的大学生强调即使不就业，再考研也要追求高起点，高起点包括地域优势、收入优势、专业优势，总之一个都不能少。

自我评价过低的同学恰恰相反，觉得能有单位去就可以，然后不管自己的条件和单位的环境草草就签订了工作。所以，在对自己有充分的认识基础上要正确地评价自己，根据自己的情况适度考虑，不要盲目、盲从、盲行，要审时度势，根据自身的情况去考虑。

3. 角度转换不充分，职业准备不足　所谓转换角色，主要是指由一个大学生转变为一个现实的社会求职者。这就需要抛开浪漫、抛开幻想、认识自己所处的真实地位和“严酷”的社会现实，实事求是地面对就业这样一个现实。要想正确地选择职业，就必须转变角色，而大学生往往把学校、家庭、亲友及同学所给予的关心、呵护、尊重当成社会的最终认可，不能摆正自己的位置，不能客观、冷静地进入求职状态、认识社会、了解社会，这种职业准备不足就会给自己的就业带来较大的心理影响。每当此时，部分大学生就会产生困惑、优虑，甚至逃避、失落等心理。大学生内心承受不了是因为自己的心理准备不足，特别是女生就业难成为一个不得不面对的问题时，大学生应当有这样的勇气：当你一百次被拒绝，你要有第一百零一次站起来的勇气。其次，积累你的优势，别人长一寸，你长一尺！职业生涯的成功永远属于那些不畏困难向前走的人们。

也有的学生看到人才市场的需求过旺，开始沾沾自喜，感觉颇好，开始漫天要价，甚至今天签约明天就毁约，在用人单位心中缺乏良好信誉；有的学生手中握着数个单位，比较着、衡量着，却迟迟不决策，等到自己想决策的时候机遇已失。为了避免这样的情况，我们要在择业之前有良好的心理准备状态。

二、困扰大学生择业的几种常见心理现象

大学生的心理还不够成熟、不稳定，认识问题和分析问题存在一定的局限性，生理和心理发育明显不同步，加之他们认知结构不完整，又无工作经验，在择业过程中往往会出现心理的复杂性和矛盾性，如果不能及时疏导和沟通，当压力过大时就会走极端，出现一些心理障碍。

1. 焦虑 焦虑是由心理冲突或挫折而引起的，是紧张、不安、焦急、忧虑、恐惧等感受交织成的情绪状态。绝大多数大学生在择业过程中，都会或多或少地出现焦虑。优秀学生焦虑的问题是能否找到实现人生价值的理想单位；学业成绩不理想的学生焦虑没有单位选中自己怎么办；来自边远地区的同学为不想回本地区而焦虑；恋人们为不能继续在一起而焦虑；女同学为用人单位“只要男性”而焦虑；还有一些大学生优柔寡断，竟因不知自己毕业后向何处去而焦虑。

大学生的上述焦虑状态一般并不会对未来职业生涯产生影响。一般来说，适度的焦虑会使学生产生压力，这种压力可以增强人的进取心，从而产生奋发有为的精神。但是，如果焦虑不能得到及时缓解，就有可能向病态发展，表现出情绪紧张、心情紊乱、注意力不能集中、身心疲倦、头昏目眩、心悸、失眠等症状。

2. 自负 自负心理是过高地估计个人的能力，失去自知之明。一部分学生自认为什么都懂，什么都会，应得到优待，于是在择业过程中，总是抱有自负自傲的心理。面试时，夸夸其谈，海阔天空，给用人单位留下浮躁、不踏实的印象，用人单位难以接受。在自负心理的支配下，部分大学生的择业观念不正确，心理定位偏高，只看到自己的优点，看不到自己的弱点，表现出非常强的优越感，往往不切实际地追求高工资、高名利的单位，而对一般的工作单位百般挑剔，甚至提出过高的要求。

3. 自卑 自卑心理表现为对自己的能力评价过低，看不起自己。这一消极有害的心理在不少大学生身上存在，严重影响他们的就业。一些性格比较内向、不善言辞、成绩平平的学生，面对择业市场，常常产生自卑心理，不敢大胆推荐自己，认为自己竞争力不够。有些大学生不能客观地认识自己，在择业中他们缺乏自信心，勇气不足。自卑心理源于他人对自己的不客观评价和自己对自己的消极暗示。反复地消极暗示可能导致认知功能的丧失，自卑会使大学生在求职时怯于出头，羞于表现，依赖性强，其结果是这些学生不能很好地向求职单位展示自己的才华，常常会坐失良机，使其求职成功率不高。

4. 怯懦 怯懦让人害怕面对冲突，害怕别人不高兴，害怕丢面子。所以在择业时，因怯懦，他们常常退避三尺，缩手缩脚，不敢自荐。在用人单位面前他们唯唯诺诺，不是语无伦次，就是面红耳赤、张口结舌。他们谨小慎微，生怕说错话，害怕回答问题不好而影响自己在用人单位代表心目中的形象。在公平的竞争机遇面前，由于怯懦，他们常常不能充分发挥自己的才能，以至于败下阵来，错失良机，于是产生悲观失望的情绪，导致自我评价和自信心的下降。

5. 依赖 在择业中，有的大学生对自己缺乏清醒的认识，择业信心不足，犹豫观望，择业依赖父母，依赖社会关系，依赖学校和老师。在人才市场上，父母代替子女、朋友代替自己与用人单位洽谈的场面屡见不鲜，好像不是大学生自己求职，而是父母亲属在求职。这些大学生缺乏自我选择决断能力，不能积极主动地去竞争，去推销自己。

6. 冷漠　当一些大学生因在择业中受到挫折而感到无能为力、失去信心时，会出现不思进取、情绪低落、情感淡漠、沮丧失落、意志麻木等反应。他们自认为看破了红尘，决计听天由命，任凭自然发落。冷漠是遇到挫折后的一种消极的心理反应，是逃避现实、缺乏斗志的表现。这种心理是与就业的竞争机制不相适应的。

7. 嫉妒　择业嫉妒心理就是在求职过程中对他人的成就、特长或优越的地位等持既羡慕又敌视的情绪。这种心理的主要特征是把别人的优势视为对自己的威胁，因而感到心理不平衡，甚至恐惧和愤怒，于是借助贬低、诽谤以至报复的手段来求得心理的补偿，或摆脱恐惧和愤怒的困扰。在求职问题上，嫉妒心理表现为如看到别人某些方面求职条件好，或找到比较理想的工作时，产生羡慕，转而痛苦，又不甘心的心态。甚至为不让他人超越自己，而采取背后拆台等不良手段。他人成功了则说风凉话、讽刺挖苦、造谣中伤以发泄自己的恼怒。

8. 问题行为　问题行为即违背社会行为规范的适应不良行为。毕业前一些大学生因某些主体需要不能满足或强度较大的挫折感，加之平日缺乏应有的品德与个性修养，可能发生各种各样的问题行为，常见的有逃课、损坏东西、对抗、报复、迁怒于人、进行不良交往、过度消费、嗜烟、嗜酒等。问题行为的存在，不仅影响学生的顺利择业，还可能严重导致违纪与违法。

从以上种种反应可以看出，大学生在求职择业中产生的心理障碍，具有适应性障碍的特征。主要是因大学生面对求职环境的应对不良而引起，他们对求职环境缺乏一种良好的适应。但这种现象只属于发展过程中的适应不良，只要大学生主动适应就业环境，各方面引导得法，这些心理障碍就会随着时间的推移而逐渐消失，大多数不会形成心理疾患。

心理测评量表

职业价值观测试量表

说明：下面有52道题目，每个题目都有5个备选答案，请根据自己的实际情况或想法，在题目后面圈出相应数字，每题只能选择一个答案，通过测验，你可以大致了解自己的职业价值观念倾向。

A. 非常重要　B. 比较重要　C. 一般　D. 较不重要　E. 很不重要

序号	项　　目	非常重要←→很不重要				
		A	B	C	D	E
1	你的工作必须经常解决新的问题。	5	4	3	2	1
2	你的工作能为社会福利带来看得见的效果。	5	4	3	2	1
3	你的工作奖金很高。	5	4	3	2	1
4	你的工作内容经常变换。	5	4	3	2	1
5	你能在你的工作范围自由发挥。	5	4	3	2	1
6	工作能使你的同学、朋友非常羡慕你。	5	4	3	2	1
7	工作带有艺术感。	5	4	3	2	1
8	你的工作能使人感觉到你是团体的一份子。	5	4	3	2	1

（续）

序号	项　目	非常重要←→很不重要				
		A	B	C	D	E
9	不论你怎么干你总能和大多数人一样晋级和涨工资。	5	4	3	2	1
10	你的工作使你有可能经常变换工作地点场所或方式。	5	4	3	2	1
11	在工作中你能接触到各种不同的人。	5	4	3	2	1
12	你的工作上下班时间比较随便自由。	5	4	3	2	1
13	你的工作使你不断获得成功的感觉。	5	4	3	2	1
14	你的工作赋予你高于别人的权力。	5	4	3	2	1
15	在工作中你能试行一些自己的新想法。	5	4	3	2	1
16	在工作中你不会因为身体或能力等因素被人瞧不起。	5	4	3	2	1
17	你能从工作的成果中知道自己做得不错。	5	4	3	2	1
18	你的工作经常要外出参加各种集会和活动。	5	4	3	2	1
19	只要你参加工作就不再被调到其他意想不到的单位和工种上去。	5	4	3	2	1
20	你的工作能使世界更漂亮。	5	4	3	2	1
21	在你的工作中不会有人常来打扰你。	5	4	3	2	1
22	只要努力你的工资会高于其他同年龄的人，升级或涨工资的可能性比干其他工作大得多。	5	4	3	2	1
23	你的工作是一项对智力的挑战。	5	4	3	2	1
24	你的工作要求你把一些事物管理得井井有条。	5	4	3	2	1
25	你的工作单位有舒适的休息室、更衣室、浴室及其他设备。	5	4	3	2	1
26	你的工作有可能结识各行各业的知名人物。	5	4	3	2	1
27	在你的工作中能和同事建立良好的关系。	5	4	3	2	1
28	在别人眼中你的工作是很重要的。	5	4	3	2	1
29	在工作中你经常接触到新鲜的事物。	5	4	3	2	1
30	你的工作使你能常常帮助别人。	5	4	3	2	1
31	你在工作单位中有可能经常变换工作。	5	4	3	2	1
32	你的作风使你被别人尊重。	5	4	3	2	1
33	同事和领导人品较好相处，比较随便。	5	4	3	2	1
34	你的工作会使很多人认识你。	5	4	3	2	1
35	你的工作场所很好，比如有适度的灯光、安静清洁的工作环境，甚至恒温恒湿等优越的条件。	5	4	3	2	1
36	在工作中你为他人服务，使他人感到很满意，你自己也很高兴。	5	4	3	2	1
37	你的工作需要计划和组织别人的工作。	5	4	3	2	1
38	你的工作需要敏锐的思考。	5	4	3	2	1

（续）

序号	项　目	非常重要←→很不重要				
		A	B	C	D	E
39	你的工作可以使你获得较多的额外收入，比如常发实物，常购买打折扣的商品，常发商品的提货券，有机会购买进口货等。	5	4	3	2	1
40	在工作中你不受别人差遣。	5	4	3	2	1
41	你的工作结果应该是一种艺术而不是一般的产品。	5	4	3	2	1
42	在工作中不必担心因为所做的事情领导不满意而受到训斥或经济惩罚。	5	4	3	2	1
43	在你的工作中能和领导有融洽的关系。	5	4	3	2	1
44	你可以看见你的努力工作的成果。	5	4	3	2	1
45	在工作中常常要你提出许多新的想法。	5	4	3	2	1
46	由于你的工作经常有许多人来感谢你。	5	4	3	2	1
47	你的工作成果常常能得到上级同事或社会的肯定。	5	4	3	2	1
48	在工作中你可能做一个负责人，虽然可能只领导很少的人，你信奉“宁做兵头不做将尾”的俗语。	5	4	3	2	1
49	你从事的那种工作经常在报刊电视中被提到，因而在人们的心目中很有地位。	5	4	3	2	1
50	你的工作有数量可观的夜班费、加班费、保健费或营养费。	5	4	3	2	1
51	你的工作比较轻松，精神上也不紧张。	5	4	3	2	1
52	你的工作需要和影视、戏剧、音乐、美术、文学等艺术打交道。	5	4	3	2	1

评分与评价：

上面的52道题分别代表12项工作价值观，所圈数字即为得分。

请根据下面评价表中每一项前面的题号，计算每一项的得分总数，并把它填在每一项的得分栏中，然后再在表格下面依次列出得分最高和最低的三项。

评价表：

得分题号价值观说明：

1. 利他主义，2、30、36、46。工作的目的和价值在于直接为大众的幸福和利益尽一份力。

2. 美感，7、20、41、52。工作的目的和价值在于能不断追求美的东西，得到美感的享受。

3. 智力刺激，1、223、38、45。工作的目的和价值在于不断追求进行智力的操作，动脑思考，学习以及探索新事物，解决新问题。

4. 成就感，13、17、44、47。工作的目的和价值在于不断创新，不断取得成就，不断得到领导与同事的赞扬，或不断实现自己想要做的事。

5. 独立性，5、15、21、40。工作的目的和价值在于能充分发挥自己的独立性和主动性，按自己的方式、步调或想法去做，不受他人的干扰。

6. 社会地位，6、28、32、49。工作的目的和价值在于所从事的工作在人们的心目中有较高的社会地位，从而使自己得到人们的重视与尊重。

7. 管理，14、24、37、48。工作的目的和价值在于获得对他人或某事物的管理支配权，能指挥和调遣一定范围的人或事物。

8. 经济报酬，3、22、39、50。工作的目的和价值在于活得优厚的报酬，使自己有足够的财力去获得自己想要的东西，使生活过得较为富足。

9. 社会交际，11、18、26、34。工作的目的和价值在于能和各种人交往，建立比较广泛的社会联系和关系，甚至能和知名人物结识。

10. 安全感，9、16、19、42。不管自己能力怎样，希望在工作中有一个安稳局面，不会因为奖金、涨工资、调动工作或领导训斥等经常提心吊胆，心烦意乱。

11. 舒适，12、25、35、51。希望能将工作作为一种消遣、休息或享受的形式，追求在一起感到愉快、自然、优越的工作条件和环境。

12. 人际关系，8、27、33、43。希望一起工作的大多数同事和领导人品较好，相处在一起感到愉快、自然。认为这就是很有价值的事，是一种极大的满足。

13. 变异性或追求新意，4、10、29、31。希望工作的内容应该经常变换，使工作和生活显得丰富多彩，不单调枯燥。

得分最高的三项：

得分最低的三项：

复习思考题

1. 大学生应该做好哪些择业心理准备？
2. 大学生择业心理问题的自我调适方法有哪些？
3. 大学生职业生涯规划的步骤是什么？

第九章

大学生网络运用与心理健康

案例

王同学家境条件优越，由于父母长年工作繁忙，小时候一直跟在姐姐身边玩耍长大。姐姐一直对网络非常感兴趣，王同学自幼即随姐姐出入网吧，沉迷于网络。在升入大学之前，王同学由于和父母同住，行为有所收敛，所以网瘾并没有明显地表露出来；然而，在上大学离开父母之后，生活失去了原有的约束力，问题就显现了。王同学酷爱一款知名的网络游戏，经常不分昼夜地对着自己的笔记本电脑奋战，丧失了对学习的兴趣。当被问到其将来的工作、生活目标和规划时，他表现得非常茫然。

专家点评

王同学的行为主要是由于不能够面对现实而引起的。一方面，王同学在现实生活中并没有什么成就，但在网络世界中却可以大有作为，他在玩网络游戏的过程中得到了在现实世界里无法获得的称赞和认同。另一方面，正因为网络游戏给予他许多现实没有给予他的友情和成就，促使他形成了一种“网络游戏回报率大、打网络游戏很值”的观念。综上所述，王同学沉迷于网络游戏、与现实世界相脱节、对未来生活连一个大致的规划都没有等现象，均是其不能够面对现实的表现。

第一节　网络与心理健康

互联网以前所未有的超高发展速度，在人们还没有足够心理准备的情况下，已经不知不觉地渗透到了当今社会生活的各个方面。大学生这样一个善于接受丰富、多变、新颖事物的群体，对于网络的新奇和诱惑往往是抵抗不住的。诚然，网络为大学生带来了方便快捷的知识和乐趣，但同时也在大学生的心灵和情感上造成了一定的负面影响。网络心理健康研究已经成为大学生心理健康教育的一个重要方面。

一、网络概述

在计算机领域，网络就是用物理链路将各个孤立的工作站或主机连在一起，组成数据链路，从而达到资源共享和通信的目的。凡将地理位置不同，并具有独立功能的多个计算机系统通过通信设备和线路而连接起来，且以功能完善的网络软件（网络协议、信息交换方式及网络操作系统等）实现网络资源共享的系统，可称为计算机网络。

网络作为一种交流和使用信息的工具，是传递、接收和共享信息的平台，它通过把各个点、面、体的信息联系到一起，从而实现了对这些资源的共享。网络这种工具在经历近些年的发展后，功能愈发齐全、内容愈加丰富了，它能够通过阅读文字、查看图片、播放影音、下载传送、游戏聊天等途径带给大众便捷的使用和美好的享受。虽然网络传输可以实现文字、影音等的购买和接收，网络游戏可以实现生老病死等的极其真实的体验，但这些只是丰富了人们的生活而不能取代人们的生活，它只能模仿人的感受而不能取代人的感受。这就是网络发展的极限。它可以在虚拟和感觉方面超越人，但永远不会在实体感受方面取代人。

二、网络与大学生心理

不可否认，网络已经成为大学生丰富多彩的日常生活中非常重要的一个方面。网络之所以可以如此轻松地获得大学生的普遍青睐，无不与其自身属性和大学生群体的心理特征相关。

第一，网络信息的丰富性和开放性满足了大学生获取知识和信息的需求。互联网上的内容包罗万象：全球范围内的政治、军事、财经、房产、汽车、体育、娱乐、游戏、教育、健康、科技、社会的文字、图片、音频和视频信息应有尽有，这是以往电视、广播、报纸、杂志等传统媒体无法达到的。大学生的年龄特点和知识结构促使其对知识和信息的渴求非常强烈，网络恰恰能够在相当大的程度上填补他们的这份渴求。大学生可以通过电子数据库查询与专业有关的文献来参考，以完成相应的作业；可以通过影音资源接触外国文化，以提高外语水平并开阔眼界；可以通过论坛、聊天工具联系亲朋好友，以促进情感的交流；可以通过具有不同针对性的网站获得想要知道的、从天文地理到衣食住行的任何方面的内容，以提升知识的含量；可以围绕感兴趣的话题与大量的志同道合或者意见相悖的人展开讨论，以活跃个人的思维；可以通过电子邮件、个人主页或者网上活动直接与有关领域的资深人士或专家学者进行交流，以接受权威的指点。因此，互联网就像一个宝藏，它有取之不尽、用之不竭的资源供大众使用，其功能远远超出过去最有价值的图书馆所能带给大学生的用途。

第二，网络信息传播的高速性、及时性满足了大学生追求时效性的心理特征。处于大学时代的青年人，其处理信息的重要心理特征就是好奇心强，能够敏锐地察觉新内容，并且追求内容的快速更新。相对于传统媒体而言，互联网超快传播速度的优越性不言而喻，无论是文字形式的信息还是影像格式的信息，都能够在刹那间对用户完成传递。同样是一份资料，在过去要先影印再通过人力送达给对方的日子一去不复返，如今仅需要几秒即可以实现资料的传输。不管是在华盛顿、伦敦、堪培拉、莫斯科，还是在哈尔滨、乌鲁木齐、昆明、台北，只要联结网络，人们就能够采取多种形式获取关注话题的时间、地点、人物以及事件。例如，2011 年 3 月 11 日的日本福岛大地震，全球的人都可以通过网络的传播在第一时间了解到失踪死亡人数的更新、地质损害程度的实况、核泄漏严重程度的真相、核辐射扩散范围的广度等情况的最新进展。这就是互联网高效迅速的体现。

另外，当代的大学生受全球经济一体化和世界格局多极化的影响，习惯以开阔的角度看问题，不仅仅将注意力专注于自己的小生活圈子，还关注着整个国际、国内大环境下的社会经济文化发展状况，网络信息的高时效性为他们了解世界提供了最方便快捷的手段。同时，如今全社会生活节奏的显著加快也要求大学生在学习和活动的过程中不断加强做事效率，这样才能更好地适应现代社会，而网络正是提高他们学习和活动效率的最便捷途径。

第三，网络的自由性满足了大学生凸显自我个性的需求。在互联网的世界里不分国籍、不设政府、不论等级，没有哪片网络管制另一片网络之说。生活在全世界各个地域的人都能够通过互联网的连接实现相互交流，这种交流是超越时间、地点、民族、政治甚至语言障碍的。在网络的世界里，谁都可以随意发表个人意见，不分阶级，人们很少顾及说的话对不对、好不好，尽可以畅所欲言。在互联网的世界里，大家都是根据个人的兴趣而聚集在一起，而不是现实生活中按照地理位置界定一个人的活动区域。比如，爱好品茶的人们相聚在以“茶”为主题的网络社区，在这个社区里，各位成员不分年龄、不分性别、不分居住地，只因为彼此都是爱茶之人，于是相互交流茶的种类、茶的品质、泡茶经验以及茶具的配备等内容。

通常大学生感兴趣的事物很多，鉴于现实环境的限制，很多思想和才华没有适当的机会培养和表现出来，而网络这样一个自由平等的环境正好为他们设立了一个良好的平台。譬如，有同学对“外星人”的研究非常感兴趣，而不管是家庭还是学校都无法给予他们充裕的相关材料，身边可能也没有伙伴有同样的兴趣，但他们可以通过网络结识很多喜欢探讨“外星人”话题的人，一起讨论有关它的相关事宜。

大学生的心理具有矛盾性，一方面从众心理强，担心自己和大多数人不一致，怕被人落下；另一方面，他们又渴望自己与众不同，在乎个性，强调自我的感觉。在现实生活中，碍于人际关系和社会环境的要求，大学生们一般会选择做出与别人一样的行为；但网络的世界里，他们就可以尽可能地在论坛、贴吧、微博中畅谈符合自己个性的观点，甚至还可以按照个人意识布置、设计自己的主页。

第四，网络的时尚性满足了大学生追求时尚的心理。一般来讲，越是接受过良好教育的人，越容易有独特的个人品位和捕捉流行的敏锐。在如今这个连老年大学里都为60岁以上人群提供网络学习班的时代，假若一名大学生不善于运用网络了解信息，不习惯通过网络协助写作，不懂得使用网络通信的方法，那么不管他的专业知识掌握得多么精通，体音美才艺多么丰富，文凭拿得多么高，各类资格奖励证书获得多么频繁，他仍然等于是个“当代文盲”。青年大学生向来被社会认为是接受新鲜事物能力强、知识量高的典范，大学生群体所引领的时尚被认为是社会大众关注的热点。计算机网络的使用在大学生族群中的流行正是这种现象的反映。以网络媒体为例，网络媒体比传统媒体有更强的流行文化特色，受众的喜好和关注点在不断地变化；网络媒体易用，它还经常变，符合大学生求新、求快、求变的心理特点；此外，网络的时尚性还在一定程度上满足了大学生从众心理的需要。例如，如今大学校园总会成为最流行的歌曲、最热门的电影电视剧、最火爆的游戏、最新鲜的网络用语和最具争议话题的先锋场。因此也相应地，大学生彼此经常互相询问的也都逐渐成为“你看那个超搞笑的××帖子了吗?”“看我人人上转载的东西了吗?”之类的交流，不知不觉中网络已经成为大学生活极为重要的一项内容了。

第五，网络交流的隐蔽性和广泛性满足了大学生向往真情又质疑真情的心理特征。网络为大学生构建的交流平台完全是虚拟的，谁都可以选择通过匿名的方式在一个网络环境中随意表达自己的观点，也可以在未知的网络世界中任意选择交往的对象。因为通过网络交流，人与人之间没有实际生活中个人身份、立场的限制，不受年龄、长相、表情、语气、衣着等外显因素的干扰，只有想法的交换而已，所以网络交流是隐蔽的。最典型的例子是腾讯的“漂流瓶”。瓶子的漂流是随机的，发送瓶子和接收瓶子的人完全是陌生的，在谁也不知道谁的情况进行简单的对话。今天是哈尔滨的一个人传递瓶子，明天可能是相隔遥远的海口人回应此瓶。又如在论坛中发表一个帖子，来自五湖四海的人们纷纷点击回复，这也就表现了网络交流的广泛性。

互联网给许多人创造了一个情感的封闭空间，使人们从现实中解脱出来。今天，在大学生的生活中除了男友、女友、笔友称呼之外，又多了个新名词——网友。这种交往并不是那么简单，因为网络将人们聚集在一起的同时又使他们远离，就像当初的电话、传真一样。人们足不出户，就可以很容易地和世界各地的人聊天。也许正是由于大家不见面的原因吧，有时人反而能把自己的心理话说出来。网络的这种隐蔽性和广泛性为大学生创设了一定意义上最佳的交流模式：不但可以进行直接交流，而且还能够保持个人隐私；不但满足了交流的需求，而且还屏蔽了现实交流的种种障碍，抒发了原本在现实生活中不便表达或者难以表达的真实思想和感情。

三、网络对大学生的影响

网络的产生、发展改变了人们的原有生活，同时也对人们的心理产生了极大的影响。大学生是涉及各种网络活动最活跃的群体，受到网络的影响就更加明显。具体可以表现在以下五个方面：

（一）网络对大学生的积极影响

1. 网络对大学生学习方式的影响 互联网开拓出了一个全新的空间，使得大学生能够没有任何障碍地拥有学习的权利和机会。在学习场所，不再局限于教室、自习室和图书馆，而是在任何场所连接网络均可达到学习的目的；在学习时间上，大学生的学习也不再局限在课堂上，而是可以在任何时间里从网络上获得知识；在学习观念上，大学生不再是被动填鸭式学习，而是发挥主观能动性，主动查找获取知识；在学习内容上，大学生也不再仅专注于老师所讲的专业知识，而是在网上随意浏览和下载自己想要的信息。

2. 互联网对大学生生活方面的影响 互联网为大学生的生活带来了便利。以就业方面为例，过去大学生毕业为找到一份比较称心如意的工作，往往疲于“赶场”，到处参加人才交流会，这带有很大的盲目性。而现在他们只要通过上网就可以查阅到不少有用的信息，采取发送电子邮件的方式或者事先与单位取得联系，这样就大大减少了行动的盲目性。通过网络指导生活既减少了经济损失，又节省了更多的学习时间，可谓是一举两得。

3. 互联网对大学生与社会之间信息沟通的影响 大学校园作为知识和信息传播的主体阵地，肩负着振兴民族的重任。建设信息化校园，已成为高等教育的必然选择。随着高校校园网与国际互联网的成功整合，一条将大学生和社会二者紧密相连的信息通道得以建立。大学生渴望更多地关心国家、了解社会，网络无疑为他们开启了一扇理想的大门。今天，借助校园网，大学生既可以在第一时间了解到有关学校的学术动态、教学科研成果等情况，同时还可以将自己的意见和看法通过网络及时传递给老师和学校领导。通过校园网与国际互联网的联结，大学生即使足不出户，也能尽知天下大事。

4. 网络对大学生身心发展的影响

(1) 互联网有助于激活大学生的创新意识。网络信息的共享性和多元性能够帮助大学生消除对权威的依赖和对从众的惯性，从而建立起创新思维。

(2) 互联网利于大学生产生协同学习的习惯。因为网络提供给大学生的学习环境是不受时间和地域限制的，因此通过网络进行提问、辅导和解答能够形成良好的协同关系，自由表达意见和观点，各取所需，相互促进。

(3) 互联网节约大学生的时间、开阔大学生的视野。网络的方便快捷使大学生们在查找所需资料的花费时间上降到最少，比传统上去图书馆借阅图书来查询资料要节省大量的时间。而同时，网络是一本超级百科全书，信息覆盖方方面面，可以供大学生任意查阅。

(4) 互联网符合大学生的心理特征。由于网络环境中的学习不是被动地灌输，而是通过发挥主动性，自主决定学习的时间和内容，这种能够让大学生充分发挥自觉性的方式才有利于他们的身心发展。

5. 互联网对大学生思想的影响　互联网提倡的是平等对话，这种平等思想的建立有助于培养大学生正确的价值观。在网络环境下，人与人之间虽然资源共享，但是又相互独立，网民对同一问题各抒己见，这种交流是建立在自发和平等的基础上的。大学生可以根据自己的理解和判断来评论问题或者提出问题，逐渐形成独立思考的习惯，从而树立正确的价值观。

(二) 网络对大学生的负面影响

1. 网络上大量的垃圾信息会弱化大学生的思想道德意识　网络的开放性导致大量色情、暴力信息的流传；一些非法组织和敌对分子也会在网络上散布谣言、蛊惑民心；此外，现今网络上形形色色、五花八门的消息又有多少是真实的呢？而现行的网络安全制度还不足以控制这些垃圾信息的滋生和传递。网络文化的内容是互动的，能够促进人的全面发展，但是社会经验少、分辨力弱的大学生就会被牵着鼻子走。大学生是垃圾信息制造者最主要的针对目标之一，因此这类信息也最容易弱化大学生的思想道德意识，污染大学生的心灵，误导大学生的行为。

2. 网络的隐蔽性导致大学生不道德行为和犯罪行为增多　网络的隐蔽性带给人们极大的安全感，有些大学生恣意浏览色情页面和非法网站，编造虚假身份与他人进行非正常的交往。另外，网络犯罪的主体也是以大学生为主。盗用他人信用卡、故意传播病毒的大学生多数动机单纯，如“刺激”“显示自己有能力”等，但却在不经意间违反了法律。

3. 网络对大学生的人生观、价值观、世界观构成威胁　网络信息不但种类多、数量大，而且良莠不齐。大学生在接收各类信息时，难免会遇到使自己陷入困惑的时候，这种情况会对传统人生观、价值观、世界观造成冲击，可能会形成拜金主义、享乐主义、崇洋媚外等错误思想。

4. 网络环境容易造成大学生迷失自我　互联网虽然为大众提供了随意表述见解的平台，大众可以回避身份在虚拟情境下发表言论，但是大学生的年龄阶段属于青年成长期，该阶段是发展人格自我同一性的关键时期。也就是说，这个阶段是大学生建立起“我即是我”而非其他的一种心理过程，它既包含“我”的持续性也包含“我”的同一性，渐渐形成忠诚的品质，并在此基础上，进一步培养出爱和关心他人的品质。由此可推知，互联网环境有可能会对大学生自我同一性的形成产生障碍。所以，在网络环境下面对“我是谁”的简单提问时，就显得非常复杂了。

在网络的虚拟情境中，“我”所面对的交流对象具有不确定性，似乎相识，又似乎陌生。因为网民大部分都或多或少，或全部使用虚假信息来维护隐私、保护自己、美化自己。网络的匿名性促使大学生随意修饰自己、虚夸自己，潜移默化中迷失了自我。这种匿名的形式运用得久了，就会使很多大学生形成不协调的自我认知，从而影响到整个人格的形成和发展。他们会因为不了解自己究竟是一个什么样的人而感到困惑，也会因为分辨不清虚拟与现实的社会角色而迷茫。这就是虚拟文化带来的角色多元化、体验多重性所造成的角色混乱。此混乱的后果是导致大学生逐渐忽略他人的存在，侵犯行为不断增加，处事态度消极冷漠，思想观念偏激片面。在开放性的论坛、贴吧和微博中这种状况被表现得淋漓尽致。

5. 网络环境导致大学生情感的迷失 大学时期作为从学生到社会人的过渡时期，是人的情感最容易发生冲突的时期。处于现实环境中的大学生被许多规定和监督所约束，理想与现实差距大，内心深处的情感难以释放。而网络虚拟环境的出现终于让他们找到了一个肆意发挥的空间，给予他们无须的自由，他们无须受到各类规章制度的束缚，可以无所顾忌地想说什么就说什么，尽情宣泄个人的情感。

然而，当有些大学生长期面对电脑屏幕、陶醉于在虚拟情境下的感受而无法自拔时，一系列的隐患问题就应运而生了。这些大学生会因为习惯了虚拟生活而难以适应现实世界，于是以恶性循环的形式采取回避策略，更加沉迷于网络之中，逐渐丧失对周围亲朋好友关系的正确判断，从而产生近距离沟通障碍。比如，长期沉醉在网络游戏状态下的学生，往往给人难以接触的感觉，同时他本人也会常常看他人不顺眼，这就是自我封闭产生沟通障碍的表现。尽管网络确实能够在人失意的时候起到缓解现实压力和痛苦的作用，但这种作用通常只是暂时的；网络交流确实可以协助大学生解决一些问题，但是也会使大学生产生更大的心理落差和情感障碍。大学生常常错误地将网络效能无限夸大化，没有认清它仅仅是一种交流形式而已，过度依赖势必造成对现实情况下面对面交流的不适应和抗拒。心理学者认为，大学生假如一直沉迷于网络，很少或不与外界进行真实情景下的人际沟通，必然会形成人际关系冷漠、责任意识下降、与现实世界相隔阂，从而产生人际关系障碍。

第二节　大学生网络应用状况

一、玩网络游戏

（一）网络游戏类型

网络游戏是人们一般所指的“在线游戏”，是通过互联网进行的可以多人同时参与的计算机游戏，通过人与人之间的互动达到交流、娱乐和休闲的目的。从目前来看，业界还没有对网络游戏的类型进行权威的统一规定，但大致可以分为角色扮演类大型网络游戏、休闲动作类游戏、棋牌桌面类游戏和其他类网络游戏四种。

其中，角色扮演类网络游戏是当前最主流的类型，它为玩家构建了一个具有健全社会体制和经济系统的虚拟世界，参与者可以根据兴趣选择扮演一种角色，并通过游戏技能或其他投入参与虚拟世界中的社会活动，以此来实现角色的生存和成长。该类型游戏又可分为童话类、武侠类、魔幻类和科幻类等不同种类。

休闲动作类网络游戏的最大特点是采用回合制，即一场游戏在一段规定时间之内便会结束。此类游戏纯粹是为了娱乐，不强调角色和剧情，而且通常不需要付费。

棋牌桌面类休闲游戏一般指棋牌类游戏和其他益智趣味类网络游戏。棋牌类游戏就是将生活中的麻将、扑克、围棋、象棋等棋牌移植到网络上，玩家通过网络与对方进行对垒。益智趣味类网络游戏主要是由非常流行的单机游戏而改编成的，通常采用实时比赛的方式进行互动，并且还可以运用道具来增强互动感。

其他类游戏则包含了除上述三种游戏类型以外的所有游戏。

根据一项在线调查得知，在 8 541 名接受调查的大学生中，角色扮演类网络游戏最受大学生欢迎，有 32.3%的大学生是该类型游戏的用户；休闲动作类和棋牌桌面类游戏分别有 25.3%和 22.7%的大学生推崇；还有 19.8%的大学生玩家选择其他类型的游戏。总的来说，男大学生对网络游戏的热衷程度要高于女大学生，偏爱的游戏类型也存在性别差异。

(二) 网络游戏的吸引力

玩游戏是人与生俱来的天性，网络游戏为不同年龄、不同性别、不同身份的玩家提供了没有场地和道具限制的便利条件。因此，大学生玩家可能常常会遇到这样的状况：有时候从白天玩到黑夜，以至于眼睛都快睁不开了，腰酸背痛了，困得不得了，可还是无法停止玩游戏，总希望攻克这一关后就去睡觉，但最后还是一玩一整夜。这就是网络游戏的吸引力。

有的大学生表示，网络游戏在玩之余还能起到交流与沟通的作用。玩家彼此会交流升级心得，互相传授经验的过程中建立起友情；也有大学生认为，现在网络游戏最吸引人的地方在于它的视觉效果做得特别出色，音乐效果也让人非常享受，所有的设计都十分精致。事实上，网络游戏之所以如此受大学生玩家欢迎，在于它的以下三个特点：

(1) 网络游戏突破了地域空间的限制。我国自从实行独生子女政策以来，绝大多数家庭只有一个孩子，那么自娱自乐成为他们最惯有的游戏方式，因为外面的伙伴不是总能找得到的。久而久之，孩子们在升入大学后由于计算机的普及而自然而然地将网络游戏作为娱乐的首选。

(2) 网络游戏过程中道德监督不力。由于网络是虚拟的、匿名的，所以许多青少年玩家都会出现拖延出牌时间、中途强行退出游戏逃跑、游戏过程中乱讲脏话和作弊等行为。因为在现实生活中，不管处于怎样的情境，人都是在相对熟悉的人群中；而网络世界里人是存在于陌生环境中的，不必为任何人或事而感到紧张，在这样的条件下，有些玩家会将现实生活中积累下的苦闷和不安在网络游戏的过程里发泄。

(3) 网络游戏的认定标准单一。大学生在成长过程中渐渐了解现实世界的规则规范极其复杂，可能会经历一些挫折感。因为网络游戏中单一的认同标准很容易为他们带来满足感、成就感。他们可以摆脱现实生活的种种束缚，在网络游戏中充分表现自己，只要他们在游戏上花费比别人更多的时间和精力就能够肯定自己，同时也能获得他人的肯定，因此他们在玩网络游戏时乐此不疲。

那么大学生玩网络游戏的心理成因到底是怎样的呢？

(三) 大学生玩网络游戏的心理分析

根据相关调查结果，原因无外乎是“想完成游戏”“竞争”“提高操作技巧”“渴望探险”“获得高分”。想完成游戏的大学生通常只是基于想看到游戏的最终结果，以满足自己的自信心；为了竞争而玩网络游戏的大学生认为这是自己掌握主动权和控制力的表现，因此很享受与别人在公平条件下竞争胜利而带来的成就感；希望提高操作技巧的大学生玩家期待通过自己反复完成一个游戏而掌握操作技巧，这样可以得到其他玩家的羡慕和称赞，进而实现心理上的满足；渴望经历探险的大学生好奇心强，有强烈的破解谜底、探寻未知领域的欲望，征服网络游戏可以解决心中的疑惑；期望获得高分的大学生玩家将自己在竞争中得分高于其他玩家视为最大的满足，同时也能得到其他玩家的敬佩，所以爱好网络游戏。

综上所述，大学生喜欢或沉迷于网络游戏的心理成因在于体验不同角色的需要、满足自我实现的需要满足快感和释放潜意识的需要以及交往的需要。

二、观看影视综艺

20 世纪 80～90 年代的青少年接触最多的媒体是电视，有人称他们是在电视前面长大的电视儿童。每当一部热门电视剧播出，青少年都津津有味地观看，迷恋不已。现在，最受青少年青睐的是网络，网络时代成长起来的大学生对影视综艺的狂热比以往更深。网络提供了大量的收看选择，只要随意地点击几下鼠标，从好莱坞的经典作品到国内的小成文文艺电影，从风靡大江南北的美剧、日剧、韩剧到国内的自制剧，从海外的娱乐搞笑到国内的选秀比赛，大学生可以获得不断更新的海量观看资源。从我国目前的网络情况来看，不仅可供大学生观看的电影、电视剧、综艺节目等资源多，收看方式也多。最受欢迎的国内视频网站有腾讯视频、爱奇艺、优酷等，其他提供视频观看的软件还有哔哩哔哩、搜狐视频等。

相对于男生，女生在网络上收看电影、电视剧和综艺节目的数量要庞大得多，迷恋程度也要大很多。因为在休闲娱乐方面，女生喜欢感性、情绪化的东西，而影视综艺本身比较偏女性化，节目制作也针对女性多一点，所以相对于男生来说，电影、电视剧和综艺节目对女生的吸引力更大一些。目前的现实情况是，很多女生上网看电视要比男生打网络游戏还疯狂。

中国青年报曾经报道过大学女生宅在寝室里上网看电视的“疯狂事迹”。文中有一大学女生称，她身边的女生看影视剧都“很疯”，经典老剧、韩剧、美剧、新出的电影大片几乎都不放过。宿舍楼道里经常看不到人影，推开每扇门都会看到同一景象：每个人都面朝自己的电脑或者手机，戴着耳机，要么哭，要么笑，要么面无表情，进来个陌生人都不会有人发现。40 集的电视剧可以一个周末全部看完，以前看过的电视剧还会再下载下来看两遍，讲述同一内容的新老版电视剧可以对比着重温……很多学生最喜欢一边看片，一边用迅雷下载其他片子，资源永远不会枯竭。看得起劲时，以至于连吃饭也顾不上，往往是在看得两眼都睁不开时，借着休息的机会，飞奔下楼到食堂打饭，然后又坐在电脑前，一边往嘴里送吃的，一边继续盯着剧情的发展。宿舍里来了什么人、说什么话全然不知。

如今信息化的时代中，大学生普遍拥有属于自己的手机和电脑。加之大学课程的安排随着年纪的增长而减少，大学生有大量可以自行支配的时间，一旦进入了影视综艺的世界就很难自拔。整日坐在电脑前，对着电脑屏幕随着剧情的起伏哭笑，这是大学女生寝室最常见的画面。在一些高校的 BBS（论坛）中，“你刷了几遍《三生三世十里桃花》?”“哪部美剧让你连熬几个通宵就想一口气看完?”“昨天的吐槽大会是本季最搞笑的一期”之类的帖子不胜枚举，大学校园里的影视综艺热可见一斑。

宝贵的青春年华都投入到上网看影视剧和综艺节目，这反映出当今大学生精神生活的空虚，他们除了上网看片，根本不知道还该干什么。据报道，很多大学生表示自己很享受这种窝在宿舍看片的生活。因为实在是无聊，这样可以打发时间，找点精神寄托，不然会在大学郁闷死!

有的女大学生誓将“宅女”做到底，从大一开始就没有参加任何社团活动，逛街没有钱，学习负担也不重，所以就选择看片了。能将她们从电视剧中拉回到现实的，只有忽然到来的考试、作业。有学生表示，当考试成绩出来时，看到很低的分数确实很懊恼。曾经下定决心要坚持好好学习，后来发现，这种长远的计划远远抵挡不了影视综艺的诱惑。她们也承认自己的生活缺乏目标。

尽管也有人是抱着学习的目的看片子的。喜欢美剧的同学表示看美剧一是为了练习英语，二是十分喜欢他们的生活方式。虽然前一个原因有点冠冕堂皇，但有不少人以“练习英语”为借口沉溺在美剧中。

处于这样情境中的女大学生们，其实有很多人已经认识到不能一直这样，应该尽快改变自己的生活方式。毕竟电视里的生活并不现实，而且看片耗费了大量的时间，让人变得与世隔绝了。她们也期望从理想世界走回到现实中。据了解，很多有此问题的学生曾经尝试过要把上网看电视的瘾给戒了，选择其他的方式来替代上网的诱惑，比如到图书馆借了几本书来打发无聊时光。但开始一两天还能坚持，后来就受不了了，不得不重新回到电视机前。还有些同学为了解决自己上网、看电视成瘾的毛病，将电脑中安装的电视软件统统删除以强迫自己离开网络，把生活重心放回现实的学业和活动中。但是也都没过几天就坚持不下去了。现在网上还出现了“拒绝电视剧小组”，希望通过团体的力量，互相监督、互相勉励，以达成不再沉迷上网看影视娱乐节目的愿望，但效果不尽理想，绝大多数同学都无法坚持到底。

上网看电影、电视和综艺栏目是大学生群体的网络生活方式，也是他们平常聊天时涉及最多的话题之一，某一个学生个体很难做到不受周围同学影响而终止上网看电视的行为。作为上网消遣的一种形式，看影视综艺节目本身不存在负面问题，大学生如何把握好观看的时间长度、如何平衡好消遣与学习的关系，已然成为值得关注的社会问题。

三、网络闲聊

1. 网络聊天的形式　网上聊天是指人们利用计算机网络平台进行交流和沟通的行为，是人们在网络虚拟社区进行社会交往的基本方式。狭义上的网络聊天指运用QQ、微信等计算机软件进行的即时交流；广义上的网络聊天还包括互发电子邮件、论坛互动等延时沟通。

网络闲聊具有交互性、开放性、跨时空性、及时性、虚拟性、弱社会性、弱规则性、平等性的特点，因此这种人际沟通方式也广受各种人群的追捧，只要有时间、有条件，无论白领、公务员、学生、家庭主妇，都可以参与其中。

（1）目前，最受我国大学生欢迎的网聊形式是通过微信进行聊天。微信（WeChat）是腾讯公司于2011年1月21日推出的一个为智能终端提供即时通信服务的免费应用程序。它支持跨通信运营商、跨操作系统平台通过网络免费（需消耗少量网络流量）快速发送语音短信、视频、图片和文字；同时，也可以使用通过共享流媒体内容的资料和基于位置的社交插件“摇一摇”“漂流瓶”“朋友圈”“公众平台”“语音记事本”等服务插件。

微信之所以如此受到大学生的青睐，不仅在于它满足了用户随机交流的需求，丰富了沟通媒介的内容，增加相互间的联系性，使不论是熟悉的人还是陌生人都能随时随地建立起沟通渠道，进行多种形式的交流，还在于它提供给用户生活中方方面面的便利性，比如银行转账、交通服务、吃喝玩乐、公益项目等，满足了包括大学生在内的不同结构用户的不同需求。

（2）非即时性聊天的代表形式是BBS论坛。它的主要特点就是为网民提供进行平等的畅所欲言的机会，参与谈论的人数众多，而且可以是来自各种年龄、职业、生活背景的人，涉及的话题也十分广泛。因此，当一个人将自己内心的想法以长篇大论的形式展示后，可以得到许多其他人的共鸣，这样不但有助于宣泄内心压抑的情感，缓解平时生活中的烦躁，还可以通过不断的刷新在最短的时间内得到对发帖人言论的最新认识。

经常活跃在BBS论坛中的人基本上都有看到好帖子会与他人共同分享的习惯，并且认为自己觉得好的内容别人也会这样认为；总觉得自己的观点最正确，值得收获别人的认可。在BBS中聊天的主力军是大学生，大约占所有使用论坛用户的60%，这与论坛具有的文化氛围、个性化服务、互动的优势和细分化的族群有密切关系。此外，网络论坛内容的丰富性和多样性对大学生也有着极强的吸引力。

2. 大学生网络闲聊的心理动机 无论是采用哪种形式的网上聊天，用户的心理基本上都可以归类为三种：①渴望在网络上变成自己所希望的那种人；②想尝试在网络上成为自己现实中不可能成为的那种人；③会在网络上突出自己的次要性格的那种人。这三种心理的动机具体可归纳如下：

（1）娱乐性。网上闲聊的娱乐价值很大程度上要高于交互真实信息的价值。通常，网络聊天是人们表现真实自我的最佳机会，人们可以按照自己喜欢的方式和风格扮演自己向往的样子。这种娱乐性远远超过现实中的体验。

（2）社会比较的虚幻性。在网上闲聊时，一般都以彼此近况、天气如何等单调的事实作为开场白，不会涉及具体的评论。在经过这个阶段之后，聊天双方则会将话题转到对人和事物的评论方面，并且以负面评论居多。这是由于现实社会的复杂性有时候自己也无法看清自己，缺乏社会经验的大学生更是如此，所以迫切希望了解自己在他人心中的形象。网上闲聊进行的评论就能够帮助大学生们进行这种比较。它可以在一段时期内提高大学生的自我满足感，保持愉快的心情。

（3）交流的安全性。按照马斯洛的需要层次理论，当基本需要被满足后，人会本能地追求高一级的心理需要。现代物质生活水平的大幅提升满足了人们的基本需要，进而人们自然而然地将关注点放在寻求社会支持、社会认可和归属感上。在真实环境中，每个人受多重因素的限制而不能够与他人进行充分的交流；网络提供的安全空间却能够给人一种无拘无束的感觉。

（4）晕轮效应。晕轮效应是指在人际交往中，人身上表现出的某一方面的特征掩盖了其他特征，从而造成人与人之间的障碍。真实世界里的聊天，彼此会受到外貌、神态、举止、穿着等很多因素的影响，聊天的效果很容易受到这些因素的干扰而降低交流的质量。网上聊天就可以弥补这种缺憾，因为提供给个体的感知经验有限，个体对彼此的印象更多的是来于自己的想象，这会使个体获得极强的自尊感。

（5）含蓄的形式。网络闲聊类似于书信交流，都是依靠文字来表达自己的思想，只不过它的交流速度更快更及时。一般认为，在现实生活中人的自我防御机制使人们在面对一些社会紧急性话题时采取压抑的方式回避；而网络则提供给人们更广阔的交流平台，个体可以在其中释放压抑、避免尴尬。网络聊天可以让很多当面不好开口的事情得以交流，非常符合中国人含蓄、内敛的民族性格，所以网络闲聊才会在我国如此流行。

四、网络交友

1. 网络交友概述　现实中交朋友总是要受到时间、地点、年龄、性别、身份、性格的限制，而且为了达成做朋友的目的还会淡化自己的个性。网上交友则不同，它是通过网络提供的便捷方式，使用网上交友运营商提供的服务而进行结交朋友的活动，具有广泛性、延展性和平等性的特点。在网上交朋友，只要轻松、自信地说自己想说的话就可以了。

据调查，近十年来我国网上交友的用户数量一直在大幅度地增加中。按照交友的目的可分为休闲交友、婚恋交友和商务交友。休闲交友之间的关系就是普通朋友关系，因为共同的兴趣爱好和话题而结为网友；婚恋交友双方的关系是以建立起婚姻关系为目的而进行的沟通、熟悉和磨合的交友关系；商务交友是指为了商业合作或人脉关系而产生的交友行为。人们之所以选择在网上交朋友，主要是出于网络里选择朋友的范围广、好奇心强、现实生活中不擅长交往、保持安全及维护隐私、节省时间和费用的缘故。

2. 网恋　网络交友还有一种特殊的形式——网恋。网恋是指在网络空间里，异性之间形成和发展的一定程度的情感依恋关系。它包括两种形式，第一种是纯粹意义上的网恋，即纯粹在网络上认识、恋爱，完全没有现实的接触；第二种是网络与现实相结合，即在网络中认识、恋爱，然后发展到现实生活中的恋爱与婚姻。

网恋在大学校园中非常流行，尽管大部分大学生不愿意承认自己网恋，但大学生网恋的例子却屡见不鲜。根据东北师范大学孙彩平副教授的研究结论：在大学生群体中，网恋正在成为一种比较普通的交往与恋爱方式。而且大学生对待网恋的态度比较一致，接受调查访问的大学生中有87.8%的人将网恋视为满足情感需要的一种方式。

究竟是什么促使那么多的学子跑到一个虚拟的爱河中冲浪呢？大学生们有的说是因为借用远程网络，很多当面不好说的话可以用文字敲出来；有的认为网恋是对未知的一种好奇；还有的人纯粹是因为想体验网恋的感觉，为网恋而网恋……而从心理学的角度分析，原因有以下几点：

（1）填补内心空虚。网络已然成为大学生平时生活的一部分，很多网恋的大学生一开始并没有想要网恋，可能只是因为现实中缺少实心实意的朋友，才在网上找一朋友谈心而逐渐发展为网恋；也可能是觉得日子无聊，故意在网络上找一异性朋友，先勾引对方爱上自己然后离开，认为这样很刺激。

（2）效仿他人行为。有的大学生看到周围的同学在网上觅得一异性朋友，并聊得火热，自己也跃跃欲试，希望通过网恋也能体验到这种情感。

（3）追求时尚感觉。网络是如今最流行的事物，爱好赶时髦的大学生自然不愿意在这方面落后。于是他们认为在现实中恋爱太落伍了，网络这个代表高科技的事物才应当做恋爱交友的平台。

（4）渴望异性交往。关心异性、期望得到异性关注、渴望美好的爱情是大学生生理成熟的重要标志。在网上与异性交往是获得情感的途径之一，网恋能给大学生带来有距离感的朦胧美，为追求完美爱情的他们留下了很大的想象空间。

（5）寻找心理慰藉。大学生在现实生活中难免会遇到一些挫折，而人在遇到挫折时会本能地逃避并寻求发泄或补偿的途径。网上的朋友很容易成为彼此倾诉、相互关心的对象，在心理创伤得到慰藉的同时，情感也随之建立起来了。

大学生网恋会产生许多负面效应：第一，带来学业问题。毕竟网恋和正常恋爱有所不同，大学生通过网上的甜言蜜语来假想对方就是自己想要的白马王子或梦中情人，耗费大量精力，有的甚至为了网恋旷课逃学，严重影响学习的兴致和效果。

第二，冲击校园秩序。沉迷于网恋的大学生往往意志消沉，对正常的校园活动和人际交流表现得漠不关心。由于与网恋的对象聊天可能一聊就是一通宵，因而第二天的常规学习和活动必然会受到冲击。

第三，造成心理问题。虽然通过网恋可以扩大交友范围、促进心理交流，但是大学生的心理特征所具有的冲动型和矛盾性可能导致他们无法正确对待网恋。由于缺乏理性的指导，一旦发生网上失恋等网络情感问题，很容易造成严重的心理创伤，久久不能平复。

第四，引起人际关系问题。正常的人际关系需要时间和精力的投入，网恋的大学生将注意力过多地放在虚拟空间的互动上，忽视了平时生活中的情感互动，长此以往就容易产生“网络孤独病”等症状。

第五，带来情绪问题。长期网恋的学生很容易因为过于沉迷在网络而产生消极厌世的情绪；有些大学生在亲眼见到想象中的白马王子或梦中亲人后，因为感到与心理期待落差太大而产生失望、烦躁等负面情绪。

第六，丧失其他兴趣爱好。迷上网恋后，大学生常常将大部分时间和精力用在上网跟对方聊天方面，很难再兼顾到原有的兴趣和爱好；而且，大学生网恋后，对待其他兴趣爱好的态度也会发生改变，认为任何活动都不及上网交友。

五、微博与抖音

1. 微博 微博，是微博客（MicroBlog）的简称，是一个基于用户关系的信息分享、传播以及获取平台，用户可以通过 Web、WAP 以及各种客户端组件个人社区，以 140 字左右的文字更新信息，并实现即时分享。微博的优势是内容仅由简单的只言片语组成，从这个角度来说，对用户的技术要求门槛很低，而且在语言的编排组织上，没有博客那么高；而且用户可以通过手机、网络等方式来即时更新自己的个人信息。

据调查，如今微博在大学生群体中的流行度和受欢迎性更高，网络的便捷性和微博的简易性使得微博在大学生中 QQ、人人网之后又一使用频繁的项目。而微博上最受大学生关注的前三位是明星、生活中的朋友和经典段子集锦。通过微博，大学生可以获得五花八门、最新的消息，可以大范围地与人互动，可以观察社会百态，只要刷新微博就可以获取各类信息和评论。

2. 大学生使用微博的心理动机 已经注册了微博的大学生中，大部分人通常每周会访问 4～5 次，以“无聊时就玩”的态度为主，也有同学玩微博是“一有时间就玩”或者“已成为一种生活习惯”。大学生的微博以关注认识的人或者名人居多，他们一般不认同微博是“与异地好友保持联系”的可行方式，微博对他们更大的用处在于关注明星动态、精彩语录、星座、穿衣时尚等方面。大学生一般在微博上花费时间最多的项目是“写微博”和“查看自己或者别人的口碑评价”。虽然热点问题也会参与讨论，但是大学生普遍认为“微博上的观点不能代表真实民意”，而且信息量过多，所以不会热衷于此。根据调查结果分析，大学生基本上能以客观理智的态度使用微博，他们肯定微博带给他们的利大于弊，可不会因为玩微博而影响学习计划。可以推知，假如没有微博，绝大多数大学生会感到遗憾，但是不会产生痛苦的情绪。毕竟，与已经发展成熟的QQ和人人网相比，微博还属于新兴事物，各方面的功能还有待于进一步开发，因此当下大学生沉迷微博的现象还比较少。

3. 抖音　抖音App是一款社交类的软件，通过抖音短视频App用户可以分享自己的生活，同时也可以认识更多的朋友，了解各种奇闻趣事。从实质角度讲，抖音是一个专注年轻人的音乐短视频社区，用户可以选择歌曲，配以短视频，形成自己的作品。它与小咖秀类似，但不同的是，抖音用户可以通过视频拍摄快慢、视频编辑、特效（反复、闪一下、慢镜头）等技术让视频更具创造性，而不是简单的对嘴型。由于抖音平台一般都是年轻用户，配乐以电音、舞曲为主，视频分为两派：舞蹈派、创意派，共同特点是都很有节奏感。基于以上特点，抖音自2016年9月上市以来，迅速成为短视频App中的佼佼者，在大学校园里几乎无人不知、无人不晓。据调查，大部分使用抖音的大学生最初动机在于娱乐，他们热衷于观看视频、点赞/评论视频和分享视频；同时，抖音的使用满足了大学生社交需求，使他们与偶像明星、网红、普通人的沟通交流成为可能、成为潮流。

4. 大学生使用抖音的心理原因　抖音之所以会在大学生群体中引起如此高度的欢迎，其主要原因有三方面：第一，它迎合了当今时代“娱乐至上”的思想潮流。当前社会节奏快，人们普遍精神压力大，因此对娱乐的向往愈加强烈，像美食鉴赏、健身美体、旅行分享等休闲主题都在构建享受娱乐生活的心态。大学生价值观尚未成熟，极易受网络上各种娱乐标签内容的影响，进而刷抖音上瘾，失去控制观看时间的能力。第二，它满足了当下年轻人对于个性化的需求。15秒的视频内容简约明了，滤镜美颜功能顺应了年轻人对美好形象的向往，评论、点赞、转发实现了大学生社交的需要。第三，人学生时间自由程度高，接受新鲜事物能力强。年轻人本来就对抖音这类新问世事物接受度更强，再加上他们比自己以往各个时期都拥有更多可自主支配的时间，因此内外条件促使他们使用抖音的意愿和能力比其他群体更强。

第三节　网络成瘾

一、网络成瘾概述

近年来，网络的使用渗透到人类学习、工作和生活的方方面面，我们进入了网络时代。不少大学生由于没有正确地认识网络、过度依赖网络，出现了网络成瘾问题。

网络成瘾，医学上称之为“病态性使用互联网”，也称为“网络成瘾综合征”（internet addition disease，IAD）。网络成瘾在心理层面上与赌博、酗酒、吸毒是一样的，都是在物质的导向下表现出来的失控行为，其具体表现是将大部分精力和时间花费在各项网络活动中，忽视现实生活中的人际关系、学习任务、工作职责，社会心理功能严重受损。

《中国互联网络发展状况统计报告》显示，截至2018年12月，我国网民规模为8.29亿，全年新增网民5 653万，互联网普及率达59.6%，较2017年底提升3.8%。我国手机网民规模达8.17亿，全年新增手机网民6 433万；网民中使用手机上网的比例由2017年底的97.5%提升至2018年底的98.6%，手机上网已成为最常用的上网渠道之一。在这样的形势下经过调查统计，中国的手机移动互联网占上网人群的3/4以上，在一项针对江西院校的抽查研究中发现，被测大学生的手机成瘾率高达49.8%。而另一项调查显示，大学生网络成瘾率为 37.9%；而香港的调查结果则表明，28.7%的大学生网络成瘾。台湾东海学生谘商中心主任黄圣桂表示，依据网络成瘾耐受性、强迫性上网行为、网络成瘾戒断反应等维度调查学生的网络使用行为，不管沉迷者或成瘾者，都面临上网时间愈来愈长、不上网手会抖等问题。黄圣桂指出，很多大学生早上 8:00—9:00 的课总是缺席，经调查发现，他们都是因为前一晚上网到天亮。当他们调查网络成瘾情况后，有 54 位学生主动表示愿意接受心理咨询辅导，显然网络已干扰到正常生活，他们想要摆脱。

事实上，一些网络沉迷或成瘾学生，有在论坛、朋友圈或微博上发表意见的习惯，但现实生活中则不太喜欢跟同学讲话。他们总是说："要了解我，去看我的朋友圈，不要现在问我。"很明显，网络已经严重影响到他们的人际关系。

判定一个人是否患有网络成瘾综合征，主要看在过去的一年里是否经历如下症状：

（1）全神贯注于网络，并在下线之后继续想象上网的情形。

（2）觉得需要在网络上花费更多时间才能感到满足。

（3）多次努力想控制或停止使用网络，但总是失败。

（4）当试图减少或停止上网的时候，会感到情绪低落而且暴躁易怒。

（5）花费在网上的时间总比预期的要长。

（6）为了上网，宁愿置重要的人际关系、工作或教育机会于不顾。

（7）曾向家人、朋友或他人撒谎，以隐瞒自己涉入网络的程度。

（8）上网是为了逃避问题或释放情感，诸如无助、罪恶或焦虑沮丧。

符合以上八条中的五条或者五条以上者，即被认定为"网络成瘾综合征"的初期患者；一周上网时间超过 40 小时，即可被认定为深度"网络成瘾综合征"患者。

二、网络成瘾的原因

（一）网络成瘾的主观原因

（1）大部分网络成瘾的大学生是由于自我管理能力弱、自我约束能力差，一再放纵自己导致；另一小部分网络成瘾的大学生则是因为性格原因，由于不善和他人交往或亲情友情缺失，而选择通过网络填补情感的需要而造成。

（2）大学时期的学生最容易出现内心冲突，因为自我理想与现实形式总是存在很大差距，在实际生活出现与内心期待不相符合的障碍时就不免产生痛苦和困扰，网络的虚拟性恰好带给大学生需要的安全感，摆脱了现实的挫败感，因而格外青睐网络。此外，来自家庭的压力、学习的压力同样令大学生产生厌烦的情绪。尤其是家庭条件较差和学习成绩落后的学生常常会因为无法面对现实而沉浸在网络里，在虚拟的世界中寻求一种满足感，以得到精神上的慰藉。

（3）大学生的课业压力没有中学时代那么重，可以用来自由支配的时间比中学时代多很多，而在离开父母的掌控后，自主决定时间的支配时缺乏理性，非常容易出现将大把时间浪费在虚拟空间上的情况。

（4）大学生由于一直没有离开过校园生活，社会经验相对匮乏，对社会百态的未知导致他们具有颇强的好奇心理，热衷捕捉各类不了解的信息，因此色情、暴力甚至反社会信息极易引起他们的兴趣，进而激起他们对现实的不满，从而更加沉迷于网络。

（二）网络成瘾的客观原因

1. 家庭原因　人们往往存在这样一个误区：大学生的网瘾是大学生个人存在的问题。其实不然，一个人早期接受的教育就已经影响到其后来是否会沉迷于网络。教育者们一直在向家长呐喊“身教重于言教”，正是因为家长的道德修养、言谈举止、为人处世的方式对孩子成长过程中所产生的影响巨大。大学生上网的习惯和特点与家庭的关系是密不可分的。典型的中国式家庭教育通常显现出三大劣势：过度期望、过度关爱和过度保护。因为当前大多数大学生所在家庭是只有一个孩子的核心家庭，这类家庭在唯一的孩子身上寄托了过多沉重的爱。父母无形中施予的压力迫使大学生们需要在网络上释放，而对于儿女频繁地上网行为，父母又给予相当大程度的纵容。

曾有调查显示，虽然有 79.4%的父母上网，但其中 46.1%的家长都认为孩子在上网方面比自己强，还有 18.3%的父母认为孩子的水平和自己不相上下，加在一起超过六成。这就说明一个问题：尽管当前大学生的父母主要是 70 后，他们其中很多人可能是网络高手，但他们仍然需要与孩子一起学习、一起成长，以往任一个时代的父母都没有像他们今天这样需要学习。可见，对于子女的网络成瘾隐患，家长自身需要有客观的认识和进取的行为才能跟上孩子的节奏、才能更好地影响和帮助子女面对网络使用问题。

2. 学校原因　由于高考指挥棒的影响，我国现行的教育制度是从基础教育开始就一直让学生担负着考试的巨大压力，严重忽视学生兴趣爱好的培养。于是，在大学时期，当学生真正能有些属于自己可以支配的时间时，他们发现上网是唯一的乐趣了，其他的要么不会、要么不在行。此外，一名学生上网可以很快影响到周围一群人，传播性非常强；而学校教育也只能从宏观方面向学生强调网络成瘾的危害，难以做到有效预防和矫治。

3. 社会原因　现如今，网吧随处可见。为了赢取经济利益，网吧常常存储一些色情、暴力的视频来吸引青少年；一些网络游戏开发者为了赚黑心钱，明知道游戏是不健康的，仍然向青少年传播。虽然政府的规定早已颁布，提倡网络文明道德、绿色网络文化、积极主张净化网络，大力呼吁健康上网，但是仍有非法网站和个人以不择手段的方式向外传播不良网络资源。对于大学生网络成瘾的现象，社会大环境的影响脱离不了干系。

三、网络成瘾的类型

对于网络成瘾的类型，专家从不同角度进行过多种形式的划分，在这里我们主要按照网络成瘾的表现形式归纳为以下五种类型。

1. 网络游戏成瘾　网络游戏成瘾是最先引起社会注意的一种网络成瘾形式，其主要症状表现在患者花费大量时间和精力与网友在虚拟的“王国”中打得火热。由于网络技术的迅速发展、商家对网络游戏的开发力度愈加增大，网络游戏对大学生的吸引力也就愈强。网络游戏成瘾是各种网络成瘾形式中最为棘手的一项。

2. 网络交际成瘾　网络交际成瘾就是利用 QQ、微信、SKYPE 等各种聊天软件以及网站的聊天室进行人际交流，并达到了上瘾的程度。网络交际成瘾又可分为交友成瘾和网恋成瘾两种，而且根据调查，它们也是大学生群体中最感兴趣的两个方面。网络交友成瘾会影响大学生的人际沟通能力和人际交往关系，造成“人机热，人际冷”的现象。与网络交友成瘾不同的是，网恋成瘾者的交谈双方通常是异性关系，并在网上确立了恋爱关系，享受着恋爱情感带给他们的快乐，不可遏止地越陷越深。网恋可发展成现实的恋爱，但往往成功的可能性比较低。

3. 网络色情成瘾 在网络中，各种与性和色情有关的站点比比皆是，各种淫秽文字、声音、图像信息泛滥，可以毫无障碍地在网络中传播，只要稍不留心，就可能误入其中而不能自拔。从大学生的年龄特点来看，他们正处于性生理成熟之后的性满足延迟期中，极易受到网络色情的诱惑而造成网络色情成瘾。

4. 网络强迫信息收集成瘾 这类成瘾者经常强迫性地从网上收集无用的、无关紧要的或者不迫切需要的信息。这种现象与以强迫性物品收集为主的强迫症类似。即使明知没有必要，但患者还是控制不了自己，总是担心下网后错过了什么"重要"的信息；即使是对其毫无意义的数据和资料，患者也总想查看或者下载到自己的计算机中。有的甚至在夜间起床时，还情不自禁地打开电脑，到网上"浏览"，看看有无"重要"信息。一旦离开电脑，患者就会产生失落感和不安感。大学生的求知欲和好奇心重，对网络提供的信息趋之若鹜，是这种类型成瘾的主要患者。

5. 网络技术成瘾 此种类型的患者通常会强迫性地沉溺于电脑编程或游戏程序中，不能自拔。这与电脑程序员的工作不同，网络技术成瘾的患者往往没有目的，无计划。

在实际生活中，网络成瘾的大学生里，有的单纯是上述五种类型中某一种类型的患者，但更多的是几种网络成瘾类型的复合型。

四、网络成瘾的危害

1. 影响大学生的学业 沉迷于网络的大学生必然将大部分时间花在网络游戏、网络聊天等虚拟情境中，能够留有进行学习的时间非常有限。程度轻的可能是课下不温习、不研究，严重一些的甚至根本不去上课，整日对着计算机，学习成绩当然会下降。国外曾经有调查发现，网络成瘾学生的智力也会受到损伤，严重者智商甚至会降到标准水平线以下。另外，大学生长期对着网络，逐渐会丧失对现实世界的兴趣，厌学心理应运而生。中国科学院心理所对上海地区的调查结果表明，网络成瘾已经成为大学生退学的主要原因。

2. 影响大学生的身体健康 长期留恋网络给大学生的身体健康带来一系列损害：①由于繁重的学习任务、电子数码产品的普及已经使当代青少年的视力普遍变差，长时间上网更容易造成眼睛过度疲劳而导致视力明显下降；②不分昼夜地沉浸在网络世界，作息时间不规律，造成生物钟紊乱、新陈代新异常；③长时间面对电脑保持一个姿势不动还会引起腰酸背痛甚至腰肌劳损和腰椎间盘突出等疾病；④大脑神经中枢由于持续处于兴奋状态，还可能导致紧张性头疼、激素水平失衡、免疫力下降甚至死亡。假如网络成瘾的大学生是在网吧上网，那么情况就更糟糕。网吧里空气污浊、声音嘈杂，这样的环境非常容易被传染上疾病。

3. 影响大学生的心理健康 网络成瘾的大学生往往会出现抑郁症、网络孤独症、网络躁狂症等心理问题。这类大学生由于已经习惯虚拟环境下的交流，一旦回到现实，就看什么也不顺眼，或者面对现实很惊恐，无所适从。这样一来，他们强烈希望重新回到网络世界中，更急于脱离现实。长此以往，他们对亲情友情的感知越发淡薄，对外界事物越发没有兴趣，从而变得对世事一切都漠不关心。即使网络成瘾者暂时回到现实中，他们也因为无法集中精力而导致学习、工作效率极低。此外，网络的匿名性和互动性又可能造成他们出现自我认知障碍，从而迷失了自我，分不清楚自己究竟是谁、谁是怎样的一个人。不仅如此，大量研究证实，网络成瘾者与非网络成瘾者相比，幸福感指数低，焦虑水平高，意志力弱，产生人格障碍的概率大。

4. 影响大学生的人际交往能力　网络成瘾的大学生常常与现实生活格格不入，于是会在不知不觉中渐渐自我封闭起来，逐步与外界相切割。斯坦福大学的诺曼·尼说过，人们在网上待得越久，在现实生活中与人打交道的机会就越少。由于网络中的虚拟世界带给他们太多的满足，他们可以在网络论坛中任意张扬自己的个性，在网络游戏中不断享受冲关的刺激和成就，在网恋的过程中找到情感的归属与慰藉。相比之下，现实中则存在太多的困难和缺陷，要承受各种考试的压力，要磨合人与人打交道的方式，要尝试接受自己看不惯的社会风气和事件。进而，网络成瘾者的社会交往进一步减少，以至于他们虽然能够在网络状态下滔滔不绝地阐述自己五花八门的想法，却无法在现实世界中正常地表达自己，很难与别人进行交流，产生了社交恐惧症。有研究显示，56.3%的网络成瘾者人际关系较差，相对地，46%的非网络成瘾者与同学、家人相处得非常好。

5. 影响大学生的道德意识　大学生的道德意识会随着网络成瘾的程度逐渐弱化。一方面，虚拟性的网络环境允许网民隐藏年龄、性别、样貌、身份、性格，与他人打交道不受现实生活中人际关系、角色地位的约束，没有建立起正常交往所应担负的义务。特别是大学生，网络条件下不会受到老师和家长的监督，自制力较差的学生很容易会因为缺少道德自律而放纵自己。更何况如今网络上的信息良莠不齐，色情、暴力及低级趣味的网络游戏都会混杂于其中，它们都能起到削弱大学生道德情感、降低大学生社会责任意识的负面作用。近年来青少年犯罪率的明显提升无不与网络的污染有关。有的青少年为了支付上网费用而进行盗窃、抢劫。有的青少年可能最初是无意中接触到色情或暴力信息，但出于好奇心和冲动心理，进而不断主动搜寻相关内容。据调查，大约90%接触过此类信息的学生有性犯罪、暴力犯罪的行为或动机。

五、大学生网络成瘾的防治

大学生网络成瘾的形成原因不仅涉及大学生自身，还有学校、家庭和社会多种因素，因此防治工作也要从这几方面共同抓起。

1. 学校方面

（1）将大学生网络成瘾的防治作为学校思想政治教育工作的一项重要内容。首先，高校要不断加强思想政治教育工作队伍的建设，以备充分的师资力量面对和处理学生的思想政治问题；其次，思想政治教育工作的形式应适应时代特色，采取多种形式吸引学生，高校应改变以说教为主的教育方式，重在引导，而不要只一味地限制学生上网。

（2）组织开展各类团体活动对网络成瘾大学生进行上网目的和上网习惯的教育。高校可参考发达国家针对网络成瘾问题的相关经验，运用团体中相互影响的方法让他们充分了解网络的功能与特点，掌握其具体的操作技能，引导和教育学生把网络当作学习、工作的工具而不是玩游戏和聊天的空间，建议学生在上网之前设定目标，有选择地进入各类网站，不能无目的地在网上漫游。还可以通过组织社团活动的方法，强迫他们从网络中转回现实来参与一些公益性质的或具有趣味性的活动，逐渐回归正常的生活，减少进而脱离对网络的依赖。这样做不仅可以促使学生合理分配业余时间，转移对上网的注意力，自觉减少上网的时间，还能够为大学生营造一个良好、宽松的成长环境，培养学生多方面的兴趣与爱好，促进学生自我价值的实现，发展学生的人际交往能力。

（3）切实做好大学生心理健康教育和疏导的工作。高校应该有针对性地加强学生心理健康网站的管理，开设有关的选修课程，提供相应的心理咨询服务，必要时成立协助网络成瘾学生的活动小组，采用多种心理咨询技巧和心理治疗方法去帮助网络成瘾学生矫正上网习惯。对于深度网络成瘾的大学生，及时送往医院进行药物辅助治疗。学校还可以在每个班级设立心理委员，及时向老师反映网络成瘾的学生的情况，这样更加有助于对他们进行教育和管理。

（4）加强对学生公寓和学生个人电脑的管理工作。在我国，已经有许多高校有针对性地制定了《学生宿舍计算机使用及管理规定》，学生与高校签订个人电脑使用承诺书，承诺使用的时间和用途。

2. 社会家庭方面

（1）政府方面。在我国，大学生网络成瘾已经是一个严峻的社会问题，这与网络的监管不当有直接关系。对此，政府必须强化依法治网，加大对网上各种活动的严格监管和对不法行为进行有力的制裁。一方面，实行举报有奖并保护举报人的措施，对宣传黄色或暴力等违反法律条款的网吧实行强制关闭和制裁。另一方面，对一些不良网站或不良消息实施强制屏蔽，堵住不良污染源，从源头上减少网络的不良影响。同时，还要修订《大学生违纪处分条例》，增加与上网活动相关的违纪处分处理，以警示他人。教育部门还要加强健康网站的建设力度，建立更多健康的宣传社会主义理想、观念的专业网站，使网络成为大学生学习、生活、工作的好帮手，通过网络对学生实施理想、道德、心理健康方面的教育。

（2）技术方面。网络技术应该设置游戏的限时功能。新闻出版总署曾经颁发过《网络游戏防沉迷系统》，规定企业要为网络游戏安装此系统。但是该系统存在许多漏洞，网民可以通过轮换使用注册账号或者多种游戏相互切换，从而不受这个系统的限制。有关部门应该尽快进一步完善此系统，早日实现网络游戏实名制，严谨不同游戏之间的切换。

（3）家庭方面。尽管大学生的生活属于半独立状态，家长的作用不似中小学阶段那样直接，但是对于大学生的管理，家庭的力量仍不可小视。高校对大学生特别是网络成瘾大学生的管理，离不开家长的积极配合。家长平时要勤与大学生沟通，及时将子女网络成瘾的最新情况向学校反映，同时稳定子女的情绪，势必有助于矫治的积极进行。而在寒暑期放假阶段，家长更有责任肩负起督导监督的职能，了解子女的上网情况，及时采取有效措施防止网瘾的进一步加深，或对网瘾减弱的状况给予鼓励。

3. 学生自身方面　在防治网络游戏成瘾的过程中，高校应充分发挥大学生的自主性，帮助他们树立正确的世界观、人生观和价值观。网络成瘾的大学生在来自学校和家庭的双重教育下，要有主动戒掉网瘾的意识和意志。

（1）要警示自己“网络不是逃避现实问题的工具，上网不是排解负性情绪的好方法”。人天生具有社会属性，谁也不可能在网络里遨游一辈子，现实中的问题始终要有面对的时候。在网瘾矫治的过程中多对自己警示几次，这样有助于健康上网行为的重新建立。

（2）可以在上网之前为自己设定目标。每次连接网络之前都花一点儿时间思考一下自己上网究竟要做些什么，将各项任务罗列在纸上。这样的做法能够保证大家从网络上获取对自己有价值资源的同时，还能够防范自己花费更多的时间停留在网上进行没有必要的操作。仅仅是上网之前用来思考的几分钟，可以为之后节省几十分钟甚至几个小时的时间。

（3）在上网之前预先设定上网的时长。根据纸上的任务，估计每一项需要花费的时间，计算出自己本次上网大概需要使用的时间总长度。在上网的过程中随时留意自己的任务进度，以更好地把握完成情况。

第四节　塑造健康网络心理

一、大学生网络道德心理

1. 网络道德　所谓网络道德，是指以善恶为标准，通过社会舆论、内心信念和传统习惯来评价人们的上网行为，调节网络时空中人与人之间以及个人与社会之间关系的行为规范。它具有自主、多元和开放等特点。网络道德是时代的产物，与信息网络相适应，人类面临新的道德要求和选择，于是网络道德应运而生。网络道德是人与人、人与人群关系的行为法则，它是一定社会背景下人们的行为规范，赋予人们在动机或行为上的是非善恶判断标准。

网络道德作为一种实践精神，是人们对网络持有的意识态度、网上行为规范、评价选择等构成的价值体系，是一种用来正确处理、调节网络社会关系和秩序的准则。它遵循诚信、安全、公开、公平、公正、互助的基本原则，其目的是按照善的法则创造性地完善社会关系和自身，除了规范人们的网络行为之外，还有提升和发展自己内在精神的需要。

2. 大学生应遵守的网络道德目标

（1）端正网络道德意识。要认识到网络道德是正常社会生活必不可少的人际关系调节器，尽管在网络世界里是不受约束的，但道德意识绝不可少。

（2）提升对网络信息的判断能力。要认识到网络信息并不见得权威，有很多属于糟粕，大学生要加强自我保护，自觉抵制有害信息，拒绝违法违规行为。

（3）遵守网络礼仪。目前的网络礼仪主要有：①问候礼仪。指大学生在网络社会交往的起始中，问候和称呼双方应遵守的规则，这是大学生网民行为礼仪的初级教程。②语言礼仪。指大学生在网络社会交往中语言表达应遵循的规则，这些礼仪可以表明一个人的态度和情感。③交往方式礼仪。指大学生在网络社会交往中所采取某种交往方式时应遵守的规则。总之，网络礼仪是网民行为文明程度的标志和尺度。一个大学生如果连这些起码的网络道德要求都做不到或不会做，那么很难相信他能遵循更严格、更高的网络道德标准。

3. 大学生网络道德的培养　按照年龄划分，虽然大学生都已经是成年人，但是按照心智成熟度看，大学生还有很多不成熟之处。因此，在面对复杂的网络影响时，如何提高或保持自身的网络道德水平呢？除了学校开展的关于网络道德教育的讲座或活动外，大学生自己也要行动起来。

（1）要学习道德知识。一般来说，知识是行为的向导，行为是知识的体现。大学生不了解什么是道德的，也就很难在日常生活中做出道德的行为，更不用说是在网络的自由空间下。大学生只有在具备牢固的道德系统的情况下，才能保证在使用网络过程中始终前进在正确的道路上。

（2）要磨炼道德意志。个体的良好道德品质不是一朝一夕树立起来的，而是需要长年累月不断积攒和深化才能够塑造成功。因此，大学生只有坚持不懈地磨炼个人的道德意志，才能够保持和提升道德修养的水平。

（3）要反省自我言行（也称内省，内省是一种自我锻炼的修养方法）。大学生要在内心深刻反省自己的言行，对于“善”的部分予以保留，对于“恶”的部分及时摒除，坚持进行自我批评，才有可能成为一名合格的、网络时代的道德青年。

二、大学生网络心理素质

1. 网络心理素质 网络作为一种新兴事物，其技术的快速更新正好迎合了青年人的思维习惯和行为特点，因此对青年人的影响最明显。大学生的网络心理素质是他们适应网络环境的根本保证，只有完善的网络心理素质结构和充分的网络心理防御能力才能够使大学生在虚拟世界中趋利避害、健康地学习和生活。

2. 大学生应具备的网络心理素质

（1）健全的网络自我意识。网络自我意识是指个体在网络行为和网络社会中对于自己的身心、自己与别人以及自己与周围世界关系的意识。在虚拟情境下，大学生要对“我”“他”“网络”的关系抱有正确的认知，不迷失自我，始终保持清醒和理智。

（2）高尚的网络人格。网络人格是指具有健全的网络心理生活的人的人格。在网络环境下，大学生要做到客观看待问题、适应现实社会、建立人际关系、保持情绪稳定。

（3）优雅的网络格调。现代大学生要注意维护自身形象，不被网络中低俗的语言和蛊惑人心的谣言所干扰，树立优雅的审美观，做高规格的网络青年。

3. 大学生网络心理素质的培养

（1）培养健康的上网方式。通过自我管理的方法科学合理地上网，在从网络中有所得的同时，不忽视现实生活中应该做的事情，不冷淡与家人同学的关系，自觉克服不良网络行为。

（2）培养处理信息的素养。网络信息泛滥，辨识信息的真伪需要大量的时间和智慧。大学生若能精通从查询信息到判断信息，再到运用信息，以及传播信息的全过程，那么他们的网络认知能力也就得到了很大的提升。在利用网络这一现代化工具时，操作效率和工作质量就能够得以保障。

（3）培养网络创新能力。大学生的创造欲是最强的，不要低估自己的创新潜能。网络这个万能资源为大学生进行知识、技术的再创造提供了便利的途径，创新能力也是当今世界进步的动力、个人成才的宝贵基础。

心理测评量表

Young的网络成瘾量表

本测试共包含20个题目，每题有5个备选答案。请根据你的实际情况选择一个最符合自己心理状态的答案，如实填写。

1. 你觉得上网的时间比你预期的要长吗？

A. 几乎没有　B. 偶尔　C. 有时　D. 经常　E. 总是

2. 你会因为上网忽略了自己要做的事情吗？

A. 几乎没有　B. 偶尔　C. 有时　D. 经常　E. 总是

3. 你更愿意上网而不是和亲密的朋友待在一起吗？

A. 几乎没有　B. 偶尔　C. 有时　D. 经常　E. 总是

4. 你经常在网上结交新朋友吗？

A. 几乎没有　B. 偶尔　C. 有时　D. 经常　E. 总是

5. 生活中朋友、家人会抱怨你上网时间太长吗？

A. 几乎没有　B. 偶尔　C. 有时　D. 经常　E. 总是

6. 你因为上网影响学习了吗？

A. 几乎没有　B. 偶尔　C. 有时　D. 经常　E. 总是

7. 你是否会不顾身边需要解决的一些问题而上网查电子邮件或看留言？

A. 几乎没有　B. 偶尔　C. 有时　D. 经常　E. 总是

8. 你因为上网影响到你的日常生活了吗？

A. 几乎没有　B. 偶尔　C. 有时　D. 经常　E. 总是

9. 你是否担心网上的隐私被人知道？

A. 几乎没有　B. 偶尔　C. 有时　D. 经常　E. 总是

10. 你会因为心情不好去上网吗？

A. 几乎没有　B. 偶尔　C. 有时　D. 经常　E. 总是

11. 你在一次上网后会渴望下一次上网吗？

A. 几乎没有　B. 偶尔　C. 有时　D. 经常　E. 总是

12. 如果无法上网你会觉得生活空虚无聊吗？

A. 几乎没有　B. 偶尔　C. 有时　D. 经常　E. 总是

13. 你会因为别人打搅你上网而发脾气吗？

A. 几乎没有　B. 偶尔　C. 有时　D. 经常　E. 总是

14. 你会上网到深夜不去睡觉吗？

A. 几乎没有　B. 偶尔　C. 有时　D. 经常　E. 总是

15. 你在离开网络后会想着网上的事情吗？

A. 几乎没有　B. 偶尔　C. 有时　D. 经常　E. 总是

16. 你在上网时会对自己说："就再玩一会吗？"

A. 几乎没有　B. 偶尔　C. 有时　D. 经常　E. 总是

17. 你会想办法减少上网时间而最终失败吗？

A. 几乎没有　B. 偶尔　C. 有时　D. 经常　E. 总是

18. 你会对人隐瞒你上网多长时间吗？

A. 几乎没有　B. 偶尔　C. 有时　D. 经常　E. 总是

19. 你宁愿上网而不愿意和朋友们出去玩吗？

A. 几乎没有　B. 偶尔　C. 有时　D. 经常　E. 总是

20. 你会因为不能上网变得烦躁不安、喜怒无常，而一旦能上网情绪就好转了吗？

A. 几乎没有　B. 偶尔　C. 有时　D. 经常　E. 总是

评分标准：选择答案A得1分，选择B得2分，选择C得3分，选择D得4分，选择E得5分。相加得出总分。

分数解释：若总分在40分以下，说明没有网络成瘾症状；在40～60分之间说明具有轻度的网络成瘾综合征；在60～80分之间代表患有中度的网络成瘾综合征；如果总分在80分以上，那么属于重度网络成瘾患者。

复习思考题

1. 如今网络已经融入大学生学习和生活的方方面面，你认为是哪些因素促使网络在大学生群体中如此受欢迎的?

2. 你上网时最常做什么？浏览新闻，学习知识，玩游戏，还是看影视剧或综艺节目?阐述你的上网乐趣及其原因。

3. 贺旗（化名)，21 岁，男生，本来从小学到高中一直是勤奋踏实的好学生，顺利升入大学后，开始对网络产生浓厚的兴趣。大一入学不久即整日离不开电脑和手机，后来发展到逃课，在寝室持续看电脑和手机；大一下学期四门专业课不及格，大二上学期被学校勒令休学一年。

你觉得贺同学沉迷网络的原因是什么？并推测除了影响学习外，网络成瘾还危害到贺同学的哪些方面。

4. 判断大学生是否具备健康网络心理素质的依据有哪些?

第十章 大学生常见疾病防治及急症自救与互救

第一节 大学生常见疾病防治

一、急性上呼吸道感染

【案例】

某女，18 岁。着凉后出现咽痛，流涕、鼻塞 2 天，同时伴有低热（37.8 ℃）、全身乏力，偶有咳嗽，不伴咳痰，该患者最可能的诊断是什么？

【专家点评】

根据患者病史，即低热、咽痛、流涕、鼻塞、轻咳，考虑急性上呼吸道感染的诊断确定。可以做血常规，确定有无细菌感染。治疗以休息、多饮水为主，口服抗感冒药物，确定有细菌感染时，适量应用抗生素。

急性上呼吸道感染大多数是自限性疾病。主要是病毒感染所致，目前针对呼吸道病毒尚无特殊药物治疗，以对症处理、休息、多饮水和防治继发性细菌感染，以中医药治疗为主。

【概念】

急性上呼吸道感染为鼻腔、咽或喉部急性炎症的总称，是由多种病原微生物引起的一种最常见的上呼吸道疾病，80%由病毒引起，少数为细菌所致。本病发病率高，一年四季均可发生，一年可感染多次，但病情较轻，病程短。有时可产生严重的并发症。

【临床表现】

根据病因不同，可分以下几种类型：

（1）普通感冒起病急，初期症状为咽部发干、发痒、打喷嚏、流清涕，2～3 天后，鼻涕变稠、鼻塞，常伴有咽痛、咳嗽及声音嘶哑等。有时出现低热、全身不适、头痛等。查体时见鼻黏膜充血、水肿，有分泌物，咽部充血等。病程一般不超过 7 天。

（2）急性病毒性咽、喉炎症状为咽部发痒、灼热感、咳嗽、声音嘶哑、发热及咽痛等。

（3）疱疹性咽喉炎症状为咽痛、发热，查体时可见咽部充血，软腭、悬雍垂及扁桃体表面有疱疹及溃疡。

（4）细菌性咽炎、扁桃体炎主要由溶血性链球菌引起，起病急，主要症状为发热、咽痛。查体见扁桃体充血、肿大，有脓性分泌物。

【辅助检查】

（1）血常规病。毒性感染时白细胞总数正常或减少；细菌性感染时白细胞总数和中性粒细胞增多。

（2）胸部 X 线无异常表现。

【治疗】

(1) 注意休息，多饮水。

(2) 对症治疗，应用抗感冒药物如感康、新康泰克、速效伤风胶囊等。

(3) 抗病毒治疗建议以中药为主。可服用连花清瘟胶囊等药物。

(4) 抗细菌药物治疗如为细菌感染，可应用青霉素、红霉素、阿奇霉素及左氧氟沙星等药物。

【预防】

(1) 注意个人卫生。不到空气流通不畅、人多的公共场所去。

(2) 室内应通风、换气，保持空气湿润。

(3) 加强体育锻炼，增加户外活动。

(4) 注意营养，保证睡眠及休息时间。

(5) 保持良好的心态，提高自身的免疫力及抗病能力。

二、急性气管（支气管）炎

【病例】

某男，20岁。感冒后出现发热、畏寒、咽痛，继之出现咳嗽、咳痰，痰为少量脓痰，同时伴有胸闷、全身乏力、食欲不振。查体：咽充血、水肿，双肺呼吸音粗糙。该患者最可能的诊断是什么？

【专家点评】

根据患者感冒后出现发热、咽痛、咳嗽、咳痰、脓痰病史，结合查体所见咽部充血、双肺呼吸音粗糙。考虑急性气管—支气管炎的临床诊断可能性大。为明确诊断可进一步做血常规、胸部X线检查，必要时做痰菌培养和药敏试验，如确定有细菌感染，可应用抗菌药物如青霉素、红霉素、阿奇霉素及左氧氟沙星等。

【概述】

急性气管—支气管炎是由病毒和细菌、物理、化学等因素引起的气管—支气管黏膜的急性炎症，是最常见的呼吸系统疾病。常见于寒冷季节发病，有时由于上呼吸道感染迁延所致。

【临床表现】

发病以寒冷季节为主，一般先有上呼吸道感染症状，然后出现干咳或少量咳痰，继之咳嗽加重，痰量增多，痰为黏性脓痰，偶有痰中带血。可伴有胸闷、气短。多数全身症状轻微，可有发热，但很少超过1周，咳嗽、咳痰症状有时可延续2～3周。查体时两肺呼吸音较粗，可能闻及散在的干、湿啰音，部位不固定，咳嗽后啰音可减少或消失。

【辅助检查】

(1) 血常规白细胞计数和分类正常，严重细菌感染时白细胞总数和中性粒细胞增高。

(2) 胸部X线两肺纹理增粗或无异常表现。

【治疗】

(1) 一般治疗适当休息，多饮水，避免接触刺激性气体。

(2) 祛痰止咳可应用咳必清（喷托维林）、复方氯化铵、甘草片、糖浆类、沐舒坦等药物。

(3) 抗菌药物治疗可应用青霉素、红霉素、阿奇霉素及左氧氟沙星等药物。

【预防】

(1) 加强体育锻炼，提高机体的防御能力，防寒保暖。

（2）预防上呼吸道感染。

三、肺炎

【病例】

男性，30 岁。因醉酒，两天前出现寒战、发热，体温持续不退，最高达 40.5 ℃，继之出现咳嗽、咳痰，痰为铁锈色，右胸痛。查体：体温 39.2 ℃，右侧呼吸运动减弱，语颤增强，闻及支气管呼吸音和少许湿啰音，最可能的诊断是什么？拟定治疗措施。

【专家点评】

根据病人病史，酗酒后发病，起病急，寒战、高热，咳嗽、咳痰，痰为铁锈色，右侧胸痛，查体患者右侧呼吸运动减弱，语颤增强，闻及病理性支气管呼吸音。该患者临床诊断为右侧大叶性肺炎的可能性大。应进一步做胸部 X 线检查、痰菌培养和药敏试验，首先给予青霉素抗菌治疗，同时给予支持治疗，根据痰菌培养结果及时调整抗菌药物。

近年来，由于抗菌药物被不规范广泛使用，细菌产生耐药有增多趋势，因此要严格掌握抗菌药物适应证，正确应用，防止细菌产生耐药。

【概述】

肺炎是肺实质的炎症，是临床最常见的感染性疾病。按解剖学分类，可分为大叶性、小叶性和间质性肺炎；按病原体可分为细菌性、病毒性、真菌性和寄生虫性肺炎。急性肺炎的病原体以肺炎链球菌、流感嗜血杆菌和非典型病原体（肺炎支原体、衣原体）多见，其次为金黄色葡萄球菌及病毒等引起。

【临床表现】

（1）症状。患者常有受凉淋雨、醉酒、疲劳或上呼吸道感染病史。起病急骤，有寒战、高热，体温迅速上升到 39～40 ℃，有咳嗽、咳铁锈色痰，呼吸急促。胸痛，咳嗽或深呼吸时胸痛加剧。此外，部分病人有消化道症状，如恶心、呕吐、腹胀、腹泻、黄疸等。严重感染可发生神经症状，如神志模糊、烦躁不安、嗜睡、谵妄、昏迷等。少数可发生感染性休克。

（2）体征。患者呈急性热病容，面颊绯红，口角或鼻周可出现单纯性疱疹，有败血症者可出现皮肤和黏膜出血点。胸部检查早期肺部可无明显异常体征或仅有病变部位呼吸音减弱和少许湿啰音。肺实变范围较大时才有典型肺实变体征，如叩诊浊音、语颤增强和支气管呼吸音。当病变累及胸膜时，听诊可有胸膜摩擦音。

【辅助检查】

（1）血常规白细胞总数升高，白细胞计数常大于 10×10^9/升，中性粒细胞大于 75%，可伴核左移或中毒性颗粒。

（2）胸部 X 线可见片状或斑片状浸润阴影。

（3）痰菌检查痰涂片和细菌培养有助于明确病原体。

【治疗】

（1）抗菌药物治疗青霉素为首选，一般患者用量为 80 万单位，每 8 小时肌注一次。重症者每日剂量 800 万单位，分次静脉滴注滴注。若患者对青霉素过敏，可用红霉素、头饱菌素、左氧氟等抗菌药物治疗。抗菌药物疗程一般为 5～7 天，或在热退后 3 天停药。

（2）对症疗法重症患者有呼吸困难、发绀者，或 PaO_2（动脉氧分压）<8 千帕者应给予氧疗。高热或失水者应静脉补液，纠正水电解质的缺失。应密切观察血压变化，注意可能发

生的休克。如有休克，按休克型肺炎进行治疗。

四、高血压

【病例】

某男，19 岁，学生。在新生入学体检时检查，身高 176 厘米，体重 98 千克，血压 150/90 毫米汞柱*，其后，在不同时间又反复测量血压 2 次，血压分别为 140/90 毫米汞柱、156/80 毫米汞柱。该生在生活上应注意哪些？

【专家点评】

根据该同学血压、身高、体重测量结果，可明确诊断高血压 1 级；肥胖症。在生活上应注意个人生活方式的改变。因为高血压病发病与高盐饮食、高脂饮食、超重肥胖、饮酒、吸烟、运动减少、精神紧张等因素密切相关。

【概述】

高血压是以体循环中动脉收缩压和舒张压升高，常伴有心、脑、肾、外周血管等器官功能性或器质性损害为特征的全身性疾病。是心、脑血管疾病的重要病因和危险因素。它可分为原发性与继发性两大类。其中原发性高血压，占总高血压患者 95%以上，其病因不明，但与遗传因素、环境因素特别是个人生活方式如高盐饮食、高脂饮食、超重肥胖、饮酒、吸烟、运动减少、精神紧张等密切相关。继发性高血压，又称症状性高血压，占总高血压患者 5%左右，病因明确，是某种疾病的一个症状，如肾炎、肾动脉狭窄等。我国自 20 世纪 50 年代以来，分别于 1 959、1 979、1991 年进行了三次较大规模的成人血压普查，有高血压症状分别为 5.11%、7.73%、11.88%，总体呈明显上升趋势。2002 年卫生部组织的全国 27 万人群营养与健康状况调查显示，我国 18 岁以上成人有高血压症状的达到 18.8%，估计全国有高血压症状的约 1.6 亿人。目前我国人群高血压知晓率、药物治疗率、控制率仅为 30.2%、24.7%、6.1%，依然很低。

【诊断标准】

2005 年世界卫生组织/国际高血压联盟（WHO-ISH）给出了高血压的界定标准。见表 10-1。

表 10-1　高血压的定义和标准

类别	收缩压（毫米汞柱）	舒张压（毫米汞柱）
理想血压	＜120	＜80
正常高值	120～139	80～89
高血压	≥140	≥90
1 级高血压（轻度）	140～159	90～99
2 级高血压（中度）	160～179	100～109
3 级高血压（重度）	≥180	≥110
单纯收缩期高血压	≥140	＜90

注：若收缩压和舒张压属于不同级别，应以较高级别为准。单纯收缩期高血压也可分为 1、2、3 三个级别。

* 毫米汞柱为非法定计量单位，1 毫米汞柱＝0.133 千帕，下同。

【临床表现】

(1) 症状早期多无症状，约有1/3的人是在体检时发现血压增高，故被称为“悄悄的杀手”。有些病人在精神紧张、劳累后出现头晕、头痛、眼花、耳鸣、失眠、乏力等症状。随病程进展，血压持续升高，出现持续头痛、恶心、呕吐、胸闷、心悸、少尿、水肿等。

(2) 体征随病程延长，可出现心、脑、肾、外周血管等靶器官受损表现。心脏：左心室肥厚（心电图、超声心动图或X线）。脑及周围血管：超声或X线证实有动脉粥样硬化斑块（颈、髂、股或主动脉）。肾：蛋白尿或血肌酐水平轻度升高（106～177微摩/升）。眼：视网膜普遍或灶性动脉狭窄。

(3) 并发症。①脑血管疾病：缺血性脑卒中，脑出血，短暂性脑缺血发作（TIA）。②心脏疾病：心肌梗死，心绞痛，冠状动脉血供重建，充血性心力衰竭。③肾脏疾病：糖尿病肾病，肾功能衰竭（血肌酐水平＞177微摩/升或2.0毫克/日）。④血管疾病：主动脉夹层，外周血管疾病。⑤重度高血压性视网膜病变：出血或渗出，视盘水肿。

【治疗原则】

高血压治疗目的：①最大限度地降低有高血压症状者心、脑血管病的发生率和死亡率。②平稳控制血压至目标水平。患者发生心、脑血管并发症不仅与血压水平密切相关，而且常与其他心血管危险因素合并存在，因此应该综合治疗，并且确定血压控制目标值。

(1) 改善生活行为。①减轻体重：尽量使BMI＜25，可以改善胰岛素抵抗、糖尿病、高脂血症及左心室肥厚。②低钠饮食：每人每日摄入食盐＜6克为宜。③补充钾和钙。④减少脂肪摄入。⑤限制饮酒。⑥增加运动，减轻精神紧张：有利于减轻体重，改善胰岛素抵抗，稳定血压水平。

(2) 药物治疗。遵循个体化原则。目前常用以下五类降压药物，即利尿剂，β-受体阻滞剂，钙通道阻滞剂（CCB），血管紧张素转换酶抑制剂（ACEI）以及血管紧张素Ⅱ受体阻滞剂（ARB）。

五、急性胃炎

【病例】

男，22岁，因街头吃烧烤后出现恶心、呕吐，伴有腹痛，无腹泻，前来就诊。查体上腹部压痛阳性，无反跳痛及肌紧张，最可能的诊断是什么？如何处理？

【专家点评】

根据患者有街头吃烧烤不洁饮食史，随后出现恶心、呕吐、腹痛等症状，结合查体上腹部压痛阳性。最可能的诊断是急性胃炎。可给予解痉止痛药，如阿托品、颠茄等对症治疗。

【概述】

急性胃炎是由物理、化学、药物、生物等因素引起的胃黏膜急性炎症。起病急，以上腹部疼痛、恶心、呕吐为主要表现，严重时可有上消化道出血。

【临床表现】

(1) 起病急，有食不洁食物、刺激性食物，过饱，酗酒或机体应激状态病史。

(2) 轻者仅有上腹部不适，恶心、呕吐；较重者伴有上腹部疼痛，或伴有腹泻等症状。严重者可有呕血、脱水、黑色柏油便。

(3) 查体可见上腹部或脐周有压痛，肠鸣音亢进。

【治疗】

(1) 祛除病因，卧床休息，停用一切对胃有刺激的饮食或药物，给予清淡流质饮食或短时禁食（24 小时以内）。

(2) 对症治疗。腹痛者可给予解痉止痛药，如阿托品、颠茄等。恶心、呕吐者给予胃复安或吗丁啉。

(3) 抗生素由细菌引起者，特别是伴有腹泻症状，可口服黄连素、吡哌酸、诺氟沙星、庆大霉素等药。

(4) 对症治疗脱水严重可补液。若有胃出血，给予止血治疗。

【预防】

(1) 注意食品卫生及饮食调节。

(2) 避免过热、辛辣及粗糙食物，酗酒者戒酒。

(3) 慎用对胃有损伤的药物，必要时与保护胃黏膜药物同服。

六、消化性溃疡

【病例】

患者，男性，24 岁。间歇性上腹部疼痛 5 年，为饥饿痛及夜间痛，向背部放散，伴有反酸、嗳气，5 年来病情时好时坏，曾服用雷尼替丁、西咪替丁、硫糖铝等药物，效果较明显，该患者最可能的诊断是什么？

【专家点评】

根据该患病史 5 年，主要症状为间歇性上腹部疼痛，呈饥饿痛及夜间痛特点，伴有反酸、嗳气，应用雷尼替丁、西咪替丁、硫糖铝等抑制胃酸、保护胃黏膜药物治疗后，病情好转，该患者最可能的诊断是十二指肠溃疡。

【概述】

消化性溃疡是一种常见的慢性消化系统疾病。凡能与酸接触的胃肠道任何部位均可生溃疡。消化性溃疡发生在胃部为胃溃疡，发生在十二指肠部为十二指肠溃疡。其病因是多因素的，与环境、遗传、饮食、服用非甾体类消炎药物、微生物、幽门螺杆菌感染以及应激心理因素有关。消化性溃疡的发作有季节性，秋冬和冬春之交发病率高，男性多于女性，青壮年发病率最高。

【临床表现】

(1) 上腹痛为主要症状，慢性过程，周期性发作，节律性疼痛。病程可达几年或十几年，发作与缓解期交替。胃溃疡疼痛特点呈进食—疼痛—餐前缓解；十二指肠溃疡为疼痛—进食—餐后缓解痛，也可为夜间痛、饥饿痛。

(2) 常伴有食欲减退、反酸、嗳气、胸骨后烧灼感、恶心、呕吐、便秘。

(3) 发作时上腹部可有局限性压痛。胃溃疡在剑突下偏左，十二指肠溃疡在剑突下偏右。

【辅助检查】

(1) 首选胃镜检查和黏膜活检。胃镜不仅可对胃、十二指肠黏膜直接观察、摄影，还可在直视下取活检做病理和 HP 检测，可确诊病变的部位、大小和性质。

(2) X 线钡餐检查能较好地显示黏膜象，龛影是直接征象，对溃疡诊断有确诊价值。胃大弯侧痉挛性切迹、十二指肠球部激惹和球部畸形为间接征象，提示可能有溃疡。

(3) 大便隐血。试验活动期的消化性溃疡隐血试验呈阳性。

【治疗】

治疗目的：缓解症状，促进溃疡愈合，减少复发及避免并发症。

一般治疗：注意劳逸结合，定时进餐。避免浓茶、咖啡以及辛辣、有刺激性的饮食，戒烟酒，慎用与溃疡发病有关的药物。避免精神过度紧张及情绪波动。

药物治疗：现代治疗多采用四联疗法，即抗幽门螺杆菌、抑制胃酸分泌及保护胃黏膜制剂。

(1) 根除幽门螺杆菌治疗，可使大多数 HP 相关性溃疡患者完全达到治疗目的，方案见表 10－2。

表 10－2　根除 HP 三联疗法方案

单位：毫克/日

PPI 或胶体铋剂（选择一种）	抗菌药物（选择两种）
奥美拉唑 40	克拉霉素 1 000
兰索拉唑 60	阿莫西林 2 000
枸橼酸铋钾 480	甲硝唑 800

上述剂量分 2 次服，疗程 7 天。初次治疗失败者，可用 PPI、胶体铋剂合并两种抗菌药物的四联疗法。

(2) 抑制胃酸分泌药。治疗溃疡的愈合特别是十二指肠溃疡的愈合与抗酸治疗强度和时间成正比。目前常用的抑制胃酸分泌的药物有质子泵抑制剂（PPI）和 H_2 受体拮抗剂两大类，这些药物有奥美拉唑、兰索拉唑、泮托拉唑及西咪替丁、雷尼替丁、法莫替丁等。

(3) 保护胃黏膜。保护胃黏膜药物主要有三种：硫糖铝、枸橼酸铋钾和前列腺类药物米索前列醇。

【预防】

生活要有规律，劳逸结合，避免过度劳累和精神紧张，戒除烟酒，避免辛辣、过咸食物及浓茶咖啡等饮料，药物所致者应停药。

七、阑尾炎

【概述】

急性阑尾炎是因阑尾腔阻塞或细菌入侵导致阑尾出现炎症、坏死，是外科常见急症之一。春秋季节多见。临床分 4 种病理类型：急性单纯性阑尾炎、急性化脓性阑尾炎、坏疽性及穿孔性阑尾炎和阑尾周围脓肿。

【临床表现】

(1) 转移性右下腹痛。初起时为上腹部或脐周部疼痛，呈持续性钝痛，可有阵发性加剧；数小时后，腹痛转移并固定在右下腹，70％～80％急性阑尾炎具有这种典型的转移性腹痛的特点。也有些病人发病开始即出现右下腹痛。

(2) 胃肠道症状。恶心、呕吐常很早发生，但程度较轻；盆位阑尾炎时炎症刺激直肠和膀胱，可引起里急后重和排尿疼痛症状。

(3) 全身症状。早期乏力、头痛等。急性单纯性阑尾炎，体温一般在 37.5～38 ℃，化脓性阑尾炎体温可达 38.5～39 ℃，坏疽穿孔性阑尾炎时体温可高达 39～40 ℃。炎症加重时可有出汗、口渴、脉速、发热等全身感染中毒症状。腹膜炎时可出现畏寒、高热。

【体征】

(1) 右下腹压痛：是急性阑尾炎最常见的重要体征。压痛点一般是在麦氏点，可随阑尾位置的变化而改变，但压痛点固定。

(2) 腹膜刺激征：表现为右下腹反跳痛和腹肌紧张，肠鸣音减弱或消失。提示阑尾化脓、坏疽或穿孔。

(3) 右下腹肿块：右下腹饱满，触及边界不清，有触痛的包块时，应考虑阑尾周围脓肿形成。

【实验室检查】

血常规：白细胞计数升高 $(10\sim20)\times10^9$/升，中性粒细胞比例增高。

【治疗】

(1) 手术治疗，既安全又可防止并发症的发生。

(2) 保守治疗，抗感染治疗，可选用青霉素和甲硝唑联合用药，若青霉素过敏，可用头孢菌素或氟喹诺酮类。

第二节　大学生常见传染病预防

传染病历来是危害人体健康、威胁生命、影响国家经济建设、影响社会稳定的因素之一。

在历史上，有许多传染病曾暴发流行，造成成千上万人死亡。传染病对学校的危害特别严重，学生是传染病多发群体，集体生活，一旦发生，易于传播和流行。因此，做好学校传染病的预防工作极为必要。

一、传染病的基本知识

(一) 传染病

传染病是由细菌、病毒、支原体、螺旋体、真菌、立克次体和寄生虫等病原微生物感染人体后产生的有传染性、在一定条件下可造成流行的疾病。

(二) 传染病的特征

1. 基本特征

(1) 有病原体。每种传染病都有其特异的病原体，包括细菌、病毒、立克次体、真菌、螺旋体、原虫等。

(2) 有传染性。病原体从宿主排出体外，通过一定方式，到达新的易感染者体内，呈现出一定传染性，其传染强度与病原体种类、数量、毒力、易感者的免疫状态等有关。

(3) 有流行性、地方性、季节性。①流行性。按传染病流行过程的强度和广度分为：散发，是指传染病在人群中散在发生；流行，是指某一地区或某一单位，在某一时期内，某种传染病的发病率，超过了历年同期的发病水平；大流行，指某种传染病在一个短时期内迅速传播、蔓延，超过了一般的流行强度；暴发，指某一局部地区或单位，在短期内突然出现众多的同一种疾病的病人。②地方性。是指某些传染病或寄生虫病，其中间宿主，受地理条件、气温条件变化的影响，常局限于一定的地理范围发生，如虫媒传染病、自然疫源性疾病。③季节性。指传染病的发病率，在年度内有季节性升高。此与温度、湿度的改变有关。

（4）有免疫性。传染病痊愈后，人体对同一种传染病病原体产生不感受性，称为免疫。不同的传染病其病后免疫状态有所不同，有的传染病患病一次后可终身免疫，有的还可再次感染。

2. 传染病流行中的三个基本环节

（1）传染源。指体内有病原体生长、繁殖并能使病原体排出体外的人或动物。

① 病人。指病原体在体内生长繁殖并能将病原体排出体外的人。病人是重要的传染源，不同疾病的病人，其传染性大小不同，传染期的长短各不一致。

② 病原携带者。指外表无症状，但能排出病原体的人。分为以下四类：

潜伏期携带者：指在传染病潜伏期末期排出病原体者。

恢复期携带者：指在临床症状消失后仍能排出病原体者。

慢性携带者：指病后携带病原体超过三个月以上者，为慢性携带者。

健康携带者：外表健康，而实际上携带并有病原体排出的人。

③ 动物传染源。人类可以患许多动物的疾病，如布氏杆菌病、鼠疫、狂犬病等。

（2）传播途径。病原体自受感染机体排出后，经过一定的方式再侵入其他的易感者，所经过的途径称传播途径。每种传染病都由一定的传播途径来传播。如肠道传染病通过水、食物传播病原体，呼吸道传染病由空气、飞沫来传播病原体。

① 空气、飞沫传播。病原体借病人呼吸、谈话、咳嗽、打喷嚏、吐痰时排出体外，散布到空气中，易感者通过呼吸将病原体吸入体内，如流行性感冒、肺结核、麻疹、风疹等疾病。

② 水的传播。水源受到病原体污染，未经消毒饮用后造成传染病的流行，如霍乱、伤寒、痢疾等肠道传染病。有些传染病通过与疫水接触而传播，如血吸虫病、钩端螺旋体病。

③ 食物传播。当人们食入被病原体污染的食物时，可造成消化道传染病的流行。如食用被甲型病毒污染的毛蚶可导致甲型肝炎等。

④ 接触传播。直接接触传播在没有外界因素参与下，传染源直接与易感者接触所致的疾病，如性接触传播性病、艾滋病，狗咬人传播狂犬病。间接接触传播：接触被传染源的排泄物或分泌物污染的生活用品和生产工具所造成的传播，特别是手在传播中起到重要作用，如一些肠道传染病都可通过毛巾、脸盆、餐具、钱票等传播。还有使用污染的消毒不严的医疗器械，也可传染乙型肝炎、艾滋病。

⑤ 血液、血制品和胎盘传播。输注带病毒的血液、血制品可传播乙型肝炎、丙型肝炎、艾滋病。

垂直传播（母婴传播）：如患有乙型肝炎、艾滋病的孕妇可通过胎盘及血液将病原体传染给胎儿。

⑥ 虫媒传播。昆虫作为传播媒介可通过叮咬吸血来传播病原体，导致虫媒传染病的发生，如疟疾、流行性乙脑。

⑦ 土壤传播。有些传染病的病原体必须在土壤中发育到一定阶段才具有感染性，如破伤风杆菌、炭疽杆菌、钩虫卵等需要在土壤中发育到芽孢期或蚴虫期，再通过人的伤口或皮肤而感染，引起破伤风病、炭疽病、钩虫病。

（3）易感人群。对某种传染病缺乏特异性免疫力的人群。人群的易感性与人群中每个个体的特异性免疫力有关，提高人群免疫力、降低易感性是防治传染病传播的重要环节。

（三）传染病的预防

1. 控制传染源 控制传染源是防治传染病的关键措施。对传染病人必须做到“四早原则”，即早发现、早报告、早隔离、早治疗。促使病人早日恢复健康，起到控制和消灭传染源的作用。《中华人民共和国传染病防治法》规定法定传染病现有 39 种，分甲、乙、丙 3 类。

甲类：鼠疫、霍乱（2 种）。

乙类：甲型 H1N1 流感、传染性非典型肺炎、手足口病、艾滋病、病毒性肝炎、脊髓灰质炎、人感染高致病性禽流感、麻疹、流行性出血热、狂犬病、流行性乙型脑炎、登革热、炭疽、细菌性和阿米巴性痢疾、肺结核、伤寒和副伤寒、流行性脑脊髓膜炎、百日咳、白喉、新生儿破伤风、猩红热、布氏杆菌病、淋病、梅毒、钩端螺旋体病、血吸虫病、疟疾（27 种）。

丙类传染病：流行性感冒、流行性腮腺炎、风疹、急性出血性结膜炎、麻风病、流行性和地方性斑疹伤寒、黑热病、棘球蚴病、丝虫病，除霍乱、细菌性和阿米巴性痢疾、伤寒和副伤寒以外的感染性腹泻病（10 种）。

2. 切断传播途径

（1）开展爱国卫生运动，搞好室内外卫生。消灭“四害”。

（2）加强饮水、饮食卫生，严防病从口入。

（3）树立正确的性道德观念，防止婚外性行为，避免性传播疾病发生。

3. 保护易感人群，加强体质锻炼，提高机体免疫力。加强对易感人群保护，可进行疫苗注射来防止感染。

二、常见传染病

（一）甲型 H1N1 流感

【概述】

甲型 H1N1 流感是由变异后的新型甲型 H1N1 流感病毒所引起的急性呼吸道传染病，其传染源为甲型 H1N1 流感病人及隐性感染者，主要通过呼吸道和密切接触传播。通过空气飞沫或气溶胶经呼吸道传播，也可通过口腔、鼻腔、眼睛等处黏膜直接或间接接触传播，接触患者的呼吸道分泌物、体液和被病毒污染的物品亦可能造成传播。人群普遍易感。潜伏期一般为 1～7 天，多为 1～4 天。

【临床表现】

流感样症状，主要表现发热（腋温≥37.5 ℃）、流涕、鼻塞、咽痛、咳嗽、头痛、肌痛、乏力、呕吐或腹泻；可发生肺炎等并发症；少数病例病情进展迅速，出现呼吸衰竭、多脏器功能不全或衰竭；患者原有的基础疾病亦可加重。

【辅助检查】

1. 外周血象 白细胞总数一般不高或降低。

2. 病原学检查

（1）病毒核酸检测。以 RT－PCR 法检测呼吸道标本（咽拭子、口腔含漱液、鼻咽或气管抽取物、痰）中的甲型 H1N1 流感病毒核酸，结果可呈阳性。

（2）病毒分离。呼吸道标本中可分离出甲型 H1N1 流感病毒。合并病毒性肺炎时肺组织中亦可分离出该病毒。

（3）血清学检查。动态检测血清甲型 H1N1 流感病毒特异性中和抗体水平呈 4 倍或 4 倍以上升高。

【治疗】

（1）一般治疗。休息，多饮水，密切观察病情变化；对高热病例可给予退热治疗。

（2）中医中药治疗。口服连花清温胶囊、清开灵、双黄连等药物，效果也很好。

【预防】

学校预防甲型 H1N1 流感采取的措施是隔离，管理传染源，切断传播途径，保护易感人群。教室、寝室、图书馆、食堂等公共场所要勤通风、勤消毒；学生要做好个人防护，不要去人多、拥挤的公共场所，避免接触流感样病人，要勤洗手，注意个人卫生。

（二）传染性非典型肺炎

【概述】

传染性非典型肺炎（简称非典），也称为严重急性呼吸综合征（Severe Acute Respiratory Syndrome，SARS），是由新型冠状病毒引起的以发热和严重肺部感染为主要特征的急性传染病。其传播途径主要为近距离空气飞沫和密切接触传播，是目前我国《传染病防治法》规定的乙类传染病，但按照甲类管理。

【临床表现】

起病急，以发热为首发症状，体温一般超过 38 ℃，偶有畏寒；可伴有头痛、关节、肌肉酸痛、乏力、腹泻；常无上呼吸道卡他症状；可有咳嗽，多为干咳、少痰，偶有血丝痰；可有胸闷，严重者出现呼吸加速、气促，或明显呼吸窘迫。肺部体征不明显，部分病人可闻及少许湿啰音，或有肺实变体征。

【辅助检查】

（1）外周血象白细胞计数一般不升高，或降低；常有淋巴细胞计数减少。

（2）胸部射线检查肺部有不同程度的片状、斑片状浸润性阴影，或呈网状改变，部分病人进展迅速，呈大片状阴影；常为多叶或双侧改变，阴影吸收消失较慢。

【治疗】

（1）一般性治疗。严密监测病情，绝对卧床休息，避免劳累、用力。加强营养支持，注意水电解质平衡。

（2）中药治疗为主。治则：温病，卫、气、营、血和三焦辨证论治。

（3）对症治疗。避免剧烈咳嗽，咳嗽剧烈者给予镇咳；咳痰者给予祛痰药；发热超过 38.5 ℃者，可使用解热镇痛药。高热者给予物理降温；有心、肝、肾等器官功能损害，应该做相应的处理。

（4）出现气促或 PaO_2（动脉血氧分压）＜70 毫米汞柱或 SpO_2（血氧饱和度）＜93％给予持续鼻导管或面罩吸氧。

【预防】

（1）学校非典预防措施高度重视，成立非典防治工作领导小组，做好应急处理预案，保证各项措施到位，严把疫情传入关，做好校园封闭管理和隔离观察工作。

（2）严格执行疫情报告制度，按规定报告疫情。

(3)建立晨检制度。

(4)对确诊为非典病人或疑似病例的，按规定进行隔离治疗。

(5)加强对学校教室、图书馆、食堂、学生公寓等场所的通风、消毒。

(三)病毒性肝炎

病毒性肝炎是由多种肝炎病毒引起的一组全身性传染病。目前已确定有甲、乙、丙、丁、戊5种肝炎病毒，其中甲型和戊型多表现为急性肝炎，主要通过粪口途径传播；乙、丙、丁型多表现为慢性肝炎，并可发展为肝硬化和肝细胞癌，其传播途径是通过血液及血制品、性传播、母婴传播。在各型肝炎中，以甲肝和乙肝最为多见。

1. 甲型病毒性肝炎(HAV)

【概述】

甲型病毒性肝炎(简称甲肝)是由甲肝病毒引起的一种急性肠道传染病。传染源主要是患者，其次为隐性感染者，传播途径主要通过粪口途径传播，也可通过日常生活接触传播。甲肝病毒随患者粪便排出体外，通过污染水源、食物、海产品、食具等传播而造成散发或大流行。甲型肝炎的潜伏期为15～50天，发病后2周粪便中不再排出病毒。本病预后良好，2～4个月恢复健康，不会转变为慢性肝炎。

【临床表现】

有发热、食欲减退、厌油腻、恶心、呕吐、腹胀、腹泻、乏力、右上腹部不适或疼痛、眼巩膜、皮肤黄疸、尿呈深茶色等症状。

【治疗】

(1)一般治疗。注意休息，合理饮食，以清淡饮食为宜。

(2)对症治疗。给予保肝、护肝药物，补充葡萄糖、维生素及能量合剂等。

【预防】

(1)控制传染源。发现病人及时隔离，隔离期至少1个月。对患者接触的餐具及物品进行消毒。

(2)切断传播途径，防止“病从口入”。严格把好手、口二关，饭前便后要洗手，蔬菜、水果要洗干净，不喝生水，不吃未煮熟的食物；餐具、毛巾等生活用品个人专用。公共餐具必须严格消毒。

(3)保护易感人群，注射甲肝疫苗。对与甲肝密切接触者，可注射甲肝疫苗及丙种球蛋白。

2. 乙型肝炎 HBV

【概述】

乙型病毒性肝炎(简称乙肝)，是乙肝病毒引起的以肝脏损害为主的全身性传染病。传染源主要是患者和无症状的HBsAg携带者。传播途径：①通过血液、血制品等传播，人对HBV极易感，极小量污染血液进入人体后，即可致感染；输血、注射、外科及牙科手术、针刺，共用剃刀或牙刷，皮肤黏膜微小损伤均可致感染。②性传播。③母婴传播。主要是围生期感染，即分娩时婴儿经产道通过婴儿的微小伤口受母体的病毒感染所致；哺乳也被认为是传播HBV的途径，婴儿在母体子宫内被感染，表现为出生时已为HBsAg阳性。

【临床表现】

乙型肝炎早期多无明显症状，随病情进展可出现乏力、发热、食欲减退、厌油腻、恶心、呕吐、右上腹部不适或疼痛、体重下降、肝脏肿大、腹水、昏迷等症状。一部分病人可发展为肝硬化和肝细胞癌。

【乙型肝炎抗原抗体检测】

目前主要用血清学方法检测，HBsAg、抗-HBs、HBeAg、抗-HBe、抗HBc（俗称“两对半”）。检测HBsAg可发现无症状携带者，是献血员检测的必检指标。

乙型肝炎抗原抗体检测结果的分析，详见表10-3。

表10-3　乙型肝炎抗原体抗体检测结果分析

血清学标志	出现时间	临床意义
HBsAg	HBV感染后6周左右出现	急性乙肝潜伏期或恢复期、慢性乙肝病毒携带者，慢性乙型肝炎
抗-HBs	HBV感染后6～23周出现	既往感染过HBV，主、被动免疫效果
HBeAg	急性感染早期，随HBeAg消失而消失	急性乙肝的辅助诊断及判断预后，有助于判断传染性强弱，反映HBV复制
抗-HBe	HBeAg消失后出现	多为病情稳定，预后较好的标志。有时也可提示病毒变异，或与肝炎慢性化有关
抗-HBc	多出现在发病第1周后，持续时间较长	高滴度提示现行感染，低滴度多表示既往感染；高滴度提示持续时间长，预示慢性化

HBsAg阳性见于急性肝炎、慢性肝炎或无症状携带者。急性肝炎如恢复后，一般在1～4个月HBsAg即消失。若持续6个月以上则认为已向慢性肝炎转化。无症状HBsAg携带者是指肝功能正常者，携带者可长期为HBsAg阳性。

抗-HBS的出现常提示患者已恢复或痊愈。HBeAg阳性提示体内HBV在复制，如转为阴性，表示病毒停止复制。抗-HBe阳性，表示机体已获得一定的免疫力。

【预防】

注射乙型肝炎疫苗是最有效的预防乙肝的方法，主要用于以下人群：新生儿，可有效阻断母婴传播；学校里集体生活人群；还可用于高危人群，如乱性者、吸毒者、受血者、供血者、经常打针者，配偶或母亲是慢性乙型肝炎病毒携带者，以及医院里工作人员。

(四) 结核病

【概述】

结核病是由结核分枝杆菌引起的慢性传染病，可侵入多个脏器，以肺部受累形成肺结核最为常见。传染源主要是排结核杆菌的肺结核病人，传播途径主要是空气、飞沫等呼吸道传播。目前，在全球范围，由于耐药结核菌的产生与扩展，致使全球结核病疫情呈明显上升趋势。

【临床表现】

（1）全身症状起病缓慢，病程长，表现为午后低热、乏力、盗汗、食欲不振、消瘦等。女性可有月经失调或闭经。

（2）呼吸系统症状。咳嗽、咳痰、少数病人有咳血。当胸膜受累时，可有胸痛。多数病人无任何症状，体检时发现病变。

（3）体征。多无异常体征，若病灶范围大，在锁骨上下和肩胛间区叩诊呈浊音，听诊呼吸音减低，或支气管肺泡音，或湿啰音。

【辅助检查】

（1）胸部X线检查。是早期发现肺结核的主要方法，对确定病变的性质、部位、范围、演变及选择治疗方案有重要价值。各型肺结核的X线表现依据病变不同类型，可呈现渗出、增生、结节、空洞等不同时期改变。

（2）痰结核菌检查。痰结核菌检查是确诊肺结核的最主要依据，也是考核疗效和病情的重要指标，痰的检查方法：应连续查痰3次。查痰分为即时痰、夜间痰、清晨痰。即时痰为病人就诊时咳出的痰液，夜间痰为就诊前一晚睡前咳出的痰液，清晨痰为清晨深咳出的痰液。

（3）结核菌素（结素）试验。测定人体是否受过结核菌感染。其方法是旧结素（OT）1∶2 000 0.1毫升（5结素单位）左前臂屈侧皮内注射，经48～72小时测量局部皮肤肿结，直径＜5毫米为阴性，5～9毫米为弱阳性，9～19毫米为阳性，≥19毫米或局部有水泡、坏死为强阳性。阳性示结核菌感染，不一定患病；阴性者，表示未受过结核菌感染，对结核菌无抵抗力，应接种卡介苗。

【治疗】

（1）全身治疗。加强营养，适当休息，提高机体免疫力。

（2）药物治疗。抗结核化学治疗，原则是早期、联合、规律、足量、全程使用抗结核药物。规律用药，完成全疗程，不要过早停药，是化疗成功的关键。

【预防】

控制结核病流行必须在控制传染源、切断传染途径以及增强免疫力、降低易感性三个环节上采取综合措施。

（1）定期进行胸部X线检查，早期发现病人，做好肺结核病人的管理和治疗。

（2）养成良好的公共道德，不随地吐痰，咳嗽、打喷嚏时要用手帕捂住口鼻。

（3）出生时接种卡介苗。

（4）平时加强体育锻炼，增加户外活动，提高机体抗病能力。

（五）细菌性痢疾

【概述】

细菌性痢疾简称菌痢，是痢疾杆菌引起的肠道传染病。传染源主要是痢疾病人或带菌者，传播途径是粪口传播。痢疾杆菌随病人或带菌者的粪便排出，直接或间接污染手、食物、水生活用品，或由苍蝇、蟑螂做媒介污染食物，然后经口而感染。菌痢常年散发，夏秋多见，是我国的常见病、多发病。

【临床表现】

主要有寒战、发热、腹痛、腹泻、里急后重、排黏液或脓血样大便。中毒型菌痢起病急骤，突然高热、反复惊厥、嗜睡、昏迷，迅速发生循环衰竭和呼吸衰竭，而肠道症状轻或缺如。

【辅助检查】

（1）血常规。白细胞总数和中性粒细胞增加。

(2) 便常规。黏液脓血便。镜检有大量脓细胞、红细胞与巨噬细胞。

(3) 粪便细菌培养。分离到痢疾杆菌。

【治疗】

(1) 注意休息，进食易消化食物。

(2) 抗病原治疗。常用药物有左氧氟沙星、氨苄西林、复方新诺明、环丙沙星、黄连素、庆大霉素等。用药要足量，达到疗程，急性者至少用药 5 天以上。

(3) 对症治疗。口服或静脉补充糖盐水。

【预防】

注意饮食卫生、个人卫生、环境卫生，灭蝇、灭蟑螂。

(六) 流行性感冒

【概述】

流行性感冒（简称流感）是由流感病毒引起的急性呼吸道传染病。流感病毒分甲、乙、丙三型。传染源为病人或隐性感染者，病人的鼻涕、口涎、痰液中含有大量病毒。传播途径为空气飞沫传播，人群普遍易感，病后有一定特异性免疫力，但不能持久。本病冬春季节多发。

【临床表现】

主要表现为畏寒、高热，体温可达 39～40 ℃，伴有头痛、全身肌肉酸痛、乏力、面颊潮红、眼结膜充血等。呼吸道症状轻，部分病人可有咳嗽、打喷嚏、流涕等。全身症状重、呼吸道症状相对轻微是流感的主要特征。一般经过 2～3 天后体温下降，全身症状也逐渐好转。

【治疗】

(1) 卧床休息，多饮水，进食易消化食物。

(2) 对症治疗。头痛、发烧者给予解热镇痛药，如扑热息痛、阿司匹林等，也可用一些中药如板蓝根、大青叶、柴胡等缓解症状。高热者可物理降温。

(3) 抗病毒治疗主要有利巴韦林、炎琥宁，一周左右病程，自限性疾病。

【预防】

流感流行期间不到人群密集的地方，若去则戴口罩。寝室、教室要通风，流行期间可用过氧乙酸或食醋喷洒或熏蒸消毒。儿童、老年人可注射疫苗。

(七) 艾滋病（AIDS）

【概述】

艾滋病全称是“获得性免疫缺陷综合征”（Acquired Immunodeficiency Syndrome，AIDS)，是由人类免疫缺陷病毒（Human Immunodeficiency Virus，HIV）引起的一种性传播疾病。传染源是病人和无症状的病毒携带者。主要传播途径有：①性接触传播，如性交、肛交；②血液（血制品）传播，如输入污染 HIV 的血液制品，静脉穿刺用被污染的注射针头；③母婴垂直传播，感染 HIV 的母亲通过胎盘、产道传染给新生儿。HIV 的特点是侵犯人体免疫系统 T 细胞，最终导致免疫功能丧失。HIV 存在于人体的血液、精液、阴道分泌物等体液中。1981 年在美国发现首例病人，我国 1985 年发现首例病人。WHO 于 1988 年确定世界艾滋病日是 12 月 1 日。本病自首发病例报告以来，其发病率急剧上升，传播速度之快，死亡率之高，引起世界各国高度重视。

【临床表现】

从感染 HIV 到形成抗体所需的时间称为“窗口期”，一般为 5 周左右，此期具有传染性。潜伏期为感染 HIV 到出现艾滋病症状和体征的时间，成人平均 29 个月。潜伏期病人是重要的传染源。HIV 感染有以下 4 期：

（1）急性感染期。HIV 病毒感染后 3～5 周出现类似感冒症状，如发热、乏力、头痛、咽痛、恶心、腹泻、关节及肌肉酸痛等症状，个别有皮肤损害。本期可持续 2～10 年或更长。

（2）无症状感染期。本期 HIV 由原发感染或急性感染消失后延伸而来，为病毒携带者，病人无任何临床症状，少数有淋巴结肿大。血清中能查出 HIV 以及 HIV 抗体。

（3）艾滋病相关综合征原因不明免疫功能低下和持续性淋巴结肿大。也可有长期低热、乏力、体重减轻、慢性腹泻及各种感染。

（4）典型艾滋病期发热、乏力、食欲不振、消瘦和腹泻症状继续发展，主要表现：①机会感染，以卡氏肺囊虫肺炎最常见；②肿瘤，以卡波西肉瘤和淋巴瘤常见；③神经系统病变，表现为急性脑炎、脊髓炎和神经炎。

【治疗】

（1）高效抗逆转录病毒（HAART）药物治疗。

（2）中药治疗。中药可以改善患者症状，提高患者免疫力。特别在早期可以起到帮助治疗的作用。

【预防】

（1）开展健康教育，广泛宣传艾滋病预防知识，掌握传播途径，积极采取自我防护和预防知识。

（2）预防艾滋病的“ABC”原则：近年来，国外一些专家在总结预防性病、艾滋病经验的基础上，提出了预防性病、艾滋病的“ABC”原则。A 是英文“abstinence”（禁欲）的第一个字母，指一个人一辈子不与任何人发生性关系，感染艾滋病的危险就会大大降低，甚至降到零。B 是英文“be faithful”（做忠诚的人）第一个字母，对不禁欲的人，要做到一辈子只与一个没有被艾滋病病毒感染的配偶发生性关系，而本人也没有被艾滋病病毒感染，遵守性道德，洁身自爱。如与多人发生性活动，是疾病传染的重要途径。C 是英文“condom”（避孕套）的第一个字母，告诉人们正确使用避孕套可减少性病、艾滋病的发生危险。

（3）杜绝感染艾滋病的高危行为，如多个性伙伴、乱性，同性恋，静脉吸毒等。

（4）教育人们对艾滋病患者和感染者要同情、理解和关怀。胸前佩戴红丝带的三层含义：象征着人们对艾滋病患者和感染者的关心与支持，象征着人们对生命的热爱和对和平的渴望，象征着人们要用“心”来参与预防艾滋病的工作。

第三节　大学生常见心理疾病防治

神经症（又称神经官能症），是一组轻度脑功能障碍。包括神经衰弱、焦虑症、强迫症、抑郁症、恐怖症和疑病症等。它也是我们大学生群体中常见的心理疾病，患病率相当高。病因尚未完全明了，可能与身体素质、个性和精神因素有关，它们相互作用而引起大脑活动发生暂时性障碍，出现一系列临床症状。神经症具有以下五个特点：①意识的心理冲突。神经症病人意识到他处于一种无力自拔的自相矛盾的心理状态。通俗地讲，就是自己总是跟自己过不去，自己折磨自己，病人知道这种心理是不正常的或病态的，但是不能解脱。②精神痛苦。神经症是一种痛苦的精神障碍，喜欢诉苦是神经症病人普遍而突出的表现之一。③持久性。神经症是一种持久性的精神障碍，不同于各种短暂的精神障碍。症状持续三个月以上。④妨碍病人的心理功能或社会功能。神经症性心理冲突中的两个对立面互相强化，形成恶性循环，严重妨碍着病人的心理功能或社会功能。⑤没有任何躯体病作基础。患者虽然主诉多，但缺乏与之相对应的躯体疾病。

一、神经衰弱

【概述】

神经衰弱是以脑和躯体功能衰弱为主的神经症，其主要特征是精神易兴奋却又易疲乏，常伴有情绪紧张、烦恼、易激惹，以及睡眠障碍、头痛、多种躯体不适等症状。这些症状不能归于已存在的躯体疾病、脑器质病变或其他精神疾病。病程迁延，病情波动常与心理社会因素有关。

【临床表现】

本病主要表现为精神易兴奋易激惹、脑力易疲乏、紧张性头痛、入睡困难及植物神经功能紊乱等症状。神经衰弱表现多样，归纳为以下几点：

（1）脑功能衰弱的症状。精神易兴奋主要表现为联想与回忆增多，思维内容杂乱无意义，使人感到苦恼；易受无关刺激的干扰；感觉阈值降低，对疼痛、声、光、电等刺激反应敏感，情绪易激惹、易怒。

脑力易疲劳表现注意力不集中，记忆力下降。也可伴有躯体疲劳。疲劳具有以下特点：①疲劳常伴有不良心境；②疲劳常有情境性；③疲劳常有弥散性；④疲劳不伴有欲望与动机的减退。

（2）情绪症状。主要为烦恼，易激惹与紧张。情绪症状必须具备以下特点才算病态：病人感到痛苦或影响社会功能而求助；病人感到难以自控；情绪的强度及持续时间与生活事件或处境不相称。

（3）心理生理症状。常常有大量的躯体不适症状，各种检查找不到病理性改变的证据。最常见的有睡眠障碍与紧张性头痛。睡眠障碍多表现为入睡困难与易惊醒。

【治疗】

采用心理治疗、药物治疗、脑力劳动和体育锻炼相结合等综合治疗方法。

【预防】

（1）合理安排工作、学习和生活。

（2）提倡紧张有序的工作方法，避免工作忙而无序。

（3）注意劳逸结合，患者应多参加户外活动和体育锻炼，户外活动可以呼吸到新鲜空气，通过各种体育活动如散步、打羽毛球、游泳等来调节植物神经。

（4）培养坚强的意志力和提高解决问题的能力。

（5）培养乐观开朗的性格。

二、抑郁症

【概述】

抑郁症是一种以心境低落为主要特征的综合征。它是大学生中常见的心理问题，有调查结果显示，14%的大学生曾出现过抑郁症状，17%的人有焦虑症状，它严重地影响着大学生的学习、工作和生活。

【临床表现】

抑郁发作临床上以情绪低落、思维迟缓、意志活动减退和躯体症状为主。

（1）情绪低落。主要表现为显著而持久的情绪低落，抑郁悲观。病人常感到苦恼忧伤、兴趣索然。严重时病人感到悲观绝望和痛苦难熬，有度日如年、生不如死之感。患者常称："活着没有意思"或"开心不起来"。典型病例的抑郁情绪常有昼重夜轻的特点。而更年期和老年期抑郁症患者则可有抑郁和焦虑情绪混合存在。

在情绪低落的影响下，病人自我评价过低，无故贬低自己，常产生无用感和无价值感，有时有厌世想法和自杀打算，不少患者出现自责自罪观念。无任何根据地认为自己成为家庭和社会的累赘，"变成了废物"，或认为犯了弥天大罪。有些患者会在躯体不适的基础上易产生疑病观念，且可发展为妄想，除常见的罪恶与疑病妄想外，还可能出现关系妄想、贫穷妄想等。

（2）思维迟缓。思维联想过程受到抑制，反应迟钝、思路闭塞，临床上表现为主动性言语减少，语流明显减慢，思考问题吃力。

（3）意志活动减退。意志活动也受到显著抑制，患者主动性活动明显减少，被动，回避社交场合，甚至连既往感兴趣的活动也提不起精神，愿独处。严重者生活也懒于料理，进一步发展病人则不语不动，可达木僵程度。最危险的病理性意志增强活动是反复出现自杀企图和行为，其中一些患者的自杀计划与行为极为隐蔽，令家人、医生难以察觉。另外，在抑郁发作时也常见焦虑情绪引起的活动增多现象，多以年龄较大的患者为主，患者出现坐卧不安、搓手顿足，也有表现为纠缠者。

（4）躯体症状。大部分病人会有心悸、胸闷、胃肠道不适、食欲下降和体重减轻等躯体及生物性症状。此外，睡眠障碍突出，多为早醒，伴焦虑时，则以入睡困难明显。

（5）其他。抑郁发作病人也可出现幻觉、人格解体、强迫和恐怖症状

【诊断】

（1）症状特征。

① 以持久的心境低落为临床主要症状特征。

② 大多数患者在青壮年首次发病，表现为发作性病程，缓解期精神状态基本正常。

③ 可能存在情感性精神障碍阳性家族史。

④ 躯体检查包括神经系统检查、实验室检查。一般无阳性发现。

（2）抑郁发作的诊断标准。以心境低落为主，并至少有下列几项。

① 兴趣丧失、无愉快感。

② 精力减退或疲乏感。

③ 精神运动性迟滞或激越。

④ 自我评价过低、自责，或有内疚感。

⑤ 联想困难或自觉思考能力下降。

⑥ 反复出现想死的念头或有自杀、自伤行为。

⑦ 睡眠障碍，如失眠、早醒，或睡眠过多。

⑧ 食欲降低或体重明显减轻。

⑨ 性欲减退。

【治疗】

轻、中度抑郁症，以心理治疗为主，药物治疗为辅。严重的抑郁症通常以药物为主配合心理治疗。

（1）心理治疗。

① 关系支持。指辅导者以亲切、体谅、关怀的态度对待学生，表达出理解、安慰。

② 认知辅导。

③ 注意降低焦虑。可采用放松训练等行为矫正技术帮助来访者降低焦虑。

④ 激励学生行动。可从学生力所能及而又感兴趣的事情入手，让学生行动起来。

⑤ 开发环境中的支持力量。

（2）药物治疗。可应用百忧解和怡诺思等药物进行治疗。

【预防】

抑郁症的预防需要学生和学校的共同努力。对于学生来说应从以下四方面努力：

（1）加强心理卫生知识学习。可通过心理卫生课或讲座，通过阅读心理卫生书刊等途径接受心理卫生教育，并把知识运用于自己的生活、学习、工作中去。

（2）积极参加各类实践活动。多参加社会劳动和各种社会活动，锻炼自己，提高心理承受能力，增强意志，丰富经验，从而促进心理健康。实践活动包括加强体育锻炼，培养良好的生活习惯，丰富业余文化生活等。

（3）增强自我心理调节。自我心理调节包括调整认知结构，完善自我意识，塑造健全人格，学会情绪控制，提高适应能力，掌握自我调节的方法，例如写日记、倾诉、哭泣、宣泄、转移等。

（4）及时寻求心理咨询帮助。除了重视自我调节外，还应积极取得家庭、学校和社会的支持，争取亲朋好友的帮助，心理负荷较重、自己不易调节时，应及时寻求心理咨询的帮助。

三、强迫性神经症

【概述】

以强迫症状为主要临床表现的神经症，简称强迫症，是指病人反复出现的思想、表象、企图或动作，并非出于自愿，明知不合情理或毫无意义，而且力图摆脱，却无能为力，因此感到焦虑和痛苦。多数病人病前有强迫人格，其特点是不完善感、不安全感和不确定感。

【临床表现】

（1）强迫观念最常见。其中包括强迫思考，如琢磨“先有鸡还是先有蛋”之类的问题；强迫怀疑，如担心门是否锁好，灯是否熄灭，水龙头是否关闭；强迫对立观念，如人们说“革命”，病人就想到“反革命”

（2）强迫表象。脑内反复出现形象性的内容如生殖器或性行为而不能摆脱，其中包括强迫回忆，即病人对于做过的事情必须反复回忆。

（3）强迫恐惧。病人害怕自己失去控制，会发疯，会干出伤风败俗的事情。

（4）强迫意向。又称强迫冲动，病人出现一种与意愿相悖的冲动，但不会实施相应的行动。如怀抱爱子的母亲，站在阳台上时却出现要把孩子扔下去的冲动。

（5）强迫动作。包括强迫计数、强迫检查、强迫询问、强迫性意识动作。如不自主地计数自己的脚步、楼房窗户的玻璃；强迫性洗手，因怕污秽、怕细菌而反复洗手；强迫性仪式动作，病人必须完成一套刻板的动作以获得幸运或吉兆的安慰感。有的病人完成这么一套动作要花费几小时的时间，严重妨碍病人的生活和工作。

【治疗】

药物治疗和心理治疗相结合，可产生良好的效果。

（1）心理治疗和行为治疗为主。心理治疗的目的是使患者对自己的个性特点和所患疾病有正确客观的认识，对周围环境、现实状况有正确客观的判断，丢掉精神包袱以减轻不安全感；学习合理的应激方法，增强自信，以减轻其不确定感；不过分精益求精，以减轻其不完美感。行为治疗、认知治疗、精神分析治疗均可用于强迫症。系统脱敏疗法可逐渐减少患者重复行为的次数和时间。

（2）药物治疗。抗焦虑药和抗抑郁药可以改善病人的情绪，氯丙咪嗪的疗效较好。经过治疗，部分病人的症状减轻甚至完全消失。

（3）家庭人际关系治疗。主要针对父母进行咨询指导，消除父母的焦虑，纠正其不当的教育方法，鼓励父母建立典范行为来影响患者，并配合好医师进行心理治疗。

四、焦虑症

【概述】

焦虑症是一种以焦虑情绪为主的神经症，以广泛和持续性焦虑或反复发作的惊恐不安为主要特征，常伴有自主神经紊乱、肌肉紧张和运动性不安，临床上分为广泛性焦虑症与惊恐发作。

【临床表现】

（1）广泛性焦虑症（又称慢性焦虑症）。广泛性焦虑症是焦虑症最常见的表现形式。常缓慢起病，以经常或持续存在的焦虑为主要临床表现。具有以下临床表现：

① 精神性焦虑。精神上的过度担心是焦虑症状的核心。对客观上并不存在的某种威胁或危险和坏的结局，患者总是担心、不安和害怕，虽然患者也知道这是主观的多虑，但不能自控而使其颇为苦恼。多数患者可有易激惹、对声音过敏、注意力不集中、记忆力不好等表现，并常伴有运动性不安如来回踱步，或不能静坐。

② 躯体性焦虑。表现为运动不安与多种躯体症状。躯体症状主要是植物神经活动异常的表现，以交感神经系统活动过度为主，如口干、上腹不适、出汗、恶心、吞咽困难、胸闷、呼吸困难、心悸、胸痛、心动过速或尿频、尿急、阳痿。性感缺乏，月经时不适或无月经，此外还有昏晕、面色潮红等。运动症状与肌肉紧张有关的头痛，常表现为顶、枕区的紧压感；肌肉紧张痛和强直，特别在背部和肩部；手部常见轻微震颤，且于精神紧张时更为明显；另有不安宁、不能静坐。

③ 觉醒度提高。表现为不易入睡，入睡后易醒，并有噩梦、夜惊，对刺激敏感等。

④ 其他症状。广泛性焦虑症患者常合并抑郁、强迫、恐惧、惊恐发作及人格解体等症状。

（2）惊恐发作（又称急性焦虑症）。其特点是发作的不可预测性和突发性，发作时常表现为明显的自主神经症状，如心悸，有剧烈的心跳、心慌、呼吸困难、胸闷、四肢发麻等，甚至出现不能控制的发抖出汗。故此患者惊恐万分，似有濒死之感，有时害怕自己完全失去控制而精神失常。发作时间一般 5～20 分钟，很少超过 1 小时。发作时意识清楚，发作过后有担心再发作的心理。

【治疗】

（1）心理治疗。

① 健康教育。其内容应包括对疾病性质的讲解，让病人明白疾病的性质，消除某些顾虑。了解患者自身对疾病的理解，及时洞悉患者的某些不良认知。指导患者进行一些简单实用的应对焦虑的方法，改变某些不良的生活方式等。

② 认知治疗。治疗者应帮助病人改变不良的认知或进行认知重建。

③ 行为治疗。焦虑症患者往往有焦虑引起的肌肉紧张、自主神经功能紊乱引起的心血管系统与消化系统症状。运用呼吸训练、放松训练、分散注意技术等行为治疗方法常常有效。

（2）药物治疗。

① 苯二氮类。应用广泛，抗焦虑作用强，起效快。主要药物有地西泮、阿普唑仑等。

② 抗抑郁剂。三环类抗抑郁剂如丙米嗪、阿米替林等对广泛性焦虑有较好疗效。

五、恐怖症

【概述】

以对某种物体或处境产生不合理的无法控制的恐惧情绪，并力图回避为主要临床表现的神经症。病人性格多为胆小、怕羞、内向、依赖性强。

【临床表现】

（1）社交恐怖症。多见于青年人，害怕社交活动，如怕自己社交时脸红，怕与别人的视线相对，怕别人看出他表情不自然等，病人为此感到苦恼。

（2）广场恐怖症。害怕到各种公共场所去。如商店、餐厅、电影院、公共汽车等。害怕在这些场合出现惊恐发作和眩晕发作，还害怕晕倒和虚脱。

（3）境遇恐怖症。害怕某种特殊境遇，如登高、过桥、闭室、黑暗、雷电等。

（4）动物恐怖症。害怕某种动物，如猫、狗、鼠、蜘蛛、昆虫等。

【治疗】

（1）行为治疗。行为治疗是最主要和最有效的方法，常用的有系统性脱敏、暴露疗法或冲击疗法。在专家的指导下进行模拟性或渐进性训练，通过等级性的恐怖情景一步步地进行脱敏，使患者逐渐克服对物体或处境的恐怖。

（2）药物治疗。抗焦虑药和抗抑郁药物可以改善病人情绪。

六、癔症

【概述】

癔症又称歇斯底里。多见于女性，首发年龄 20～30 岁且最多。多数在精神因素的促发下急性起病。

【临床表现】

复杂多样，归纳起来可分为下述 3 类：

（1）癔症性精神障碍。这种表现是癔症较常见的表现形式，包括意识障碍、情感爆发、癔症性痴呆、癔症性遗忘、癔症性精神病等。

① 意识障碍。癔症患者的意识障碍包括对周围环境意识和自我意识障碍。对周围环境的意识障碍又称意识改变状态，主要指意识范围的狭窄，以朦胧状态或昏睡较多见，严重者可出现癔症性木僵，也有的患者表现为癔症性神游；自我意识障碍又称癔症性身份障碍，包括交替人格、双重人格、多重人格等，也较常见。

② 情感爆发。是癔症发作的常见表现，患者表现为在精神刺激之后突然发作，时哭时笑、捶胸顿足、吵闹不安，有的自伤、伤人、毁物，有明显的发泄情绪的特征。在人多时，可表现得更明显，内容更丰富。历时几十分钟，可自行缓解，多伴有选择性遗忘。

③ 癔症性痴呆。为假性痴呆的一种。表现为对简单的问题给予近似回答者，称 Ganser 综合征；表现为明显的幼稚行为时称童样痴呆。

④ 癔症性遗忘。又称阶段性遗忘或选择性遗忘，其遗忘往往能达到回避的目的。表现为遗忘了某阶段的经历或某一性质的事件，而那一段事情往往与精神创伤有关。

⑤ 癔症性精神病。为癔症性精神障碍最严重的表现形式。通常在有意识蒙眬或漫游症的背景下出现行为紊乱、思维联想障碍或片断的幻觉妄想以及人格解体症状，发作时间较上述各种类型长，但一般不超过 3 周，缓解后无遗留症状。

（2）癔症性躯体障碍。表现为运动障碍与感觉障碍，其特点是多种检查均不能发现神经系统和内脏器官有相应的器质性损害。

① 运动障碍。较常见为痉挛发作、局部肌肉抽动或阵挛、肢体瘫痪、行走不能等。其痉挛发作与癫病大发作十分相似，但无口舌咬伤、跌伤，无大小便失禁，持续时间也较长，多发生于人群中。癔症性肢体瘫痪可表现为单瘫、截瘫或偏瘫，伴有肌张力增强或弛缓，无神经系统损害的体征，但病程持久者可有废用性肌萎缩。部分患者可出现言语运动障碍，表现为失声、缄默等。

② 感觉障碍。包括感觉过敏、感觉缺失（局部或全身的感觉缺失，缺失范围与神经分布不一致）、感觉异常（如咽部梗阻感、异物感，又称癔症球；头部紧箍感，心因性疼痛等）、癔症性失明与管视、癔症性失聪等。

（3）癔症的特殊表现形式。流行性癔症或称癔症的集体发作是癔症的特殊形式。多发生在共同生活、经历和观念基本相似的人群中。

【治疗】

癔症的症状是功能性的，因此心理治疗有重要地位。药物治疗主要是适当服用抗焦虑药及抗抑郁药物。

（1）暗示治疗。是治疗癔症的经典方法。

（2）催眠疗法。在催眠状态下，可使被遗忘的创伤性体验重现，受压抑的情绪获得释放，从而达到消除症状的目的。

（3）行为治疗。多采用系统脱敏法循序渐进、逐步强化地对患者进行训练，适用于肢体或言语有功能障碍的慢性病例。

（4）其他心理治疗。可采用解释心理治疗，主要目的在于引导患者正确评价精神刺激因素，充分了解疾病的性质，帮助其克服个性缺陷，加强自我锻炼，促进心身健康。

（5）物理治疗。针刺或电兴奋治疗对癔症性瘫痪以及耳聋、失明、失声或肢体抽动等功能障碍，都有良好效果，可以选用。

第四节　大学生急症自救与互救

在我们日常生活中，有时会有突发事件和意外伤害发生，导致呼吸、心跳停止。学习并掌握现场急救知识和技能，对保护我们的生命安全具有十分重要的意义。国内外急诊医学对这方面的急救手段非常重视，要求在人群中广泛普及人工呼吸和心脏按压的基本知识和技能。心肺复苏是针对呼吸、心跳停止所采用的抢救措施，即以人工呼吸代替患者的自主呼吸，以心脏按压形成暂时人工循环并诱发心脏的自主搏动。从心跳停止到细胞坏死的时间以神经细胞最短，18 秒后脑缺氧，30 秒后昏迷，4～6 分钟后脑细胞开始不可逆的损伤。10 分钟后脑细胞全部死亡。因此，维持脑组织的灌流是心肺复苏的重点，一开始就应积极防治脑神经细胞的损害，力争脑功能完全恢复。心肺复苏一般分为三个阶段：初期复苏、后期复苏和复苏后处理。

初期复苏（BLS），也称基本生命支持，是呼吸心跳停止时的现场应急措施，主要是为了迅速有效地恢复心肺脑等生命器官的氧合血液灌流。

初期复苏的任务和步骤可归纳为：保持呼吸道通畅、进行人工呼吸和建立人工循环。舌后坠和呼吸道内的分泌物、呕吐物等可引起呼吸道梗阻。口对口（鼻）人工呼吸最适用于现场复苏。心跳停止是指心脏已无法射出血液，以致周身血液循环处于停止状态，包括心脏停搏、心室颤动等情况。胸外心脏按压是间接挤压心脏，从而形成一暂时的人工循环的方法，从而使生命重要器官（其中最重要的是脑）不致发生不可逆的改变。

一、徒手心肺复苏术

（一）应用指征及目的

应用指征：呼吸心搏骤停。表现：突然晕倒、意识丧失、大动脉搏动及心音消失、进入濒死状态、室颤、呼吸心跳停止。

目的：迅速恢复病人的自主呼吸、心跳及脑功能。

（二）心肺复苏的紧迫性

心搏骤停、呼吸停止：4 分钟以内开始复苏，成功率 50%；4～6 分钟开始复苏，成功率 10%；6 分钟开始复苏，成功率 4%；10 分钟开始复苏，成功率 1%～2%。

（三）徒手心肺复苏术的操作步骤

（1）判断意识。迅速确定病人是否存在意识，在患者耳边大声呼唤，并轻拍病人肩部，说“你怎么了”判断呼吸，眼观、耳听、面感觉（一看二听三感觉）；判断心跳，触摸颈动脉。要求在 10 秒内完成。

（2）调整体位。仰卧位，水平地面，硬板床或背部垫木板。

（3）判断呼吸。扫视胸腹有无起伏，鼻翼有无煽动。

（4）呼救求援。呼叫他人前来帮助抢救，并告之快速拨打 120 急救。

（5）胸外按压（circulation）。

（6）开放气道（airway）。解开衣服领扣、领带、松解腰带；清除口腔异物（分泌物、假牙等）；昏迷病人用手绢、纱布块将舌拉出；采用双手抬颌法、仰头抬颏法，伤病员下颏经耳垂连线与地面呈 90°，打开气道；安置妥颈部。

（7）人工呼吸（breathing）。触摸颈动脉，判断有无颈动脉搏动，如无搏动，实施胸外心脏按压建立血循环。

（四）胸外心脏按压术

1. 操作步骤

（1）放置体位。病人仰卧于硬板床或水平地面上。

（2）按压部位。胸骨上 2/3 与下 1/3 交界处。

（3）按压姿势。抢救者（术者）一手掌根部放置于按压部位，手指翘起，另一手重叠在其上，两臂伸直，依靠上身的重力，做垂直有节律的按压，按压放松时，手掌根部不能离开胸。身体前倾（肩与受力点垂直）。

（4）按压深度。按压深度至少 5 厘米，8 岁以下儿童整个胸廓的 1/2。

（5）频率。按压频率至少 100 次/分，按压与放松时间相等。

（6）操作配合。先进行胸外心脏按压 30 次，人工呼吸 2 次。如此循环，每 5 个回合为一个周期，一周期后再检查呼吸与循环体征（5～10 秒）。如无呼吸、脉搏，继续按胸外心脏按压，口对口人工呼吸，实施心肺复苏第二个周期。

（7）检查心脏按压是否有效，其有效标志是每次心脏按压均能触及颈动脉搏动。

2. 胸外心脏按压注意事项

（1）手掌根部不能离开按压部位。

（2）按压与抬起时间比例 1∶1。

（3）垂直对准脊柱，不能偏斜，否则易引起骨折。

（五）口对口人工呼吸术

1. 操作步骤和方法

（1）打开气道，病人仰卧位，解开患者衣服领扣、领带，松解腰带；清除口腔异物（分泌物、假牙等）；昏迷病人用手绢、纱布将舌拉出。头后仰，术者一手按前额，另一手抬下颏。伤病员下颏经耳垂连线与地面呈 90°。

（2）捏鼻与松鼻。吹气前捏住病人鼻翼，吹气完毕放开口鼻。

（3）操作者一手抬病人下颌，另一手捏住病人鼻翼，深吸一口气，口对口吹气；吹气时将自己口唇紧密覆盖患者口唇，无气体流出；每次吹气应维持 1 秒以上；吹气后头偏向患者胸部一侧，观察胸廓起伏。胸廓明显起伏为有效。

（4）吹气频率为 10～12 次/分，间隔 4 秒，进行第二次吹气（共 2 次）。

（5）观察口对口吹气是否有效，看到胸廓明显起伏并有时能听到气流声，此为口对口人工呼吸有效标志。

2. 注意事项

（1）如病人牙关紧闭，改用口对鼻、口对口鼻、口对呼吸面罩吹气。

（2）防止吹气用力过猛。

（3）吹气时间占一次呼吸周期的 1/3，时间应不少于 1.5 秒。

（六）心肺复苏有效指征

（1）眼球活动、手脚抽搐、开始呻吟等。

（2）自主呼吸逐渐恢复。

(3) 触摸到规律的颈动脉搏动。

(4) 面色转为红润。

(5) 双侧瞳孔缩小。

(七) 心肺复苏可以终止的条件

(1) 伤病员已经恢复自主呼吸和心跳。

(2) 有专业医务人员接替抢救。

(3) 医务人员确定被救者已经死亡。

(4) 有效连续抢救超过 30 分钟。

(八) 胸外心脏按压的并发症

(1) 肋骨骨折。

(2) 心包积血或心脏压塞。

(3) 气胸、血胸、肺挫伤。

(4) 肝脾撕裂伤。

(5) 脂肪栓塞。

二、触电、溺水的抢救

(一) 触电的抢救

(1) 立即切断电源，或用不导电的物体如干燥的木棍、竹竿、干布等使伤员尽快脱离电源，急救者切勿直接接触伤员，防止自身触电。

(2) 伤员脱离电源后，立即检查伤员全身情况，特别是呼吸、心跳，发现呼吸、心跳停止时，应立即就地抢救。

① 轻症。神志清，呼吸、心跳均自主者，让伤员就地平卧，严密观察，暂时不要站立、行走，防止继发休克、心衰。

② 呼吸停止，但有心跳，平卧开放气道，实施口对口人工呼吸，后转送医院。

③ 心跳停止，但有呼吸，行胸外心脏按压术，转送医院。

④ 呼吸、心跳均停止，立即行心肺复苏术，转送医院。

(二) 溺水的抢救

1. 水中自救、他救

自救：指不熟悉水性者致淹时，要稳定情绪，采取仰游，使口鼻露出水面，以保证能进行呼吸，呼气宜浅，吸气宜深，争取能较长时间浮在水面，等待救援。不可将手上举、挣扎，否则下沉更快。会泳者，若因小腿抽筋遇险，应息心静气，及时呼人救援，自己可将拇指屈伸，并采取仰游。

他救：指救护者尽量脱外衣、裤、鞋，迅速游到溺水者附近，从其后方前进，以仰泳方式将溺水者拖向岸边。注意不要被溺水者紧报缠身，累及自己。

2. 岸上急救

(1) 清除口鼻里的堵塞物。溺水者头朝下清除杂物，再用手掌迅速连续击打其肩后背部，打通呼吸道。

(2) 倾出呼吸道积水，抢救者一腿跪地，另一腿屈曲，将溺水者俯卧在屈曲的大腿上，使其头下垂，压溺水者背部。

（3）立即做人工呼吸。

（4）胸外心脏按压。

三、酒精中毒、一氧化碳中毒的抢救

（一）酒精中毒的抢救

【临床表现】

有饮入过量乙醇或酒类饮料史；轻者表现为头昏、乏力、自控力丧失、欣快感、语言增多、颜面潮红或苍白；中度中毒表现动作不协调、步态不稳、语无伦次、伴眼球震颤；重度中毒表现为沉睡、颜面苍白、皮肤湿冷、呼吸浅表口唇发绀，严重者昏迷、死亡。

【治疗原则】

（1）轻症不需治疗，自行康复。

（2）中、重度中毒迅速催吐、洗胃。如病人清醒，在中毒6小时以内，可用手指、筷子刺激咽喉催吐，大量饮水催吐。昏迷病人注意清除口腔、鼻腔内分泌物，防止呼吸道窒息。

（3）静脉注射50%葡萄糖、维生素及盐酸纳络酮。

（4）对症支持治疗。

（二）一氧化碳中毒的抢救

一氧化碳是无色、无臭、无味的气体，在生产、生活中含碳物质燃烧不完全，都可产生一氧化碳，如不注意通风或管道密闭不严，易发生中毒。

现场救治：一旦发生一氧化碳中毒，应立即将中毒者移离现场，转移到空气新鲜处，解开衣领、腰带，保持呼吸道通畅，同时注意保暖。轻度中毒者吸入新鲜空气或氧气后即可好转，中度以上中毒必须到医院救治。

四、临时止血

外伤出血是常见的症状，止血在急救中非常多见。一个人的血量约占自身体重的8%，如果急性失血超过人体总血量的20%，即可危及生命。因此，在外伤急救中，及时、有效的止血是成功抢救伤员的关键。

【出血的种类及特点】

（1）动脉出血：血色鲜红、血流急、喷射状，量多时有口渴感。

（2）静脉出血：血色暗红、血流速度缓慢、量较多。

（3）毛细血管出血：颜色红、渗出、量少。

【动脉出血止血方法】

（1）加压包扎止血法。用厚敷料覆盖伤口后，外用绷带缠绕，加压包扎。

（2）手压止血法。用手指、手掌或拳头压迫出血区域或近心端动脉干，暂时性控制出血。肩、腋窝、上臂出血：压迫锁骨上窝的锁骨下动脉。

前臂出血：压迫前臂内侧上1/3处的肱动脉。

手部出血：压迫腕部两侧的尺、桡动脉。

下肢出血：压迫大腿内侧的腹股沟韧带中点的股动脉。

足出血：压迫足背部位的足背动脉。

（3）止血带止血法：适用于四肢大动脉出血。具体扎止血带位置为上肢上1/3处；下肢为大腿中、下 1/3 交界处。另外，止血带松紧要合适，以出血停止、远端不能摸到脉搏为标准。止血持续时间以不超过 1 小时。

五、骨折固定技术

骨折是外科常见的一种损伤，由于外力作用致使骨的完整性或连续性中断时称骨折。根据骨折处是否与外界相通，可分为开放性骨折和闭合性骨折；根据骨折的程度及形态可分为完全骨折、不完全骨折和粉碎性骨折。

【骨折的症状与体征】

（1）根据主诉可推断骨折部位和损伤情况。

（2）活动异常。肢体完全骨折时，由于肌肉收缩患肢可有不同程度的变形，如变短、成角度畸形。肢体上举时骨折处有自然屈曲。不完全骨折肢体可失去正常功能。

（3）局部软组织有血肿或炎症性浮肿。

（4）疼痛。骨折处剧痛，严重时可发生休克；局部有明显压痛；疼痛随肢体活动而加剧。

（5）摩擦音。患肢活动可听到骨折端摩擦音。

（6）开放性骨折伴有不同程度的软组织损伤。

【骨折临时固定的目的】

（1）避免增加损伤。骨折临时固定以后，骨折端就不会随便移动，可以避免骨折端刺破血管、神经和肌肉组织。

（2）减轻疼痛，防止创伤性休克发生。

（3）便于转送。只有将骨折固定以后，才便于转送，为下一步治疗奠定良好基础。

【固定的原则和注意事项】

（1）从全局出发，注意呼吸、循环情况，防止大出血和休克的发生。注意观察生命体征，监测有无内脏损伤。

（2）临时固定，现场不做强行复位，以避免加重病情。

（3）开放性骨折突破到体外的骨头在临时固定时，不要再放回伤口内，以防感染。伤口要用消毒敷料覆盖后再行包扎。

（4）尽量减少伤肢活动。若患肢需要暴露伤口，不要脱衣服，用剪刀剪开衣服，避免活动。

（5）夹板的长度和宽度，要与骨折的肢体长度相称，长度必须超过骨折处的上、下两个关节。

（6）固定要确切、牢固、有效、松紧适度。肢体与夹板间要垫好棉花等柔软物品，防止对患肢的不良刺激。

（7）固定四肢骨折时，要露出指（趾）尖，以便随时观察血液循环情况。如发现指（趾）端苍白、发冷、麻木、疼痛、浮肿和青紫色等症状时，提示血液循环不良，应松开重新固定。

（8）固定后要有标志，并迅速转送医院。

【各部位骨折的固定方法】

（1）锁骨骨折现场用 T 形夹板或一稍宽于两肩的木板，横置于两肩胛后，垫以棉垫做横“∞”形固定，然后屈肘将前臂用三角巾悬吊在胸前固定。

（2）肱骨骨折。现场处理用夹板做上臂固定。无任何材料时可将上臂与躯干一起捆扎做自身固定。

（3）尺桡骨骨折。取长度合适夹板固定，然后用三角巾悬吊在胸前。若桡骨下端骨折，局部呈典型的“银叉样”畸形或“枪刺刀样”畸形，称柯累氏（Colles）骨折。此系骨片向前移动所致，固定时应将手腕置于托板上，以防断端移位。

六、核辐射危害与防护

随着人类对核能的不断开发与使用，核电安全问题越来越受到人们的关注，因人为因素、自然灾害导致核泄漏事故偶有发生。如 1986 年 4 月 26 日，苏联切尔诺贝利核电站爆炸，造成附近区域 5 000 名儿童患甲状腺癌；2011 年 3 月 11 日，日本发生里氏 9 级大地震，导致福岛核电站受损泄漏，放射性物质释放到大气中，并有部分人员受到辐射，对人类的健康造成巨大威胁。

【核辐射的危害】

外照射损伤：临床表现为疲乏、头晕、头痛、恶心、呕吐、失眠、腹泻、发热、出血、脱发等，血象检查白细胞、血小板及红细胞计数均减少。其基本病理改变是造血功能障碍、出血倾向和细胞代谢障碍，易并发感染。病情轻重与照射剂量有关。

内照射损伤：核事故发生后，放射性物质可通过呼吸道、皮肤伤口、消化道吸收进入人体，对局部脏器有一定损害。如碘- 131 进入体内，主要由甲状腺代谢，故可造成甲状腺疾病。同时内照射可影响人体抗感染能力。

国外发生的核辐射致病事件中，患者多表现为疲劳、头昏、失眠、皮肤发红、溃疡、出血、脱发、白血病、呕吐、腹泻等，有时还会增加癌症、畸变、遗传性病变发生率。一般来讲，身体接受的辐射能量越多，其放射病症状越严重，致癌、致畸风险也越大。

【核辐射的防护】

（1）早期防护。减少照射时间，远离放射源，注意屏蔽。发生核辐射事件后 1～2 天，立即采取防护措施，如隐蔽、呼吸道防护、服用稳定性碘片、撤离、控制进出口通路。其中隐蔽是指当放射性物质释放到大气中，形成烟云通过时，迅速躲避到建筑物内，关闭门窗及通风系统，避开门窗等屏蔽差的地方隐蔽。呼吸道防护是用干或湿毛巾、手帕、布块捂住鼻子，防止或减少放射性物质的吸入。穿戴帽子、头巾、眼镜、雨衣手套和靴子等，减少体表放射性污染。不要食用受到污染的水和食品。服用稳定性碘片，如碘化钾，能防止或减少烟云中放射性碘进入人体后在甲状腺内沉积。若事故严重需要居民撤离污染区，应听从有关部门的命令，有组织、有秩序地撤离到安全地点，应将受污染的衣服、鞋、帽子等脱下存放，进行监督和处理。受到或可疑受到放射性污染的人员最好洗淋浴，以清除污染。

（2）中期防护。在事故中期，因有大量放射性物质沉积于地面，为避免人员受到更多的累积照射，政府主管部门应有控制、有计划地将人群由污染区向外搬迁，同时还应限制当地生产或储存的食品和饮用水销售消费。在畜牧业中使用储存饲料，对人员体表去污。

（3）晚期防护。在事故晚期主要是污染食品的食入和再悬浮物质的吸收引起的内照射，采取的防护措施是控制进出口通路、避迁、控制食品和水，使用储存饲料和地区去污等。

复习思考题

1. 消化性溃疡的临床表现有哪些？

2. 高血压的诊断标准是什么？

3. 高血压发病相关因素有哪些？

4. 什么是传染病？传染病流行的三个基本环节是什么？传染病预防的“四早”原则是什么？

5. 肺结核的传播途径有哪些？

6. 甲型流感的病原体及传播途径有哪些？

7. 传染性非典型肺炎（SARS）的传播途径有哪些？

8. 甲型肝炎传播途径有哪些？

9. 乙型肝炎传播途径有哪些？如何预防？

10. 艾滋病的传播方式是什么？世界艾滋病日是哪一天？

11. 预防经性途径传播艾滋病的“ABC”原则分别是什么？

12. 请列举感染艾滋病的 3 种高危行为。红丝带的三层含义是什么？

13. 神经症包括哪些疾病？

14. 神经衰弱的临床表现有哪些？

15. 抑郁症的临床表现有哪些？

16. 强迫症的临床表现有哪些？如何治疗？

17. 徒手心肺复苏术的操作步骤是什么？

18. 口对口人工呼吸术操作要领是什么？

19. 胸外心脏按压术操作要领是什么？

20. 一名老人在清晨锻炼身体时，突然心脏病发作，跌倒在地，意识不清，心跳、呼吸停止。假如正好你在现场，应该如何做？请写出具体救治步骤。

21. 暑假期间一中学生在水库野浴，不慎溺水，被人及时打捞上岸后，发现其已停止呼吸，但有心跳。如你在现场，你将对他进行何种救治方法？写出救治步骤。

22. 出血的类型有哪些？特点是什么？

23. 外伤出血时临时止血方法有哪些？

主要参考文献

班志刚，等，2006. 大学生心理健康教程 . 北京：中央编译出版社 .

常桦，龚萍，2005. 大学新生：赢在起跑线上 . 北京：中国物资出版社 .

车文博，2001. 当代西方心理学新词典 . 长春：吉林人民出版社 .

陈红英，潘丽红，2008. 大学生心理健康教程 . 武昌：武汉大学出版社 .

董广杰，2004. 大学生心理健康教育与应用 . 北京：中国纺织出版社 .

葛操，2000. 当代大学生心理分析 . 北京：工商出版社 .

郭亨杰，2001. 心理学：学习与应用 . 上海：上海教育出版社 .

胡凯，2004. 大学生心理健康概论 . 长沙：中南大学出版社 .

黄大庆，2007. 大学生心理健康 . 杨凌：西北农林科技大学出版社 .

黄希庭，1991. 心理学导论 . 北京：人民教育出版社 .

黄希庭，郑涌，1991. 当代中国大学生心理特点与教育 . 上海：上海教育出版社 .

姬天舒，梅清海，2004. 当代大学生心理健康教育 . 石家庄：河北人民出版社 .

贾晓明，2005. 大学生心理健康：走向和谐与适应 . 北京：北京理工大学出版社 .

姜宪明，2001. 大学生心理自我保健 . 北京：北京出版社 .

孔燕，等，2001. 大学生心理健康 . 合肥：安徽人民出版社 .

李春昌，2007. 全科医师岗位培训教材 . 北京：华夏出版社 .

李鲁，施榕，2008. 社区预防医学 . 北京：人民卫生出版社 .

李有华，等，2000. 心理健康教育 . 北京：中国林业出版社 .

林崇德，1995. 发展心理学 . 北京：人民教育出版社 .

刘江委，牛殿庆，2004. 21 世纪大学生心理健康与成才教育 . 北京：中国商业出版社 .

陆再英，钟南山，2008. 内科学 . 7 版 . 北京：人民卫生出版社 .

吕秋芳，2002. 大学生心理健康与调适 . 北京：华文出版社 .

梅传强，2001. 大学生心理健康教育 . 北京：中国法制出版社 .

倪亚红，杨雪花，2006. 大学生心理健康教程 . 南京：东南大学出版社 .

欧晓霞，曲振国，2006. 大学生心理健康 . 北京：清华大学出版社 .

欧阳辉，2001. 大学生心理健康学 . 辽宁：辽宁教育出版社 .

潘永亮，2003. 实话实说与大学生谈心理健康 . 赤峰：内蒙古科学技术出版社 .

潘玉藤，2001. 心理健康教育研究 . 北京：人民出版社 .

彭文伟，2004. 传染病学 . 6 版 . 北京：人民卫生出版社 .

邱鸿钟，2004. 大学生心理健康教育 . 广州：广东高等教育出版社 .

桑志芹，李绍珠，2001. 大学生心理健康教程 . 南京：江苏人民出版社 .

宋宝萍，2007. 学生心理健康教育 . 西安：西安电子科技大学出版社 .

屠文淑，2002. 社会心理学理论与应用 . 北京：人民出版社 .

王传旭，姚本先，2005. 大学生心理健康教育概论 . 合肥：安徽大学出版社 .

王群，2005. 大学生心理健康 . 上海：复旦大学出版社 .

王希永，金庆昕，2001. 大学生心理保健 . 广州：中山大学出版社 .

吴继霞，2001. 大学生心理素质发展论 . 苏州：苏州大学出版社 .

谢炳清，伍自强，2004. 大学生心理健康教程. 武汉：华中科技大学出版社.
杨秉辉，刘凤奎，2008. 全科医疗. 北京：人民卫生出版社.
于志凯，等，2003. 大学生健康教育. 吉林大学出版社.
余琳，等，2004. 大学生心理健康. 武汉：武汉大学出版社.
曾凡龙，湛海燕，2004. 大学生心理健康. 上海：上海交通大学出版社.
张厚粲，2001. 大学心理学. 北京：北京师范大学出版社.
张玲，2001. 心理健康研究与指导. 北京：教育科学出版社.
张日冉，陈丽，2005. 大学生心理健康. 大连：大连理工大学出版社.
张双会，等，2005. 大学生心理健康教育. 北京：中国经济出版社.
郑日昌，1999. 大学生心理卫生. 济南：山东教育出版社.
郑雪，1999. 大学生心理手册. 广州：暨南大学出版社.

后　记

21世纪科技突飞猛进，社会瞬息万变。中国正处于由计划经济向市场经济、由封闭社会向开放社会、由伦理社会向法制社会转换的过程中。在当今高选择性的年代里，处于社会转型期的当代大学生，面对日益加快的生活节奏、越来越复杂的人际关系、学习发展带来的压力、未来就业带来的压力、经济上的压力以及在成长过程中遇到的困扰和矛盾，都会形成这样或那样的心理问题，并影响心理健康。少数学生由于心理承受能力差而出现心理疾病，使得学业中断，甚至有些学生因为压力过大而产生极端思想。作为教育工作者我们要充分认识到学生不是装知识的容器，而是一个处于发展期的人。教育的一个重要目标是培养全面发展的人，而良好的心理素质是促使人全面发展的前提。为此，我们必须对大学生的心理健康教育引起足够重视，帮助大学生了解自己的心理状态，获取心理健康知识。培养大学生良好的个性心理品质和道德判断能力，帮助他们追寻正确的人生观和价值观，塑造健全的人格，提高大学生的社会适应能力、承受挫折能力和情绪调节能力，促进他们的心理素质与思想品德素质、科学文化素质和身体素质的全面协调发展。让大学生学会正确认识自己、接纳和管理自己，能够努力认识和了解周围环境并与之保持适应，能够有效应对问题、应对危机并增强能力与勇气，能够改善行为、化解负向或冲突的想法，能够做出成熟的、负责任的决定并付诸行动，能够有愿望通过探索去追寻积极的人生意义。

为认真贯彻党的十九大精神和教育部《关于高等学校学生心理健康教育指导纲要》，使大学生在观念、知识、能力、心理素质等方面尽快适应新的要求，同时基于目前关于大学生心理健康教育的教材版本繁多，但关于高等农业院校学生心理健康教育方面的教材相对匮乏，为此，我们在总结近十几年大学生心理健康教育经验的基础上，针对高等农业院校的特点及学生在成长过程中面临的主要问题，适应农业大学生心理健康教育的需要，特编写了此书。我们衷心希望本书能为高等农业院校学生的健康成长提供帮助，也为教师和家长深入了解大学生心理、促进大学生心理健康发展提供一本有益的读物。

本书的出版凝聚了多位大学生心理健康教育工作者的汗水与心血，在编写过程中参考了大量国内外学者的有关著作、论文和研究报告等，在此特向他们表示衷心的感谢。

本教材由赵梓潼、吴晓民任主编，刘之钰、孙巍巍任副主编，集体撰写完成。各章的撰写者分别为田甜（第一章）、孙巍巍（第二章）、刘之钰（第三章）、王元元（第四章）、赵梓潼（第五章）、刘之钰（第六章）、朱涛（第七章）、赵梓潼（第八章）、刘之钰（第九章）、吴晓民（第十章）。全书结构和体例，编书大纲由赵梓潼提出，经主编和副主编集体讨论，编委初稿结束后，由赵梓潼修改定稿。

由于时间仓促和水平有限，书中错误和不足之处在所难免，敬请专家、读者批评指正。

编 者

2019 年 12 月

图书在版编目（CIP）数据

健康教育 / 赵梓潼，吴晓民主编．—北京：中国农业出版社，2020.7（2023.7 重印）
普通高等教育农业农村部“十三五”规划教材 全国高等农林院校“十三五”规划教材
ISBN 978-7-109-26920-0

Ⅰ.①健… Ⅱ.①赵… ②吴… Ⅲ.①健康教育—高等学校—教材 Ⅳ.①G647.9

中国版本图书馆 CIP 数据核字（2020）第 096678 号

中国农业出版社出版
地址：北京市朝阳区麦子店街 18 号楼
邮编：100125
责任编辑：何晓燕　　文字编辑：李兴旺
版式设计：杜　然　　责任校对：沙凯霖
印刷：中农印务有限公司
版次：2020 年 7 月第 1 版
印次：2023 年 7 月北京第 4 次印刷
发行：新华书店北京发行所
开本：787mm×1092mm　1/16
印张：13.25
字数：320 千字
定价：32.00 元